QUÊTE IDENTITAIRE ET LITTÉRATURE
de Canadien à Québécois

Serge Provencher

 **ERPi** Éducation ‣ Innovation ‣ Passion

5757, rue Cypihot, Saint-Laurent (Québec) H4S 1R3 ‣ **erpi.com**
TÉLÉPHONE : 514 334-2690 TÉLÉCOPIEUR : 514 334-4720 ‣ erpidlm@erpi.com

Développement de produits
Pierre Desautels

Supervision éditoriale
Sophie Breton-Tran

Révision linguistique
Hélène Lecaudey et Emmanuel Dalmenesche

Correction des épreuves
Nathalie Bouchard

Recherche iconographique
Chantal Bordeleau

Demandes de droits
Émilie Laurin-Dansereau

Direction artistique
Hélène Cousineau

Supervision de la production
Muriel Normand

Conception graphique de l'intérieur et de la couverture
Martin Tremblay

Infographie
Infographie DN

Page couverture
Paul-Émile Borduas (1905-1960), *Le retour d'anciens signes emprisonnés* (1953).
Huile sur toile, 81,5 x 106,8 cm, Musée des beaux-arts du Canada, Ottawa, Ontario.
© Succession Paul-Émile Borduas/SODRAC (2010)

Photographie : © Musée des beaux-arts du Canada.

Dépôt légal : Bibliothèque et Archives nationale du Québec, 2010
Dépôt légal : Bibliothèque et Archives Canada, 2010

Imprimé au Canada   1234567890   IG   14 13 12 11 10
ISBN 978-2-7613-3254-5   20563 ABCD   ENV94

  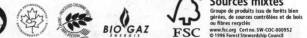

Sources mixtes
Groupe de produits issu de forêts bien
gérées, de sources contrôlées et de bois
ou fibres recyclés
www.fsc.org Cert no. SW-COC-000952
© 1996 Forest Stewardship Council

Pour la protection des forêts, les pages intérieures de ce livre sont
imprimées sur du papier contenant 100% de fibres recyclées post-
consommation, fabriqué au québec, certifié Éco-Logo, traité avec
un procédé sans chlore et fabriqué à partir d'énergie biogaz.

À MARGUERITE
ET À ROGER

TABLE DES MATIÈRES

PREMIÈRE PARTIE

LE CANADIEN (1534-1867)

DEUXIÈME PARTIE

LE CANADIEN FRANÇAIS (1867-1960)

TROISIÈME PARTIE

LE QUÉBÉCOIS (1960-2000)

QUATRIÈME PARTIE

LE QUÉBÉCOIS CONTEMPORAIN (2000-2010)

Genre narratif

Le pictogramme du genre narratif rassemble les textes ayant en commun de raconter un récit plus ou moins fictif. Le genre regroupe ainsi :
- le récit de voyage ;
- la correspondance ;
- le roman ;
- le récit.

Genre dramatique

Le pictogramme du genre dramatique renvoie uniquement aux textes de pièces de théâtre.

Genre poétique

Le pictogramme du genre poétique couple les textes ayant des qualités proprement rythmiques et sonores. Le genre regroupe ainsi :
- la poésie ;
- la chanson.

Genre essayistique

Le pictogramme du genre essayistique associe des textes mettant de l'avant les idées de l'auteur :
- le pamphlet ;
- la déclaration ;
- l'essai ;
- le mémoire ;
- le discours ;
- l'article de journal ;
- le manifeste ;
- l'entrevue ;
- l'éditorial ;
- la lettre de lecteur ;
- la chronique.

Le concept d'*identité* est à la fois complexe et mouvant. Si, au surplus, on l'associe au qualificatif *québécoise*, tout se complique
davantage. C'est que, dans les deux cas, on est en présence de
vocables aussi composites qu'insaisissables ; l'idée même d'une
véritable identité québécoise ne saurait en effet qu'être en évolution. Avant d'en arriver à cette seule formulation, d'ailleurs, il
aura fallu que les Québécois passent à travers un cheminement
historique aux nombreuses étapes. Et chacune de celles-ci corres-
pond à des moments forts de notre évolution collective, moments
contribuant à faire un peu mieux comprendre le village d'irréduc-
tibles que nous formons depuis presque cinq siècles en Amérique
du Nord.

QU'EST-CE QUE L'IDENTITÉ ?

Si le terme est très utilisé dans notre société à la recherche de
toutes sortes de choses, y compris d'elle-même, l'identité n'est pas
facile à définir de l'avis général. Crise de l'identité, identité culturelle, identité religieuse et quoi encore, on l'utilise à toutes les
sauces, mais sans qu'on sache tout à fait ce que c'est véritablement.

« Structure psychosociale constituée des caractères fondamen-
taux les plus représentatifs d'une personne ou d'un groupe[1] »,
écrit Renald Legendre dans son *Dictionnaire actuel de l'éducation*,
il est certain que l'identité a trait tant aux individus qu'aux sociétés. Mais on peut affirmer, sans crainte de se tromper, que le terme
prête souvent à confusion, à moins qu'il ne soit employé carrément à tort et à travers.

Le sociologue Jean-Claude Kaufmann rappelait un jour le simple
exemple de la carte d'identité. Des informations factuelles, celle-
ci en contient, mais elles ne résument en rien l'être que nous
sommes. Cette confusion, précise-t-il, est même scellée dans

---

1. Renald LEGENDRE, *Dictionnaire actuel de l'éducation*, Montréal/Paris, Guérin/Eska, 1993,
   p. 696.

l'inconscient. La meilleure preuve en est que nous répondons souvent par ce que nous *faisons* – prof, électricien, étudiant, etc. – si quelqu'un nous demande qui nous *sommes*.

Pour d'autres spécialistes du sujet, l'identité renferme une interrogation plutôt qu'une réponse ou une affirmation. Les questions *Qui suis-je ?* ou *Qui sommes-nous ?* sous-tendent la problématique qu'elle représente. Toute réflexion nous oblige donc à analyser les conditions d'émergence de ces questions, c'est-à-dire les processus ayant permis à cette question de l'identité de se poser.

Si l'on examine chez ces mêmes spécialistes l'histoire proprement dite de l'identité, on en arrive à des résultats dont le moins qu'on puisse dire est qu'ils surprennent. D'abord, l'identité est un concept résolument moderne. Selon Charles Taylor, en user pour les sociétés prémodernes relève carrément de l'anachronisme. Cela ne signifie en rien que le besoin de se définir n'avait aucune importance dans les sociétés traditionnelles, mais c'est comme si la nécessité d'adhérer aux autres annihilait toute velléité de se définir en tant que personne ou peuple.

En vérité, dans ces sociétés dites prémodernes, l'identité était d'abord et avant tout affaire de filiation. Tant dans l'espace privé que dans l'espace public, note Alain de Benoist, l'identité résulte, en temps normal, de la place découlant automatiquement du lignage, de la famille, de la profession ou du rang social. Ainsi, de l'Antiquité au XVIIIe siècle, le questionnement identitaire ne se pose qu'indirectement et pas du tout de la même manière qu'aujourd'hui.

À compter du XVIIIe siècle, si l'on résume grossièrement, la recherche de l'identité émerge peu à peu sur la base de phénomènes comme la valorisation du for intérieur et de l'individualisme naissant. Elle se pose ensuite sur le plan de la réalisation de soi, puis se développe par le biais de réalités telles l'identité nationale, les groupes identitaires ainsi que la reconnaissance et la défense de certaines de ces identités.

Bref, s'il est facile de dire que l'identité relève de la psychologie et de la sociologie, il est certain que rien n'est simple ensuite. Ne serait-ce qu'au point de vue des liens entre identité individuelle et identité collective, nous nageons souvent dans l'inconnu. Par exemple, quand un collègue et ami, François Guénette, prétend qu'il y aurait moins de problèmes d'identité et de suicides chez les jeunes hommes au Québec si la question de l'identité nationale avait été réglée avec un oui au dernier référendum, qu'en est-il vraiment? Nous ne pouvons que faire des suppositions. Mais l'idée mérite réflexion.

L'IDENTITÉ INDIVIDUELLE

Un simple coup d'œil suffit pour voir que l'identité individuelle est un sujet sans fin en soi. On s'entend cependant pour dire que le psychologue Erik H. Erikson joue un rôle majeur en rapport avec l'exploration, la définition et la mise en circulation de cette expression.

Dans son ouvrage *Enfance et société*, publié en 1950, Erikson s'emploie à prendre ses distances par rapport aux théories de Freud. Influencé par les études de l'école culturaliste en anthropologie et par ses propres recherches sur les Sioux du Dakota du Sud brutalement déracinés et confrontés à la modernité, il relie davantage la construction de la personnalité aux interactions sociales.

Selon Erikson, il y aurait chez l'être humain huit phases correspondant à huit âges dans le cycle de la vie, phases par lesquelles il serait nécessaire de passer afin d'accéder à l'identité individuelle pleine et entière. C'est d'ailleurs Erikson qui met de l'avant le concept de *crise d'identité*, utilisé par tout le monde de nos jours. Cette dernière se produit en cas de passage difficile d'une phase à l'autre, la plus notable étant celle qui survient normalement à l'adolescence.

Toute sa vie, Erikson a continué l'exploration de ce concept. Dans *Adolescence et crise*, par exemple, après un retour entre autres sur Freud, il renforce l'idée que l'identité est difficile à saisir parce que nous avons affaire à un processus relevant en même temps du cœur de l'individu et du cœur de la communauté dans laquelle ce dernier évolue. Plus précisément, écrit-il, «la formation de l'identité met en jeu un processus de réflexion et d'observations simultanées, processus actif à tous les niveaux de fonctionnement mental, par lequel l'individu se juge lui-même à la lumière de ce qu'il découvre être la façon dont les autres le jugent par comparaison avec eux-mêmes et par l'intermédiaire d'une typologie, à leurs yeux significative ; en même temps, il juge leur façon de juger, lui, à la lumière de sa façon personnelle de se percevoir lui-même, par comparaison avec eux et avec les types qui, à ses yeux, sont revêtus de prestige[2]. »

Complexe ? Peut-être un peu. L'essentiel est de comprendre que l'identité individuelle se bâtit dans une sorte d'osmose. Si elle se construit en effet sur une base personnelle et singulière, elle s'insère aussi dans des institutions telles que la famille, la religion, un parti ou l'État, institutions qui canalisent son action.

Ainsi, l'individu construit son identité par étapes sur le plan psychologique, et les interactions sociales entre personnes ou groupes complètent le tout. Ce processus commence avant même la naissance par les rapports avec les parents, mais le travail de construction de l'image de soi-même et de ses actions par rapport aux autres s'étend de la naissance à l'âge adulte.

Évidemment, les croyances et représentations de soi de l'individu sont d'une très grande importance. Elles lui permettront de guider ses choix, ses agissements et ses relations sociales. Autrement dit, identité et construction de soi vont ensemble, et, puisqu'il s'agit de donner du sens à sa vie, les conséquences de ce cheminement sont non seulement incalculables, mais également on ne peut plus concrètes et déterminantes.

Le cas du jeune fugueur de 15 ans rapporté dans un livre demeure à cet égard éloquent. Au beau milieu d'une période de doute et de déroute, l'adolescent prend la décision de se faire tatouer. Dès lors, sa vieille identité ne meurt pas mais devient une sorte de secret. La marque corporelle le fait littéralement changer de peau à l'intérieur et à l'extérieur. Il se sent différent. D'autres exemples ont trait là ou ailleurs aux piercings et autres façons de modeler son corps, parfois définitivement : bricolages identitaires ou simples rites de passage ?

---

2. Erik H. ERIKSON, *Adolescence et crise. La quête de l'identité*, Paris, Flammarion, « Nouvelle bibliothèque scientifique », 1972, p. 17.

L'IDENTITÉ SOCIALE

Là encore, si la question *Qui suis-je?* est primordiale, celle de l'identité sociale a entraîné au fil des ans un nombre considérable de recherches dont il n'est pas possible de faire état ici. L'être humain étant depuis longtemps considéré comme un animal social, il importe cependant de faire ressortir un ou deux éléments qui nous conduiront de fil en aiguille à notre bref survol de l'identité québécoise.

D'abord, ce n'est pas un hasard si l'amorce du questionnement sur l'identité sociale se situe dans les années 1960. C'est que, aux États-Unis, le contexte politique suscite alors des réflexions et l'élaboration d'une nouvelle terminologie identitaire. Des groupes minoritaires s'y sentent en effet en danger et éprouvent donc le besoin de creuser le sujet. Un nouveau champ d'étude naît au milieu de bien d'autres : l'identité minoritaire.

Le groupe qui se démarque le plus est celui qu'on nomme les Afro-Américains. Connaissant toutes sortes de problèmes socio-économiques causés par la ségrégation et le racisme, ce groupe présente une panoplie de revendications sur la base d'une reconnaissance fondée sur la race. Dès lors, avec ses succès et ses revers, il vit une expérience déterminante sur le plan sociologique. On peut effectivement voir en lui, avec ses forces et ses limites, un modèle de groupe pour les revendications identitaires. D'ailleurs, ce modèle servira plus tard aux groupes ayant des revendications liées au sexe ou à l'orientation sexuelle.

Dans les décennies suivantes, l'intérêt pour le sentiment d'appartenance identitaire ne décline pas dans le monde occidental. C'est même le contraire, comme le prouvent les chiffres. Dans un des ouvrages les plus complets que nous ayons consulté sur l'identité, Catherine Halpern note : « Entre 1980 et 1990, le nombre d'Américains à se déclarer officiellement "amérindiens" augmente de 255 % et ils sont sur la même période également vingt fois plus nombreux à se déclarer cajuns[3] ! » On observe le même phénomène en Europe.

---

3. COLLECTIF, *Identité(s). L'individu, le groupe, la société*, Auxerre Cedex, 2004, p. 15.

Noirs américains, Amérindiens, Cajuns : on aura remarqué que tous ces groupes constituent des minorités. Certes, il arrive que les Américains, les Français ou les Italiens s'interrogent sur leur identité propre. Mais ils ne le font jamais aussi souvent et intensément que des groupes minoritaires qui se penchent sur qui ils sont et où ils vont : leur existence n'est pas en jeu. Ainsi, il ne faudra pas s'étonner de voir les Canadiens français puis les Québécois « brasser » le concept d'identité tout au long de leur histoire et à l'intérieur de tous les genres rattachés à leur littérature. Notons que plusieurs, aujourd'hui, en ont d'ailleurs assez. Un Gilbert Rozon n'en peut plus de la vieille dichotomie fédéralisme/indépendantisme, tandis qu'un Claude Paul-Hus considère que le Québec est *de facto* en situation postsouverainiste, pour ne citer que deux exemples parmi d'autres.

Cette délicate question de l'identité sociale en rapport avec le Québec appelle d'emblée une précision : que cela plaise ou non, on ne peut en faire l'économie en décidant de passer tout bonnement à une autre étape. Bien sûr, indépendance ou pas, nous n'aurons jamais de réponse définitive à la question relative à qui nous sommes. Mais on n'a pas idée de ce que nous ont appris des chercheurs comme Elton Mayo ou Kurt Lewin sur la mécanique du groupe sous la lunette de la psychologie sociale.

Un exemple ? Il y a longtemps, aux États-Unis, on a essayé d'augmenter le rendement de grandes entreprises par des efforts de rationalisation du travail. Il s'agissait d'adopter des mesures techniques comme la création de pauses ou l'amélioration de l'éclairage. Absentéisme, fatigue, accidents de travail et mauvais rendement étaient sûrement dépendants de ces conditions matérielles, croyait-on. Mais l'on se rendit vite compte, en revenant aux anciennes pauses et à l'ancien éclairage, que l'établissement de bonnes relations dans le groupe et vis-à-vis de la direction l'emportait haut la main sur toutes ces questions d'ordre technique.

En d'autres termes, on pourrait donc dire que l'identité sociale est une constituante de l'identité individuelle. Elle englobe tout ce qui permet d'identifier le sujet de l'extérieur par le biais des attributs statutaires que ce sujet partage avec les autres membres de ses différents groupes d'appartenance (sexe, âge, études, métier, etc.). L'influence de la société sur l'individu ressort alors de façon évidente, mais il ne faut pas oublier que l'individu influencera aussi cette société. Et peut-être même y arrivera-t-il davantage s'il évolue dans une situation minoritaire.

L'IDENTITÉ CULTURELLE

Depuis 1948, la Déclaration universelle des droits de l'homme affirme solennellement que toute personne a le droit de prendre part librement à la vie culturelle de la communauté, de jouir des arts et de participer au progrès scientifique et aux bienfaits qui en résultent. Ce droit de participer à la vie culturelle s'accorde avec le respect de la diversité culturelle. Il offre en outre une protection contre l'exclusion sociale. Car il incombe à l'État de prendre toutes les mesures pour éviter que les pauvres et autres groupes marginalisés ne soient exclus de la société.

L'identité culturelle se traduit ainsi par l'adhésion et l'appartenance aux normes et aux valeurs de cette culture. Les valeurs sont le point de rencontre entre l'individu et la société. Mais si l'une des caractéristiques primordiales de l'identité est qu'elle possède un noyau de valeurs relativement stables et qui changent peu, il faut se rappeler que la culture bouge et évolue sans arrêt, obligeant les individus à adopter de nouvelles stratégies.

On s'entend en général pour dire que l'identité du territoire est un facteur essentiel de l'identité culturelle. Les pays, provinces, régions naturelles, comtés, villes et villages sont intimement liés à l'identité culturelle. Ainsi, chacun sait que la France apparaît comme un pays de pays. Les Bretons n'ont parfois que peu à voir avec les Basques ou les Provençaux Mais le territoire n'est pas tout en matière d'identité culturelle.

Quand l'anthropologue Claude Lévi-Strauss établit l'hypothèse qu'« on ne commence à comprendre une société que lorsqu'on en a identifié la structure invisible, l'algèbre cachée, le chiffre[4] », il fait référence à ce magma complexe qui fonde la culture. Mais au

---

4. Bernard-Henri LÉVY, « Ce que nous devons à Claude Lévi-Strauss », *Le Point*, n° 1888, 20 novembre 2008, p. 98.

centre de cette culture, il y a bien sûr la langue. Elle est la base de l'éducation ainsi que celle de la plupart des productions humaines en découlant.

La langue est donc fort précieuse. Et puissant facteur d'unité. Mais, comme au Québec, il faut souvent se battre pour la conserver et la faire s'épanouir. Le linguiste Claude Hagège rappelle qu'une langue disparaît toutes les deux semaines, c'est-à-dire 25 annuellement. En fait, les experts prévoient que pas moins de 5 500 langues sur 6 000 disparaîtront d'ici un siècle et seront devenues des langues mortes au même titre que le latin et le grec ancien. Cela veut dire que 90 % des langues actuelles se volatiliseront au cours de ce siècle. Un « massacre », estime l'UNESCO.

D'aucuns soutiendront que le français n'est pas en péril au Québec. À ceux-là, rappelons quelques faits sur le processus de la mort des langues :

- le déclin d'une langue forte peut être lent et s'étaler sur plusieurs siècles ;
- seuls les peuples disposant d'un poids culturel fondé sur des institutions stables, un réseau scolaire et des traditions écrites réussissent à survivre à l'impérialisme culturel ;
- l'intérêt économique explique que des communautés abandonnent leur langue d'un coup pour une autre qu'elles jugent plus rentable ;
- les langues des peuples d'États politiquement non souverains sont désavantagées dans la mesure où elles sont soumises à la volonté d'un gouvernement central qui peut renverser les décisions du pouvoir régional ;
- le bilinguisme social entraîne parfois le changement de langue d'un peuple si la langue maternelle lui apparaît inutile, comme on le constate dans la situation des francophones hors Québec (Nouveau-Brunswick, Nouvelle-Écosse, sud de l'Ontario, Manitoba, Nouvelle-Angleterre).

Récemment, recevant la Médaille d'honneur de l'Assemblée nationale, le parolier Luc Plamondon déclare que la langue française « dégringole » au Québec. Une étude sur les perspectives démolinguistiques du Québec et de la région de Montréal souligne que les personnes s'exprimant en français à la maison deviendront minoritaires dans la métropole d'ici 2021 – elles sont pour l'instant moins de 54 %. Et un sondage montre que près de 90 % des Québécois francophones estiment que la langue française est menacée à Montréal. Voilà de quoi réfléchir un peu.

En vérité, rien n'est simple. Ainsi, dans le cas où l'indépendance du Québec se matérialiserait, d'aucuns soutiennent que l'espace francophone en Amérique s'en trouverait rétréci, voire menacé. En effet, les Québécois ne pourraient plus, par le biais du parlement fédéral, intervenir pour protéger le français dans les autres provinces du Canada.

EN NOUVELLE-FRANCE

Le Dominion du Canada est formé le 1er juillet 1867 avec la confédération de quatre provinces (Québec, Ontario, Nouvelle-Écosse et Nouveau-Brunswick) de l'Amérique du Nord britannique pour former ce qu'on appellera ensuite la Fédération canadienne. Mais le mot *Canada* est une réalité bien avant 1534 : interrogés cette année-là par Jacques Cartier, les chefs amérindiens répondent en effet que le pays où ils vivent se nomme le Canada.

Ce territoire appelé aussi Nouvelle-France, les cartes l'identifient sous le nom de Canada dès le milieu du XVIe siècle. En 1542, la mappemonde dite Harleyenne désigne par « Canada » les immenses régions parcourues par Cartier. En 1550, une autre carte évoque également le Canada pour représenter à peu près les mêmes espaces.

Professeur à l'Université Laval, Patrice Garant explique que les textes juridiques vont dans le même sens : « Ainsi, François Ier signe en faveur de Jacques Cartier une Commission, le 17 octobre 1540, "pour l'établissement du Canada". Le 29 avril 1627, Richelieu signe un Acte pour l'établissement de la Compagnie des Cent Associés afin de "rechercher et découvrir les pays, terres et contrées de la Nouvelle-France dite Canada" ; la Compagnie a autorité sur "tout ledit pays de la Nouvelle-France dite Canada". Le 7 mai 1663, une Commission mandate le Sieur Gaudais pour enquêter sur "les colonies et les sujets qui se sont formés en Canada" ; dans ses Instructions, il est dit qu'il va "de la part du Roi en Canada[5] ». Et ainsi de suite. Le mot *Canada* est mentionné jusque dans les textes suivant la capitulation de Québec, bien après 1760.

Si Cartier parle donc à son premier voyage de *Neuve-France* et de *Nouvelle-France*, il évoque dès l'année suivante, en 1535, ses rencontres avec les *Canadians*, ou encore les *Canadiens*. Attention! Ces Canadiens sont des Iroquoiens. C'est que, lorsqu'il navigue sur la rivière de Canada, appelée plus tard fleuve Saint-Laurent par Mercator, Jacques Cartier rencontre trois royaumes.

Le premier est celui du Saguenay, lieu mystérieux supposément rempli de richesses aux dires des Indiens. Le deuxième est celui d'Hochelaga, signifiant en iroquoien *chaussée de castor*, aujourd'hui Montréal. Quant au troisième, le royaume du Canada, il couvre la région correspondant à Stadaconé, à peu près la ville de Québec actuelle.

Dans les années qui suivent, l'appellation *Canadiens* s'étend aux groupes français s'accrochant surtout le long du Saint-Laurent, et ce notamment par le biais de livres et de cartes européennes. L'histoire de la Nouvelle-France publiée par Marc Lescarbot à Paris, en 1609, mentionne par exemple des Canadiens. Dans l'esprit de ce dernier, le terme renvoie à la population laurentienne dans son ensemble et non pas seulement aux habitants du Canada demeurant à Québec.

Est-ce que l'appellation inclut également les colons venus de France ?

« Il n'y a pas [de colons, à l'époque], estime l'historien Robert Lahaise. Disons qu'un certain nombre sont venus avec Cartier et Roberval entre 1534 et 1543, mais ils sont tous repartis, ou encore décédés. Et par la suite, il n'y aura une première habitation à Québec qu'en 1608, alors qu'une trentaine de personnes vont y hiverner. Ce sera une catastrophe, due surtout au scorbut. En 1609, il ne restera que huit Français, auxquels les Algonquiens vont dire : "Venez vous battre avec nous contre les Iroquoiens."

---

5. Patrice GARANT, « Une prétention sans fondement », *La Presse*, n° 209, 22 mai 2008, p. A29.

Champlain n'avait donc pas le choix. D'autant plus qu'on comptait au-delà de 100 000 Algonquiens et qu'ils étaient ses proches voisins, alors que les Iroquoiens étaient moins de 20 000 et vivaient à quelque 400 kilomètres de là. [...] il n'y a pas à ce moment-là de Canadiens nés au Canada, tel que nous l'entendons. Il y a les Amérindiens, souvent qualifiés d'ailleurs de Canadiens dans la correspondance de l'époque[6]. »

LE CANADIEN

Longtemps, donc, le terme *Canadiens* dénote les habitants iroquoiens de la grande région de Québec. Puis, peu à peu, il inclut les groupuscules français vivant le long du fleuve. Gabriel Sagard, en 1636, évoque même les Canadiens, Montagnais et autres peuples *errants* dans son *Histoire du Canada et voyages*. Ce n'est que plus tard que le mot Canadien prendra le sens de personne née ici de parents français.

L'expression « les habitants », soit la génération de l'enracinement, apparaît vers 1633. Si l'on ne compte pas les Amérindiens, la colonie stagne depuis longtemps à 2 500 personnes, dont la moitié est née au Canada. Ces 1 250 personnes sont les premières à ne pas être françaises et à avoir vu le jour au pays. Pour elles, il n'est plus question de retour en France. Il leur faut, au contraire, s'adapter et composer avec la réalité, notamment la rudesse du climat et l'immensité des lieux. Robert Lahaise cite une anecdote afin de montrer comment les Canadiens se débrouillent. À l'arrivée du régiment de Carignan, en 1665, censé être venu combattre les Iroquoiens, les Canadiens avertissent les Français qu'ils ne peuvent partir en hiver sans raquettes. Ces derniers ignorent le conseil. Comme de raison, leur expédition se solde par un échec.

De 1666 à 1676, la population passe toutefois de 3 215 à 8 415 âmes. Le plan de peuplement de l'Intendant Jean Talon y est pour beaucoup. C'est ce dernier qui convainc entre autres Louis XIV et surtout Jean-Baptiste Colbert, son contrôleur général des finances, d'envoyer les Filles du Roy en Nouvelle-France. L'arrivée

---

6. Gilles GOUGEON, *Histoire du nationalisme québécois. Entrevues avec sept spécialistes*, Montréal, VLB Éditeur/SRC, 1993, p. 19.

de ces 800 jeunes orphelines bien éduquées permet de pallier le manque de femmes dans la colonie : la population triple en moins de 15 ans.

Lors du premier mandat de Frontenac, gouverneur général de la Nouvelle-France, entre 1672 et 1682, on parle désormais d'un Canadien comme d'une personne née ici de parents français. Le baron de La Hontan, un des amis de Frontenac, fera référence, sans vraiment faire de distinction, aux habitants créoles ou canadiens dans ses livres par qui le scandale arrive – car il attaque parfois la civilisation européenne et la religion.

Pendant le Régime français, c'est-à-dire jusqu'en 1760, les observateurs notent que le Canadien prend nettement ses distances par rapport au Français. Mieux adapté au pays et aux Amérindiens, le Canadien se différencie et s'affirme en tant que Nord-Américain. Qu'il soit habitant ou coureur des bois, il possède même un certain sentiment de supériorité face au Français métropolitain, si bien qu'il acquiert la réputation de peuple indépendant et insoumis.

« "Ils font de mauvais valets, écrit Charlevoix, c'est qu'ils ont *le cœur trop haut*." Hocquart affirme qu'ils sont "naturellement *indociles*" ; Mgr de Saint-Vallier parle de "l'expérience presque journalière de l'inquiétude de l'esprit des Canadiens qui se porte à examiner ce qui ne les regarde pas" ; Bougainville renchérit : "le peuple le plus *indocile* et le plus *indépendant*" ; et Montcalm déclare : "On a accoutumé le peuple à avoir un *grand esprit d'indépendance*." [...] "Bourgeois, financiers, marchands, officiers, évêques, curés, jésuites, tout cela projette, disserte, parle, déparle, prononce sur la guerre[7]." » Le comte de Bougainville va jusqu'à affirmer pour sa part que Français et Canadiens sont de nations différentes et même ennemies, ce qui n'est quand même pas rien.

Au moment de la Conquête, le mot *Canadiens* est récupéré par les autorités britanniques pour désigner la population de leurs provinces du nord de l'Amérique. Mais les 65 000 habitants de la Nouvelle-France, eux, continuent à s'appeler *Canadiens*. Les Anglais et Américains venus s'établir ici sont qualifiés d'*Anglais*,

---

7. Samuel BAILLARGEON, *Littérature canadienne-française*, Ottawa, Fides, 1957, p. 47.

qu'ils soient Irlandais, Écossais, Anglais ou Américains. Puis, après 1791, lorsque l'Acte constitutionnel consacre l'existence du Haut-Canada (l'Ontario d'aujourd'hui) et du Bas-Canada (le Québec), le vocabulaire évolue. Les francophones se font appeler *French Canadians* par les anglophones, qui se désignent eux-mêmes par le terme *Canadians*. L'expression *Canadien français* se répand alors dans les journaux et les discours politiques, faisant dire à certains que *Canadien français* est l'un des premiers anglicismes de la langue québécoise.

LE CANADIEN FRANÇAIS

Plusieurs historiens affirment que la nationalité canadienne-française est organiquement atteinte et diminuée dès la Conquête, en 1760-1763, c'est-à-dire avant même qu'elle ait vraiment pris son envol. Cependant, à partir de la création du Bas-Canada, la résistance se met en branle. Le sociologue Marcel Rioux écrit : « Puisque les anglophones s'étaient approprié le nom de Canadien, qu'ils avaient traduit par *Canadian*, il fallait s'en différencier. Apparut le nom de *Canayen.* Plus de doute possible. Il s'agit d'une appellation distinctive, qu'on ne peut confondre avec aucune autre. Elle nomme une espèce particulière de Nord-Américain, bien individualisée et fière d'elle-même. Pour le moment, c'était la seule appellation non équivoque[8]. »

Dire *Canadien* à l'époque, c'est courir le risque de ne pas voir désigner un francophone d'ici. D'abord, le vocable peut évoquer un anglophone et n'être que la traduction de *Canadian.* En outre, il peut aussi renvoyer à l'anglophone du Canada qui a créé l'expression *French Canadian* afin de désigner les Canadiens de langue française par rapport à lui-même. Mais, curieusement, le terme *Canayen* ne parvient pas à s'imposer. C'est *Canadien français* qui, peu à peu, émerge.

Le problème paraît le même pour *Canuck.* Selon le dictionnaire Webster, l'appellation argotique évoque d'abord, aux États-Unis, un Canadien, quelle que soit sa langue. Mais au Canada, le mot

---

8. Marcel RIOUX, *Les Québécois*, Paris, Seuil, « Le temps qui court », 1974, p. 10.

désigne un Canadien français. De nos jours, cela dit, seul perdure le sens de *Canadien* pour les Américains, comme on le sait.

Des spécialistes tel Fernand Dumont voient l'émergence d'un sentiment national dès l'époque de la Nouvelle-France ainsi que son renforcement à la suite de la Conquête et des tentatives de réunir le Haut et le Bas-Canada. Mais il est clair que, après les rébellions de 1837-1838 et l'Acte d'Union de 1840 qui s'ensuit, l'expression *origine canadienne-française* remplace nettement l'expression *origine canadienne*. Ce changement reflète une évolution des mentalités. On assiste à une forme de repli obligé du nationalisme sur des positions défensives correspondant mieux à la sauvegarde des traits du passé et des éléments plus conservateurs, à un moment où le cléricalisme, par exemple, prend de l'ampleur.

Si l'appellation *Canadiens français* l'emporte au milieu du XIXe siècle, c'est parce que ces derniers ont compris qu'on cherche à les éliminer. Dans la foulée du rapport Durham, la réunion des deux territoires vise ouvertement et publiquement à mettre un terme au rêve illusoire d'une nation canadienne. Pour un économiste londonien comme John Stuart Mill, il faut forcer dorénavant les Canadiens français à se considérer comme des *British Americans* en les noyant dans la nationalité d'un tout nouveau pays.

Dans cette confrontation directe entre deux nationalismes, le canadien et le britannique, mentionnons que cette recherche d'une nationalité distincte ne concerne pas que les francophones dits « pure laine ». Elle implique en effet la coexistence avec tous les individus qui ne parlent pas nécessairement français mais qui respectent la culture des Canadiens ainsi que les droits liés à leur majorité dans le Bas-Canada. C'est pour cette raison que les Patriotes compteront par exemple des anglophones comme Charles Hindelang, pendu ainsi que de Lorimier par les autorités britanniques au Pied-du-Courant. Le nationalisme canadien-français est donc ouvert. Il s'inspire des courants progressistes qu'on observe aux États-Unis et en Europe.

En 1867, la Confédération s'inscrit somme toute dans le prolongement de l'Union des deux Canadas. Par exemple, alors que la population du Canada-Est s'élève à 650 000 habitants contre 450 000 pour le Canada-Ouest, la Chambre d'assemblée compte

42 députés de chaque côté. Bref, si les Canadiens français croient souvent au Canada imaginé en 1867, ils seront vite ramenés sur terre. Les Canadiens anglais voient le pays comme une partie de l'Empire britannique. Des confrontations ont donc lieu sur l'affaire Riel, la guerre des Boers ou encore la conscription de 1917, avec des personnages tels que Wilfrid Laurier, Henri Bourassa, Honoré Mercier et les premiers indépendantistes québécois.

En gros, de 1920 à 1960, on peut dire qu'une idée se renforce : les Canadiens se perçoivent de plus en plus comme des Canadiens français se repliant sur le Québec afin de survivre comme nation. Inspirés par Lionel Groulx, Maurice Duplessis et d'autres, ils apprennent à tenir tête à Ottawa et à se battre pour leur destin. Ils sont souvent autonomistes plutôt qu'indépendantistes. Et le nationalisme se révèle plus conservateur et catholique qu'avant. Soit dit en passant, il est exact que Groulx parle à ce moment de la survie de la *race* canadienne-française, mais c'est alors dans le monde un synonyme de *nation* et l'on aurait tort d'y voir du racisme. De 1948 à 1960, en revanche, plusieurs préfèrent s'avouer antinationalistes. C'est que le nationalisme de cette période suppose une conception de la nation canadienne-française plutôt homogène, ethnique et catholique.

LE QUÉBÉCOIS

Au début de son magnifique ouvrage intitulé *Brève histoire des Canadiens français*, l'historien Yves Frenette écrit : « Ce livre raconte l'histoire d'un peuple qui n'existe plus. Il retrace la genèse et l'évolution du groupe canadien-français. C'était un groupe doté d'une forte identité nationale qui s'est pourtant fragmentée de façon irrémédiable dans les années 1960[9]. »

Dans les années 1960 ? C'est la Révolution tranquille. L'expression *Canada français* éveille de moins en moins le sentiment d'appartenance. Une seule décennie va suffire pour que les citoyens de la Province se désignent eux-mêmes comme Québécois et non plus comme Canadiens français, mais ce qui se déroule en accéléré n'est certes pas le fruit d'une génération spontanée.

---

9.   Yves FRENETTE, *Brève histoire des Canadiens français*, Montréal, Boréal, 1998, p. 9.

De la publication du manifeste *Refus global* à la mort de Duplessis, les événements qui s'enchaînent pour préparer le terrain sont
nombreux. Mais, symboliquement, ce sont l'élection du Parti libéral de Jean Lesage, la nationalisation de l'électricité ainsi que la
réforme générale de l'État qui retiennent l'attention.

Sur cette seule question des symboles, il y aurait beaucoup à
dire. Pour sa part, le philosophe Heinz Weinmann prétend que le
passage du Canadien français au Québécois se joue entre septembre 1959 (mort de Duplessis) et le 24 juin 1969 (dernière
grande parade de la Saint-Jean-Baptiste). « La parade reste le dernier vestige du Canada français qui ne sera rejeté comme un
cocon vide que lorsque la chrysalide se sera métamorphosée en
papillon : une fois que la transmutation du Canada français en
Québec se sera accomplie[10]. » Jean-Baptiste, modèle identitaire,
avait été le passeur entre l'Ancien Canadien et le Canadien français en tant que missionnaire, mais ce symbole est assassiné,
puisque trop relié à la soumission.

Si l'écrivain Jacques Ferron va bientôt lancer que le Québec est
« une difficulté intellectuelle », il reste qu'on doit se demander
quelle serait la principale différence entre le Canadien français et
le Québécois. Bien sûr, là-dessus, les textes pullulent. La question
de notre identité a toujours été et reste une de nos principales
préoccupations, reflet d'une angoisse qui est le lot des peuples
dominés ou colonisés. « Le Québécois se distingue par son application énergique à s'interroger au sujet de lui-même. Il est avant
tout une question, une question apparemment inépuisable[11] »,
écrit Mathieu Bélisle, professeur au collège Brébeuf. La réponse à
cette interrogation tient de toute évidence dans le fait que le Québécois se définit maintenant par lui-même, pour lui-même, en
s'affirmant, et sans se comparer ou se mesurer, ce qu'illustre en
1962 le slogan libéral « Maîtres chez nous ».

Certes, la recherche d'une unanimité de pensée sur cette question de l'identité québécoise ne saurait être qu'illusoire. Cela dit,
deux changements frappent dans cette présence du Québécois.

---

10. Heinz WEINMANN, *Du Canada au Québec. Généalogie d'une histoire*, Montréal,
L'Hexagone, « Essai », 1987, p. 455.
11. Mathieu BÉLISLE, « Une interrogation incessante », *L'inconvénient. Revue littéraire
d'essai et de création*, n° 35, 2008, p. 62.

D'abord, sur le plan des valeurs, plus rien n'est pareil. On passe des valeurs sous-jacentes à la religion catholique à d'autres valeurs davantage axées sur un certain matérialisme résolument tourné vers le monde. De plus, cette ouverture implique la recherche et l'acquisition d'une certaine forme d'autonomie autour de la langue, pour ne pas dire d'indépendance, ce qui contribue à favoriser l'épanouissement de l'idée de nation. « La nation est une fiction » ou « La vraie question n'est même pas celle de l'indépendance mais bien celle du pays », lirons-nous dans ce recueil, preuve que le débat sur notre identité collective n'a pas cessé.

« Il y a plusieurs façons d'être Québécois, écrivent par conséquent deux chercheurs en 1991. On peut l'être d'origine, de cœur, de souche ancienne, de fraîche date, comme aussi d'idéologie ou d'engagement politique, etc. La réalité de l'identité québécoise n'a rien de simple, même dans son acceptation territoriale. On ne saurait nier, d'une part, aux membres des nations amérindiennes qui, les premiers, ont occupé ce territoire, le droit de s'identifier comme Québécois. D'autre part, les immigrants français, allemands ou britanniques des XVIIᵉ et XVIIIᵉ siècles, les Irlandais et les Écossais arrivés au XIXᵉ siècle, ainsi que les membres des diverses communautés culturelles venus s'installer au Québec au cours de ce siècle peuvent aussi revendiquer à bon droit cette identité. L'appellation *québécois* n'a donc pas un sens univoque et elle n'est pas plus exclusive à la majorité francophone de vieille souche qu'elle ne serait adaptée à la description d'une mosaïque culturelle[12]. »

LE QUÉBÉCOIS CONTEMPORAIN

Vers la fin du millénaire et après l'an 2000, une importante immigration compense notre faible taux de natalité et fait du Québec une société pluraliste. Plus que jamais, on peut se redemander alors : qu'est-ce qu'un Québécois ? Un Québé*quoi* ? Un Québécois du XXIᵉ ? Un Québécois 21 ? Un Québécois moderne ? Nouveau ? Visiblement, il est plus facile de voir ce qu'il n'est pas. Par exemple, à tout hasard, serait-ce quelqu'un vivant au Québec ?

---

12. Jacques MATHIEU et Jacques LACOURSIÈRE, *Les mémoires québécoises*, Sainte-Foy, Presses de l'Université Laval, 1991, p. 98.

«Oh yeah? écrit un lecteur du journal *Le Devoir*. À ceux qui me diront qu'un Québécois c'est quelqu'un qui vit au Québec je leur dirai que la plus grande chanteuse québécoise vit aux USA depuis 10 ans. Le plus grand joueur de hockey québécois vit à Pittsburgh depuis 25 ans. La plus grande comédienne québécoise vit en Californie depuis 25 ans. Le plus grand compositeur de chansons québécoises vit en Europe depuis 30 ans. La plus grande poétesse québécoise a vécu 40 ans à Paris et le plus grand artiste québécois, 50 ans en France[13].»

Difficile de contester.

Mais qu'on soit Céline Dion, Mario Lemieux, Geneviève Bujold, Luc Plamondon, Anne Hébert, Jean-Paul Riopelle ou n'importe quel autre Québécois, suffit-il de vouloir être Québécois pour l'être effectivement? «Un Québécois, c'est quelqu'un qui veut l'être. Quelqu'un qui assume le passé, le présent et l'avenir du Québec autour de la langue française», ont souvent dit Pierre Bourgault et Jacques Parizeau. Le problème est complexe. Et ce n'est pas en quelques lignes que nous le résoudrons.

Parlant de «l'inconvénient d'être Québécois», qui est de revenir sans cesse à notre redéfinition, l'écrivain Jacques Godbout estime que la question de l'être québécois se pose à présent avec celle de l'immigration. Un minimum d'intégration fera de notre société multiethnique une nation digne de ce nom, et dans le meilleur sens du terme. Il n'est pas le seul à le croire.

Déjà dans les années 1990, tous les sondages semblent unanimes: «La majorité des répondants considère les immigrés comme des membres à part entière de la société québécoise. Néanmoins un grand nombre de ces répondants, désireux d'accroître le pouvoir de l'État québécois, demandent une adhésion des immigrés au projet d'affirmation francophone[14]», en plus du respect de valeurs telles que l'égalité entre les hommes et les femmes.

---

13. Jacques NOËL, «Un Québécois c'est quelqu'un qui vit au Québec. Oh yeah?», Montréal, *Le Devoir.com*, le samedi 10 novembre 2007.
14. Denise HELLY, *L'immigration pourquoi faire?*, Québec, IQRC, 1992, p. 185.

Pris entre son sens de l'accueil et sa volonté de survivre politiquement et culturellement, le Québec a récemment été le théâtre de difficultés liées aux conséquences de ce changement de visage. Certains «accommodements raisonnables» suscitent encore des débats et le sujet reste ouvert. La Commission de consultation sur les pratiques d'accommodement reliées aux différences culturelles – communément appelée Commission Bouchard-Taylor – est ainsi mise sur pied en 2007 et remet ses conclusions l'année suivante.

La consultation est très vaste. Après avoir examiné le modèle d'intégration socioculturelle institué au Québec depuis une quarantaine d'années et être revenus sur l'interculturalisme, l'immigration, la laïcité et les thèmes propres à l'identité québécoise, les commissaires Gérard Bouchard et Charles Taylor en arrivent à toutes sortes de constats et d'interrogations dont on parlera longtemps encore. Exemple de constat? Les Québécois ont des problèmes de définition d'identité. Exemple de question? Jouerons-nous la carte de la confiance mutuelle ou glisserons-nous vers la défiance, qui accentuera les effets que nous cherchons à éviter? Ces différents questionnements mènent aux réactions les plus diverses, bien entendu. Le débat reste ouvert.

Quoi qu'il en soit et quoi qu'on en pense, il semble enfin évident que le système de représentations sur lequel s'appuie l'identité se ramène aux liens avec l'Autre. «L'identité relève de la différence plutôt que de la propriété intrinsèque[15].» Elle ne saurait reposer seulement sur les spécificités de la collectivité. Mais, là encore, rien n'est simple. Car qui est cet Autre? Le cas de la famille Molson en est un bon exemple. Elle a longtemps été suspecte aux yeux de certains parce qu'elle est anglophone, protestante et riche; or, on le sait, la septième génération vient de se voir porter aux nues avec l'achat du Canadien de Montréal.

Comme toujours, certains font preuve d'optimisme et d'autres de réalisme. Pour Louis Balthazar, par exemple, il y a un avenir pour un petit peuple, car notre force tient avant tout «à un équilibre entre notre ouverture sur le monde, notre pluralisme interne

---

15. Toshiaki KOZAKAÏ, *L'étranger, l'identité. Essai sur l'intégration culturelle,* Paris, Payot, «Petite bibliothèque Payot», 2000, p. 33.

et notre affirmation identitaire[16] ». Mais pour d'autres, dont Simon Harel, « le Québec est malade d'une identité volée, d'un territoire usurpé. Cette vieille rengaine nous obsède. [...] Quand nous parlons de discours identitaire, nous revendiquons simplement l'identité[17] ».

IMAGINAIRE ET IDENTITÉ

Entre ouverture à l'Autre et préservation de soi, le Québec traîne donc encore une névrose identitaire. Cela doit-il étonner ? Pas vraiment. Enclave francophone dans une Amérique anglophone, il devra toujours lutter pour survivre, mais, en même temps, les résultats des référendums de 1980 et de 1995 font qu'il n'accède pas à l'indépendance. Or ainsi que le soulignent des spécialistes tel Ernest Gellner, une nation sans État est anormale à l'époque moderne, d'où l'importance de l'imaginaire comme échappatoire.

En fait, les représentations liées à l'imaginaire sont la meilleure manière de suivre l'histoire de notre quête d'identité au Québec. La littérature – et ses dérivés comme le cinéma – ne rend pas compte seulement de ce qui est, mais aussi de ce qui tente de devenir. Les écrivains sont les interprètes d'une partie de nous-mêmes dont nous n'avons parfois que peu conscience, si l'on veut, tout en étant d'importants agents de changement dans notre société.

Le livre *À la recherche du Québec* en fournit des exemples. Le politologue Léon Dion tente d'y cerner l'identité québécoise à travers un survol rapide de la poésie, de la chanson et du roman. Les Gaston Miron, Félix Leclerc et Hubert Aquin s'avèrent « des prophètes du pays tel qu'il veut en profondeur devenir et tel qu'il pourrait le devenir si seulement c'était l'imaginaire qui décidait de l'action[18] ». L'ouvrage fera l'objet de critiques négatives, mais il demeure que l'intégration des œuvres de création à l'analyse de l'identité nationale rappelle que l'identité d'une collectivité ou

---

16. Louis BALTHAZAR dans Marie-Christine WEIDMANN KOOP, *Le Québec d'aujourd'hui. Identité, société et culture*, Sainte-Foy, Presses de l'Université Laval, 2003, p. 38.

17. Simon HAREL, *Braconnages identitaires. Un Québec palimpseste*, Montréal, VLB Éditeur, 2006, p. 21-27.

18. Léon DION, *À la recherche du Québec*, Sainte-Foy, Presses de l'Université Laval, 1987, p. 6.

d'une personne est à la fois ce qu'elle est, comment elle est vue et comment elle se voit.

Comme de raison, quand on se représente ou qu'on se définit, cette activité s'accomplit inévitablement avec une marge d'erreurs plus ou moins grande. Cette part de déformation dans la représentation de soi est bel et bien normale. On exagère, biaise, atténue ou gomme certains personnages et événements, et le mythe finit souvent par l'emporter sur la réalité.

Si un type de discours mythifié illustre à n'en pas douter certains aspects de l'identité, des historiens nous demandent d'être prudents et de ne pas confondre mythes et faits historiques. Malheureusement, un autre problème que nous connaissons au Québec, c'est que les historiens eux-mêmes ne s'entendent pas à ce sujet. Dollard des Ormeaux est-il héros ou zéro? Tout dépend de l'école de pensée à laquelle se rattache l'historien. Et tout le monde souffre du flottement dans lequel on surnage à cet égard.

Il y a donc crise du côté de la conscience historique québécoise, et ce, parce que le regard sur notre passé varie. Cette crise a atteint une telle ampleur que certains prétendent que, pour exister, un peuple n'a même pas besoin d'une mémoire commune ou d'une identité. Il reste que, çà et là, des mythes fondateurs rythment notre évolution, et plusieurs d'entre eux proviennent en droite ligne d'œuvres littéraires.

Un mythe fondateur, explique Gérald Bouchard dans un volume dirigé par le sociologue et ami Stéphane Kelly, tient à la fois du rêve et du réel. C'est « une utopie inversée[19] ». Une vision du monde est projetée dans le passé. Cette vision est porteuse d'un idéal, d'une valeur, d'une espérance. Elle devient parfois symbole d'une orientation collective. Dollard des Ormeaux, encore lui, est ainsi un mythe fondateur en perte de vitesse, alors que le manifeste *Refus global* et ses artisans incarnent de plus en plus la modernité.

Prenons l'exemple de la lecture de *Refus global* : elle est utile à plus d'un titre. Elle permet d'abord de découvrir un texte original et qui possède maintes qualités intrinsèques, mais aussi de mettre

---

19. Gérald BOUCHARD dans Stéphane KELLY, *Les idées mènent le Québec. Essais sur une sensibilité historique*, Sainte-Foy, Presses de l'Université Laval, 2003, p. 29.

au jour un jalon de notre évolution sur le plan de l'identité. Tels sont les pouvoirs des textes vraiment littéraires. Il en va de même pour un roman d'Adèle Bibaud ou une chanson du groupe « Mes aïeux » : ils présentent autant d'intérêt, sinon plus, pour la forme que le fond, et constituent en outre une étape de notre parcours.

En terminant, les textes littéraires sélectionnés dans cette anthologie se veulent représentatifs de notre itinéraire identitaire. Ces choix, il va sans dire, sont arbitraires. Ils pourraient être en principe totalement différents, car il fallait procéder avec honnêteté et au meilleur de notre connaissance. On remarquera simplement qu'ils recoupent des genres littéraires très différents selon les époques. Cela va de soi. D'une part, on ne pourrait parler de théâtre en Nouvelle-France, par exemple, et, d'autre part, la popularité de ces genres varie énormément au fil des ans.

Représentatifs ou non, ces textes et ces choix imposent en tout cas une prudence élémentaire. Ainsi que le notent des spécialistes : « La question nationale n'est-elle pas ce domaine par excellence où, à droite comme à gauche, chacun s'embourbe dans les idées reçues et croit devoir se poser en censeur d'une pensée dont l'énoncé n'est souvent même pas terminé[20] ? »

« Les cultures ont le droit de se protéger les unes des autres… Une certaine dose de xénophobie n'est pas inutile à la pérennité d'une société et ne doit pas être confondue avec le racisme[21] », soutient enfin le grand Claude Lévi-Strauss. René Drouin, lui, artiste québécois de réputation internationale, répond, lorsqu'on lui demande quelle serait sa première décision comme premier ministre du Québec : « Développer une politique identitaire. L'économie est basée sur la conscience de nos identités[22]. »

20. Gilles BOURQUE et Anne LÉGARÉ, *Le Québec. La question nationale*, Paris, François Maspero, « Petite collection Maspero », 1979, p. 5.
21. Claude LÉVI-STRAUSS dans Claude IMBERT, « Composition française », *Le Point*, n° 1940, 9 novembre 2009, p. 3.
22. Frédérique DAVID, « René Drouin. Artiste de réputation internationale », *L'écho du Nord*, 75ᵉ année, n° 16, le mercredi 13 janvier 2010, p. 8.

PREMIÈRE PARTIE

LE CANADIEN (1534-1867)

1500	1525	1550	1575	1600	1625	1650	1675

1492 – Christophe Colomb découvre l'Amérique

1515-1517 – Règne de François Ier

1534 – Jacques Cartier découvre la Nouvelle-France

1535-1542 – Deuxième et troisième voyages de Jacques Cartier

1608 – Samuel de Champlain fonde
la ville de Québec

Guerres contre les Iroquois **(1608-1701)**

Relations des jésuites **(1632-1672)**

Fondation de Ville-Marie par Chomedey de Maisonneuve – **1642**

Règne de Louis XIV en France **(1643-1715)**

Arrivée des Filles du Roy en Nouvelle-France – **1665-1673**

1700   *1725*   *1750*   *1775*   1800   *1825*   *1850*   *1875*   1900

1755 – Déportation des Acadiens

1756-1760 – Guerre contre les Anglais

1756-1763 – Guerre de Sept Ans

1760 – Conquête

Régime anglais **(1760-1840)**

1763 – Traité de Paris

1774 – Permission de pratiquer la religion
catholique et de parler français

1774-1782 – Guerre de l'Indépendance américaine

1778 – Fleury Mesplet lance le premier journal montréalais

1783 – Indépendance américaine

1791 – Création du Bas-Canada

1806 – Fondation du journal patriotique
et national *Le Canadien*

1809 – Papineau au Parlement

Période du régime seigneurial **(1634-1859)**

1812 – Les Américains attaquent
le Bas-Canada

1813 – Salaberry repousse les
Américains à Châteauguay

1818 – Achat de l'île Sainte-Hélène
par l'armée britannique

1834 – Création de la Société
Saint-Jean-Baptiste

1837-1838 – Rébellions des Patriotes

Essor fulgurant de la religion catholique **(1837-1900)**

Dépôt du rapport Durham – **1839**

Acte d'Union – **1840**

Institut canadien de Montréal **(1844-1884)**

Premier tome de *L'histoire du Canada* de François-Xavier Garneau – **1845**

Incendie du Parlement de Montréal – **1849**

Grave crise économique **(1850-1896)**

Arrivée du navire La Capricieuse à Québec – **1855**

Important développement industriel – **1860-1900**

Confédération canadienne – **1867**

Antoine Labelle est nommé curé de Saint-Jérôme – **1867**

LE CONTEXTE SOCIOHISTORIQUE

De la découverte de la Nouvelle-France à la Confédération canadienne, c'est-à-dire de 1534 à 1867, les textes reflètent le tortueux parcours identitaire décrit précédemment dans le texte de présentation. Ce parcours permet de passer des appellations *Français* et *Français de la Nouvelle-France* à *Canadiens français* pour désigner les gens d'ici, après avoir usé de termes tels que *Canadians, Canayens, Créoles* ou *Canadiens*. Les questions que cet itinéraire soulève sont innombrables. Mais il demeure que tout part de notre mémoire des explorateurs et des bâtisseurs de ce Nouveau Monde souvent mis en valeur jadis par des historiens comme Lionel Groulx.

CARTIER ET AUTRES GRANDS VOYAGEURS

Cartier est-il le découvreur de la Nouvelle-France? A-t-il écrit lui-même ses textes? Certes, voilà deux exemples des problèmes qui se posent lorsqu'on remonte au début de la colonie. En vérité, nous voilà souvent en face de mythes. Un mythe, c'est le récit fondateur d'une croyance, laquelle débouche en général sur une vérité légitimée. Or, le fondement de l'identité d'un pays s'avère toujours mythique.

Auteur d'un intéressant ouvrage sur le Québec imaginaire et le Québec réel, Hervé Fisher écrit : « Le mythe fondateur n'est donc pas seulement une mémoire à laquelle s'identifie un peuple. Il est aussi de l'ordre du rêve de découvrir, conquérir et fonder. Il est par exemple le ressort même du désir d'indépendance si fortement exprimé au Québec, qui s'appuie non seulement sur la mémoire historique de la découverte du Nouveau Monde, mais aussi sur le projet québécois de construire un pays à part entière[1]. »

En d'autres termes, qu'ils soient de Cartier, Sagard, Le Mercier ou d'autres, les récits de voyages qu'on trouvera plus loin constituent une excellente base afin de retracer le début de la composition de notre identité. Il en est de même pour les correspondances. Il faut toutefois se rappeler que ces choix ne constituent qu'un infime échantillon de ce qui se fait alors. Le Mercier n'est

---

1. Hervé FISHER, *Québec imaginaire et Canada réel. L'avenir en suspens*, Montréal, VLB Éditeur, 2008, p. 30-31.

qu'un jésuite parmi bien d'autres, après tout, et explorateurs et adeptes de la littérature épistolière regroupent la majorité des gens qui écrivent.

L'œuvre du baron de La Hontan est un très bon exemple de ce qui pourrait figurer dans la présente anthologie. Ses récits de voyages se démarquent par leur style et figurent parmi les meilleurs du Régime français. Sur les Canadiens, le baron note en 1708 : «Les Canadiens ou Creoles sont bien faits, robustes, grands, forts, vigoureux, entreprenants, braves & infatigables, il ne leur manque que la connoissance des belles lettres. Ils sont presomptueux & remplis d'eux-mêmes, s'estimant au dessus de toutes les nations de la terre, & par malheur ils n'ont pas toute la veneration qu'ils devroient avoir pour leurs parens. Le sang de Canada est fort beau, les femmes y sont generalement belles, les brunes y sont rares, les sages y sont communes ; & les paresseuses y sont en assez grand nombre ; elles aiment le luxe au dernier point, & c'est à qui mieux prendra les maris au piège[2].»

Comme l'ont souligné Gérard Bouchard et d'autres, une crise de la conscience historique amène les Québécois d'aujourd'hui à jeter un regard différent sur certains de ces mythes. Autrement dit, leur importance évolue. Certains glissent à l'arrière-plan. La Vérendrye, Cavelier de La Salle, Jolliet et Marquette, entre autres, reculent chez les découvreurs ; Louis Hébert, Dollard des Ormeaux et Lambert Closse perdent du terrain chez les habitants. Il suffit d'ailleurs d'avoir entendu son père raconter pendant toute sa vie que la seule chose qu'il avait retenue de l'Histoire du Canada est que le chien de Lambert Closse s'appelait Pilote pour comprendre à quel point le regard historique peut changer rapidement.

CONQUÊTE ET PATRIOTES

La Conquête est évidemment un choc. Ses conséquences sont dévastatrices. La Nouvelle-France est ruinée. De la Gaspésie à Québec, fermes et maisons sont détruites. La monnaie n'est plus honorée, les liens avec la France sont coupés, les interrogations pullulent, notamment sur le droit de pratiquer sa religion et de parler sa langue. Le souvenir de la cruelle déportation des Acadiens, en 1755, reste frais dans les mémoires.

---

2. Baron Louis-Armand de LA HONTAN. *Mémoires de l'Amérique septentrionale,* La Haye, 1708, p. 83.

Mais cette perte de la colonie, la France l'a un peu cherchée. Les Antilles, avec Saint-Domingue, l'intéressaient davantage. Bien sûr, le commerce de la fourrure et du bois était florissant en Nouvelle-France, mais il faut se rappeler que c'est l'Asie et ses richesses qu'on espérait trouver en ces lieux. L'expression «faux comme un diamant du Canada» reflète cette déception.

Même si la période 1760-1830 semble négligeable du point de vue de la littérature, elle se révèle d'une importance considérable pour l'éclosion des Canadiens français. Curieusement, même dépouillés, les vaincus accueillent la paix avec soulagement, allant jusqu'à accepter les conquérants avec beaucoup de résignation, voire d'espoir. Ils rebondissent. Leurs 200 seigneuries y sont pour quelque chose. Mais ils se replient également sur eux-mêmes.

Il est vrai que les Anglais ne cherchent guère à leur compliquer la vie. Après une entente avec le clergé, ils accordent aux gens qui restent la permission de pratiquer la religion catholique et de parler français en échange de leur soumission. La présence accrue de leurs voisins du Sud et l'indépendance américaine à venir ne sont pas étrangères à cette attitude bienveillante.

Dès 1775, les insurgés américains font appel aux Canadiens pour lutter contre les Anglais. Devant leur manque d'enthousiasme, le Congrès américain envoie deux corps d'armées attaquer Montréal et Québec. Et ce n'est qu'un début. Le pamphlet *Les Français libres à leurs frères les Canadiens* montre également qu'on tente de partout d'inciter le Bas-Canada à la rébellion, sachant que ses habitants éprouvent de l'intérêt pour les récentes révolutions américaine et française.

Lentement mais sûrement, et aussi à cause des nombreuses injustices vécues au pays, la résistance canadienne-française commence à se mettre en place face aux Anglais. Vers 1800-1810, il commence à être question du Parti canadien à la Chambre d'assemblée, lequel devient plus tard le Parti patriote. Certains leaders s'illustrent, dont Louis-Joseph Papineau. La proclamation des célèbres 92 Résolutions, en réaction à des questions de contrôle de revenus, est inacceptable pour les autorités britanniques. Le document est un «véritable évangile national» truffé de griefs, pour reprendre l'expression d'historiens.

Les rébellions des Patriotes de 1837-1838 sont ainsi le résultat d'un long processus. Elles «constitue[nt] le terme d'une évolution amorcée vers la fin du XVIIIe siècle et qui est marquée par l'essor et la prise du pouvoir par une élite d'hommes de loi qui sera, dans ses projets, libérale et nationale[3] ».

Prenant leurs chefs de court, les Patriotes s'arment et provoquent plusieurs escarmouches. Les rebelles ne sont pas plus de 5 000 ou 6 000 dans la grande région de Montréal. Ils sont bientôt écrasés par les troupes de Gosford après des batailles à Saint-Denis, Saint-Charles et Saint-Eustache (dont les murs extérieurs de l'église portent encore les traces des balles anglaises). Certains Patriotes se réfugient aux États-Unis, comme Robert Nelson, qui proclame l'indépendance du Bas-Canada, mais 12 sont pendus, ainsi que le rappellent les émouvantes dernières lettres de Chevalier de Lorimier et Charles Hindelang. S'ensuit le dépôt du rapport Durham, prônant l'union du Haut et du Bas-Canada, de même que l'assimilation de ce « peuple sans histoire et sans littérature ». Son ton provocateur choque. Mais il fera naître des écrivains comme François-Xavier Garneau ou Philippe Aubert de Gaspé père.

L'IDENTITÉ : UN BILAN

S'il faut nécessairement laisser de côté quantité d'événements et de personnages dans ce bref survol sociohistorique, quelques éléments méritent d'être soulignés pour compléter nos observations sur la question de l'identité dans la présentation de cet ouvrage.

D'abord, sous le Régime français, c'est-à-dire jusqu'à 1760, signalons que la canadianisation de la population se fait rapidement et avec force. Dès 1608, les Français débarquant ici comprennent vite qu'ils ne sont pas Canadiens. Fiers de leur identité, ces derniers sont si indépendants qu'ils prennent même leurs distances par rapport aux administrateurs et au clergé.

Impossible, par exemple, d'exercer un contrôle sur les jeux de hasard, la mode, les beuveries, les soirées où l'on danse, les courses de chevaux, les pièces de théâtre et les jurons. À ce propos, on lit : « Les édits des rois de France contre les blasphémateurs prévoient des sanctions allant d'une simple amende à la peine de mort, mais une trentaine de personnes seulement sont

---

3. Jean-Claude ROBERT, *Du Canada français au Québec libre. Histoire d'un mouvement indépendantiste*, Paris, Flammarion, « L'histoire vivante », 1975, p. 52.

condamnées sous le Régime français, et jamais à la peine maxi-male[4]. »

Après la Conquête, alors que les habitants de la nouvelle colonie anglaise continuent à s'appeler *Canadiens,* les autorités politiques et ecclésiastiques ont toujours du mal à encadrer la population. Comme sous le régime précédent, le clergé reproche leur esprit d'indépendance aux Canadiens. Ces derniers désobéissent allègrement aux diktats sur les pratiques religieuses au moins autant qu'ils se rient des interdictions civiles sur le désordre.

Cette attitude n'est certes pas étrangère aux interdictions de Mgr Lartigue, évêque de Montréal, pendant les rébellions de 1837-1838 qui mènent lentement mais sûrement à l'étiquette *Canadiens français.* L'évêque prive les insurgés des sacrements, c'est-à-dire des services normalement assurés par l'Église, rappelant la nécessité de se plier à l'autorité établie ainsi que le principe voulant que le vrai nationalisme soit subordonné à la religion.

À l'instar du curé Blanchet, à Saint-Charles, nombre de prêtres ne peuvent toutefois s'empêcher d'épauler les Patriotes. «Vous savez que mon ministère ne me permet pas d'approuver la violence, et encore moins l'effusion de sang ; mais puisque vous voulez absolument combattre, tout ce que je puis faire est de vous mettre sous la protection de la Sainte Vierge[5] », confie le curé aux insurgés. Il les bénit, leur recommande de ne pas oublier Dieu et les exhorte à se préparer à bien mourir, se retirant à la fin les larmes aux yeux.

Ce qu'il faut aussi savoir, c'est que l'aventure des Patriotes entraîne une répression bien plus cruelle que ce qu'on aurait pu imaginer. Un livre d'Aegidius Fauteux[6] – sorte de relevés des événements et noms des personnes impliquées – le démontre. À Saint-Benoît, fin 1837, alors qu'une délégation de citoyens annonce à Colborne que les chefs des Patriotes ont fui et que le village n'entend pas résister, le commandant anglais exige que les habitants lui remettent leurs armes, ce qu'ils s'empressent de faire. Malgré cela, l'endroit est pillé. On rapporte aussi plusieurs viols et meurtres. Les milices de fanatiques anglo-protestants sont responsables des pires atrocités. La population est terrorisée et le clergé refuse la sépulture religieuse aux victimes.

4. Yves FRENETTE, *op. cit.,* p. 32.
5. Gérard FILTEAU, *Histoire des Patriotes,* Sillery, Septentrion, 2003, p. 417-418.
6. Aegidius FAUTEUX, *Patriotes de 1837-1838,* Montréal, Les Éditions des Dix, 1950, 433 p.

Plusieurs Patriotes ayant survécu aux rébellions mourront «jeunes, brisés et épuisés[7]», peut-on lire dans un des récits.

Si l'appellation *Canadiens français* l'emporte au milieu du XIXe siècle, ainsi que nous l'avons mentionné plus tôt, c'est parce que ceux-ci ont compris qu'on cherche à les éliminer. Par exemple, le *Montreal Herald* va jusqu'à en appeler au génocide: «Pour avoir la tranquillité, il faut que nous fassions la solitude; balayons les Canadiens de la face de la Terre[8].» Enfin, après la défaite des Patriotes, l'emprise du clergé devient totale et abso-lue sur le peuple: «Aux yeux de certains, le point de départ de la mainmise de l'Église catholique sur la société canadienne-française se trouve dans l'échec des Patriotes[9].»

Tout cela ne tient pas compte de l'émigration des Canadiens français. Jusqu'à la fin du XIXe siècle, ils partent souvent pour des terres promises où, en principe, ils pourront mieux gagner leur vie. Les États-Unis (surtout la Nouvelle-Angleterre), l'Ontario, les Prairies, la Colombie-Britannique, les Territoires du Nord-Ouest et le Yukon sont envahis de Canadiens français emportant avec eux leur bagage culturel. Leurs liens demeurent si forts avec le Québec que plusieurs auteurs voient la mobilité géographique comme une composante essentielle de l'identité canadienne-française.

---

7. Joseph SCHULL, *Rébellion. Le soulèvement patriote de 1837 au Bas-Canada*, Montréal, Québec Amérique, 1997, p. 279.
8. *La rébellion des Patriotes*, http://www.republiquelibre.org/cousture/PATRI.HTM
9. Jean GOUD dans Stéphane KELLY, *op. cit.*, p. 154.

 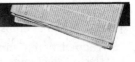

JACQUES CARTIER (1491-1557)

En juillet 1534, Jacques Cartier plante une croix à Gaspé et ainsi naît la Nouvelle-France. Signifiant à l'origine *village*, d'après plusieurs chercheurs, le mot *canada* est utilisé durant son deuxième voyage pour désigner la région de Québec, dont Stadaconé est le principal centre (Hochelaga est celui de Montréal). Cartier appelle dès lors *Canadiens* les habitants iroquoiens de cette région de Québec. Des livres et des cartes européennes étendent ensuite cette appellation aux groupuscules français établis tout le long des rives du Saint-Laurent, puis le mot est récupéré par les autorités britanniques pour désigner la totalité des habitants de leurs provinces du nord de l'Amérique. Ce rappel de la signification du terme permet de mieux comprendre le début de la troisième *Relation* de Cartier, ici traduite en langue moderne.

RELATIONS (1540)

*Le troisième voyage de découvertes fait par le capitaine Cartier,
en l'an 1540, dans les pays de Canada, Hochelaga et Saguenay*

Le roi François Ier ayant entendu le rapport du capitaine Cartier, son pilote en chef lors de ses deux précédents voyages de découvertes, tant par écrit que de vive voix, touchant ce qu'il avait trouvé et vu dans les régions occidentales de Canada et d'Hoche-
5 laga, qu'il avait découvertes, et aussi ayant vu et conversé avec les personnes que ledit Cartier avait ramenées de ces contrées, parmi lesquelles se trouvait, entre autres, le roi de Canada, nommé Donnacona: celles-ci, après avoir longtemps séjourné en France et en Bretagne, furent baptisées selon leur désir et sur leur demande,
10 et moururent dans ledit pays de Bretagne. Et, bien que Sa Majesté eût été informée par ledit Cartier de la mort et du décès de toutes les personnes qu'il avait amenées avec lui (qui étaient au nombre de dix), à l'exception d'une petite fille d'environ dix ans, elle décida cependant de renvoyer là-bas ledit Cartier, son pilote,
15 accompagné de Jean-François de la Roque, chevalier, seigneur de Roberval, qu'elle nomma lieutenant général et gouverneur des pays de Canada et Hochelaga, et ledit Cartier capitaine général et maître-pilote, avec mission de pousser leur exploration plus avant

que les voyages précédents, et d'aller, si possible, reconnaître le
20 pays de Saguenay, dont les habitants amenés par Cartier indiquè-
rent au roi, comme il a été dit, que s'y trouvaient de grandes
richesses et de très bonnes terres. Et le roi fit verser une certaine
somme d'argent pour affréter cinq navires pour ce voyage, ce qui
fut fait par lesdits seigneurs de Roberval et Cartier, lesquels se
25 mirent d'accord pour armer les cinq navires en question à Saint-
Malo en Bretagne, où les deux précédents voyages avaient été
préparés et où l'embarquement avait eu lieu[1].

RÉCIT DE VOYAGE

GABRIEL SAGARD (1590-1650?)

Théodat Sagard, frère Gabriel en religion, est d'abord célèbre
pour son ouvrage *Le grand voyage au pays des Hurons* (1632).
Récollet, il y raconte son année chez les Hurons, la plupart du
temps dans une perspective anthropologique et presque scientifique. Les mœurs et les coutumes indiennes, la flore et la faune
ainsi que la langue huronne font l'objet de fines observations.
Quatre ans plus tard, Sagard publie son *Histoire du Canada et
voyages* en quatre volumes, puis quitte les récollets pour demeurer chez les franciscains. On se rend compte que le terme *Canadiens* évoque chez lui encore – un peu comme à l'époque de
Cartier – les habitants iroquoiens de la grande région de
Québec.

HISTOIRE DU CANADA ET VOYAGES (1636)

Les Canadiens, Montagnais & les autres peuples errants ont
quelques autres cérémonies particulières envers les morts qui ne
sont pas communes avec celles de nos Hurons, car premièrement
les Montagnais ne sortent jamais les corps du trépassé par la
5 porte ordinaire de la cabane où il est mort, ils lèvent en un autre
endroit une écorce par où ils le feront sortir, disant pour leur rai-

---

1. Jacques CARTIER, *Relations* [édition critique par Michel Bideaux], Montréal, Les Presses
de l'Université de Montréal, « Bibliothèque du Nouveau Monde », 1986, p. 193-194.

son que l'on ne doit point sortir un défunt par la même porte où les vivants entrent & sortent, & que ce serait leur laisser un fâcheux souvenir, & pour quelque autre raison que je n'ai pas
10 apprise.

   Ils ont encore une autre cérémonie particulière de frapper sur la cabane où l'on vient de mourir, en disant : oué, oué, oué, pour en faire sortir l'esprit, disent-ils, & ne se servent jamais d'aucune chose de laquelle un trépassé se soit servi en son vivant, & pour le
15 reste des funérailles après que le corps a été enseveli & garrotté à leur accoutumée, ils l'élèvent couvert d'une écorce sur des fourches ou habitacle fort haut, avec tous les meubles & richesses, en attendant que tous les parents & amis se soient assemblés pour l'enterrement ; car de laisser le corps en bas dans les cabanes
20 il y pourrait parfois y être trop longtemps, ce qui les incommoderait fort, & causerait une autre plus mauvaise odeur que leur poisson puant. [...] Étant vagabonds & sans aucune demeure permanente, ils ne peuvent avoir de cimetière commun & arrêté comme les nations sédentaires, mais aux lieux plus commodes où
25 ils se trouvent, ils font une fosse[2].

RÉCIT DE VOYAGE

FRANÇOIS-JOSEPH LE MERCIER (1604-1690)

Dans sa relation des années 1664 et 1665 au révérend père Jacques Bordier, provincial de la Compagnie de Jésus en la Province de France, le jésuite François Le Mercier dresse un avant-propos qui débute par les lignes qui suivent. Viennent ensuite des chapitres sur des sujets comme l'arrivée du marquis de Tracy ou les cruautés infligées à des Français par les Iroquois. Pendant ces années, le père Le Mercier est recteur du Collège de Québec et supérieur des missions en Nouvelle-France. C'est à ce dernier titre qu'il est le grand responsable des *Relations des jésuites* ainsi que des rapports annuels expédiés dans la métropole.

---

2. Gabriel SAGARD, *Histoire du Canada et voyages,* Paris, Tross, 1866, tome III, p. 645-646.

AU RÉVÉREND PÈRE JACQUES BORDIER (1665)

Jamais la Nouvelle-France ne cessera de bénir notre grand monarque d'avoir entrepris de lui rendre la vie et de la tirer des feux des Iroquois. Il y a tantôt quarante ans que nous soupirons après ce bonheur. Nos larmes ont enfin passé la mer, et nos
5 plaintes ont touché le cœur de Sa Majesté, qui va faire un royaume de notre barbarie, et changer nos forêts en villes, et nos déserts en provinces. Ce changement ne sera pas bien difficile quand on aura la paix ; car puisque ces terres sont au même climat que la France, elles auront aussi la même bénignité de l'air quand on
10 pourra les cultiver et les décharger de leurs bois.

Jusqu'à présent, le Canada n'a passé que pour le Canada : je peux dire qu'on n'en a considéré que l'âpreté et les glaces, et l'horreur de ses hivers. On a cru que d'y venir, c'était entrer dans la région des frimas et dans le pays le plus malheureux du monde ;
15 et il semble qu'on ait eu quelque raison, puisque la guerre des Iroquois nous a jusqu'à ce temps serrés de si près que nous n'avons pu ouvrir nos campagnes pour y respirer un même air qu'en celles de France ni jouir des beaux pays que nos ennemis occupent ou dont ils nous ferment le passage.

20 Mais nos plus grandes plaintes n'étaient pas tant que, gémissant sous la cruauté des Iroquois, nous ne pouvions faire un beau royaume français de toutes ces terres que de ce que des barbares nous empêchaient d'en faire un grand empire chrétien[3].

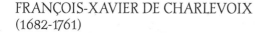

JOURNAL

FRANÇOIS-XAVIER DE CHARLEVOIX
(1682-1761)

Jésuite, historien et professeur, François-Xavier Charlevoix est l'auteur d'un *Journal historique* qui en fait un des principaux

---

3. PÈRES DE LA COMPAGNIE DE JÉSUS, *Relations des Jésuites 1611-1672,* Montréal, Éditions du Jour, 1972, tome V, p. 2-3.

auteurs antérieurs à la Conquête, selon François-Xavier Garneau. Lors de son deuxième séjour au Canada, de 1720 à 1723, il rédige les 36 lettres qui décrivent son voyage de Rochefort à Saint-Domingue, en passant par la Nouvelle-France. L'exactitude des faits, la précision des remarques et l'impartialité y dominent, le tout dans un style à la fois simple et naturel.

LES CANADIENS (1744)

Les Canadiens respirent en naissant un air de liberté qui les rend fort agréables dans le commerce de la vie, et nulle part ailleurs on ne parle plus purement notre langue. On ne remarque même ici aucun accent. On ne voit point en ce pays de personnes riches, et c'est bien dommage, car on y aime à se faire honneur de son bien, et personne presque ne s'amuse à thésauriser. On fait bonne chère, si avec cela on peut avoir de quoi se bien mettre, sinon, on se retranche sur la table pour être bien vêtu. Aussi faut-il avouer que les ajustements font bien à nos Créoles. Tout est ici de belle taille, et coule le plus beau sang du monde dans les deux sexes ; l'esprit enjoué, les manières douces et polies sont communs à tous ; et la rusticité, soit dans le langage, soit dans les façons, n'est pas même commune dans les campagnes les plus écartées.

Il n'en est pas de même, dit-on des Anglais nos voisins. Et qui ne connaîtrait les deux colonies que par la manière de vivre, d'agir et de parler des colons, ne balancerait pas à juger que la nôtre est la plus florissante. Il règne dans la Nouvelle-Angleterre une opulence dont il semble qu'on ne sait profiter ; et dans la Nouvelle-France une pauvreté cachée par un air d'aisance qui ne paraît point étudié. Le commerce et la culture des plantations fortifient la première, l'industrie des habitants soutient la seconde, et le goût de la nation y répand un agrément infini. Le colon anglais amasse du bien et ne fait aucune dépense superflue ; le Français jouit de ce qu'il a et souvent fait parade de ce qu'il n'a point. Celui-là travaille pour ses héritiers ; celui-ci laisse les siens dans la nécessité où il s'est trouvé lui-même de se tirer d'affaire. Les Anglais américains ne veulent point de guerre parce qu'ils ont beaucoup à perdre ; ils ne ménagent point les Sauvages parce qu'ils ne croient point en avoir besoin. La jeunesse française, par des raisons contraires, déteste la paix et vit bien dans les Naturels du pays dont elles s'attirent aisément l'estime pendant la guerre et l'amitié en tout temps.

Nous ne connaissons au monde de climat plus sain que celui-ci : il n'y règne aucune maladie particulière, les campagnes et les bois y sont remplis de simples merveilles, et les arbres y distillent des baumes d'une grande vertu. Ces avantages devraient bien au moins y retenir ceux que la Providence y a fait naître ; mais la légèreté, l'aversion d'un travail assidu et réglé, et l'esprit d'indépendance en ont toujours fait sortir un grand nombre de jeunes gens et ont empêché la colonie de se peupler. Ce sont là les défauts qu'on reproche le plus et avec le plus de fondement aux Français canadiens. On dirait que l'air qu'on respire dans ce vaste continent y contribue, mais l'exemple et la fréquentation de ses habitants naturels, qui mettent tout leur bonheur dans la liberté et l'indépendance, sont plus que suffisants pour former ce caractère. Ils ont beaucoup d'esprit, surtout les personnes du sexe qui l'ont fort brillant, aisé, ferme, fécond en ressources, courageux et capables de conduire les plus grandes affaires.

Je ne sais si je dois mettre parmi les défauts de nos Canadiens la bonne opinion qu'ils ont d'eux-mêmes. Il est certain du moins qu'elle leur inspire une confiance qui leur fait entreprendre et exécuter ce qui ne paraîtrait point possible à beaucoup d'autres. Nous n'avons point dans le royaume de province où le sang soit communément si beau, la taille plus avantageuse et le corps mieux proportionné. La force du tempérament n'y répond pas toujours, et si les Canadiens vivent longtemps, ils sont vieux et usés de bonne heure. Ce n'est pas même uniquement leur faute ; c'est aussi celle des parents qui pour la plupart ne veillent pas assez sur leurs enfants pour les empêcher de ruiner leur santé dans un âge où, quand elles se ruinent, c'est sans ressource. Leur agilité et leur adresse sont sans égales : les Sauvages les plus habiles ne conduisent pas mieux leurs canots dans les rapides les plus dangereux et ne tirent pas plus juste.

Comme avec cela ils sont extrêmement braves et adroits on pourrait en tirer de plus grands services pour la guerre, pour la marine et pour les arts ; et je crois qu'il serait du bien de l'État de les multiplier plus qu'on a fait jusqu'à présent. Les hommes sont la principale richesse du souverain, et le Canada, quand il ne pourrait être d'aucune utilité à la France que par ce seul endroit, serait encore, s'il était bien peuplé, une des plus importantes de nos colonies[4].

ÉLISABETH BÉGON (1696-1755)

Née à Montréal, Élisabeth Rocbert de la Morandière épouse secrètement Claude-Michel Bégon, frère de l'intendant de la Nouvelle-France, malgré l'opposition de ce dernier. Pendant 30 ans, elle suit son mari dans ses nombreux déplacements, par exemple à Trois-Rivières lorsqu'il y est gouverneur. Veuve en 1748, elle retourne à Montréal avant de s'établir en France, d'où elle écrit de nombreuses lettres à son fils et à son gendre. Celles-ci traduisent bien sa situation à l'étranger. Loin de s'émerveiller, en effet, en découvrant l'Europe, où son statut de Canadienne ne lui rend pas la vie toujours facile, elle ne «dégrogne» pas, avoue-t-elle, en comparant ces deux mondes différents.

LETTRE À SON FILS (1750)

Le 20 janvier.

Tout conspire, cher fils, à m'ennuyer dans ce pays [Rochefort, France]. On ne parle plus que de danse, de bals, mascarades, etc. M. de Tilly
5 est arrivé et n'est plus occupé que de la cour, de grandeurs et peu d'attentions pour les siens. Je ne sais comme tout cela pense, mais j'y vois peu d'agrément à espérer de leur part et pense qu'ils voudraient bien nous voir hors de chez eux. Je le voudrais bien aussi et ta fille encore mieux.

Il a promis de mener ces demoiselles au bal, mais il faut une
10 robe neuve à celle que j'ai amenée et il n'est pas séant d'aller autrement. J'ai eu beau dire que tout était fort cher et qu'elle n'aurait rien de joli pour ce qu'elle avait vendu, il a fallu donner l'argent qu'elle doit avoir en août prochain des hardes qu'elle a vendues en Canada, pour en avoir une pour le bal. Il paraît que je ne
15 sais point la façon dont on doit vivre et que je ne suis qu'une Iro-

---

4. François-Xavier de CHARLEVOIX, *Journal historique,* Paris, Nyon, 1944, p. 68-69.

quoise. Je ne dis mot, mais, si je puis être chez moi une fois, je serai bien contente. Je sens qu'il y a de la jalousie de toute façon.

Adieu, car je n'ai pas la tête bonne. Je te souhaite le bonsoir[5].

THÉÂTRE

JOSEPH QUESNEL (1746-1809)

Homme d'affaires, musicien, compositeur, officier de milice, dramaturge et poète né en 1746 à Saint-Malo, Joseph Quesnel embrasse la cause de la vie culturelle d'ici lorsqu'il épouse une Canadienne qui lui donnera 13 enfants : Marie-Josephte Deslandes. Frappé par le peu d'intérêt de ses compatriotes pour la littérature et les arts, il est à l'origine d'une œuvre s'inspirant d'écrivains français mais sonnant un certain réveil littéraire. Son opéra-comique Colas et Colinette constitue sans doute la première œuvre lyrique avec musique originale écrite et présentée en Amérique du Nord. Sa pièce L'anglomanie ou le dîner à l'anglaise ridiculise les individus singeant servilement le quotidien de l'Occupant.

L'ANGLOMANIE OU LE DÎNER À L'ANGLAISE (1802)

MADAME PRIMEMBOURG
Ah ! mon gendre, bonjour.
J'ignorais qu'en ce lieu vous fussiez de retour.

LE COLONEL
5 Mesdames, un instant, je viens voir la famille.

MADAME DE PRIMEMBOURG
Soyez le bienvenu.

---

5. Élisabeth BÉGON, *Élisabeth Bégon* [présentation de Céline Dupré], Montréal, Fides, « Classiques canadiens », 1960, p. 68-69.

LA DOUAIRIÈRE

Comment va notre fille ?

LE COLONEL

10 Toujours à l'ordinaire. On prit hier le thé
Chez le vieux général, et je suis invité
Avec elle aujourd'hui chez la jeune baronne.

LA DOUAIRIÈRE

15 Vous la ferez mourir, je crois, Dieu me pardonne,
Avec tout ce thé-là ! Du temps de nos Français
Qu'on se portait si bien – en buvait-on jamais ?
Jamais – que pour remède, ou bien pour la migraine ;
Mais avec vos Anglais la mode est qu'on le prenne
20 Soir et matin, sans goût et sans nécessité ;
On croirait être mort si l'on manquait de thé ;
Aussi, ne voit-on plus que des visages blêmes,
Des mauvais estomacs, des faces de carême,
Au lieu du teint vermeil de notre temps passé,
25 Voilà ce que produit cet usage insensé !

M. PRIMEMBOURG

Vous ne devriez pas, par égard pour mon gendre,
Ma mère, sans sujet nous faire cet esclandre ;
Apprenez que jamais le thé d'un général
30 Au plus faible estomac ne peut faire de mal.

LA DOUAIRIÈRE

Je ne crois point cela.
   [...]

M. PRIMEMBOURG

35 Vous tenez trop, ma mère, à vos anciens usages.

LA DOUAIRIÈRE

Les anciens, croyez-moi, n'étaient pas les moins sages.

M. PRIMEMBOURG

Hé bien, soit ; mais enfin, puisqu'on a le bonheur
40 Aujourd'hui d'être anglais, on doit s'en faire honneur,
Et suivre, autant qu'on peut, les manières anglaises.

LA DOUAIRIÈRE

Hé bien, pour moi, mon fils, je m'en tiens aux françaises.
Contester avec vous c'est perdre son latin.

45 Tout comme il vous plaira réglez votre festin ;
Pour moi, je n'en suis pas ; adieu.

M. PRIMEMBOURG, *la regardant aller.*

Je désespère
De jamais au bon ton accoutumer ma mère[6].

CORRESPONDANCE

JULIE PAPINEAU (1795-1862)

Épouse de Louis-Joseph Papineau – qui fut 28 ans député, président de la Chambre d'assemblée du Bas-Canada et chef du Parti patriote –, Julie Bruneau Papineau entretient à partir de 1823 une volumineuse correspondance avec mari et parents. Celle-ci reflète d'abord ses responsabilités de mère de famille et sa vie de femme dans un contexte où elle doit s'exiler aux États-Unis et en France comme son époux. Ses lettres illustrent en outre à quel point elle s'enthousiasme peu à peu pour le mouvement patriote. Elle prédit qu'il faudra recourir à la violence pour que le Bas-Canada obtienne justice, mais pense que les Canadiens n'auront peut-être pas le courage de passer aux actes.

LETTRE À LOUIS-JOSEPH PAPINEAU (1836)

Montréal, 23 février 1836

Cher ami,

Je suis de retour de Verchères. J'en étais partie plus tôt que je ne pensais ; voyant toujours d'aussi grands froids, je ne pouvais me résoudre à me mettre en chemin avec la petite, mais, ayant appris que Marguerite était bien malade et les enfants commençant à s'ennuyer, je suis partie dimanche. Heureusement que le temps

---

6. Joseph QUESNEL, *L'anglomanie suivi de Les républicains français,* Trois-Pistoles, « La Saberdache », 2003, p. 31-35.

était bien doux. Maman voulait absolument me garder jusqu'à ce que l'on eût des nouvelles de Québec au sujet des subsides, mais il a fallu partir et c'est aussi bien. Voyant que cela se retarde de jour en jour, j'aurais trouvé le temps encore plus long, croyant avoir plus souvent des nouvelles en ville. Et, rendue ici, je vois que c'est la même lenteur.

J'ai trouvé ici une lettre de toi arrivée la veille, écrite le jeudi, qui n'est pas consolante. C'est désolant. Nos affaires prennent une tournure alarmante, surtout avec des hommes comme nous en avons. Ne t'ai-je pas dit, de tout temps, que je craignais que nous succomberions parce qu'ils savent bien que nous manquons d'hommes fermes et résolus d'avoir justice, et que rien ne les ferait dévier de la position qu'ils avaient prise? C'est pourquoi ils s'appuient toujours sur leur cheval de bataille, disant qu'il n'y a qu'un parti de démagogues et que la majorité du pays se laissera opprimer plutôt que de combattre si longtemps, sans succès.

Ils sont incapables de persévérer avec énergie et surtout de sacrifier l'intérêt personnel pour celui de leur pays. Les étrangers, au contraire, seront tenaces et rien ne leur coûtera pour obtenir l'avantage sur nous; c'est pourquoi le Haut-Canada obtiendra ce qu'il demande, car le gouvernement les craindra. S'ils n'obtiennent pas justice par les voies légitimes, ils l'obtiendront par la violence: l'administration est persuadée de cela et c'est même le cas ici avec les constitutionnels. On les craint parce que l'on est certain qu'ils iront jusqu'au bout et que les Canadiens sont incapables de lutter: j[e n']ai presque plus d'espoir de succès. Tu ne connais pas les Canadiens. Je te l'ai dit de tout temps et j'en suis de plus en plus convaincue: à mesure qu'ils sont mis à l'épreuve, ils sont légers et pas hommes d'affaires, égoïstes, et par conséquent jaloux du succès même de leurs concitoyens, point d'esprit public; ils sont grands parleurs et grands braves quand ils n'ont rien à craindre. Si on leur montre les grosses dents, ils sont tout à coup sans courage; ils sont sans jugement quand ils croient toucher au moment d'avoir justice, à raison des démarches que nous prenons. Ils nous approuvent au commencement de la session, [alors] que l'on avait l'air de nous craindre et, par là, de nous concéder quelque chose. Vous aviez eu raison d'être fermes et d'avoir refusé de marcher et de procéder depuis trois ans; aujourd'hui que l'on voit que vous avez été joués de nouveau et que l'on craint d'être maltraités, au lieu de redoubler de violence accompagnée de persévérance, on répète les mêmes sottises. « Nous savions bien et nous avions raison de dire que nous allons trop loin et trop vite, que nous en serions dupes », etc. Ce sont les propos de M. Jacques[7] et de bien d'autres misérables Canadiens. Puisque l'on en a un bon nombre, même dans la Chambre, que l'on doit regarder comme l'élite, puisqu'ils sont choisis de même au milieu du peuple comme représentant ses sentiments, que peut-on attendre du reste du pays, s'il faut emporter par la force ce que l'on est bien résolu de nous refuser autrement? J'en suis de plus en plus persuadée et je n'ai malheureusement aucun espoir de succès, par la raison que nous sommes incapables de résister à tous les mauvais procédés que l'on est résolu d'employer à notre égard en Angleterre et ici. Et la réforme s'opérera en Europe et dans le Haut-Canada ; et dans ce petit coin, ici, vous serez opprimés parce que l'on est de pâte à l'être ; et ils ne nous connaissent mieux que nous nous connaissons nous-mêmes. Je n'ai jamais cru que cela fût par ignorance sur nos affaires, que nous tardions aussi longtemps à nous rendre justice, mais bien par une insigne mauvaise foi et désir de nous écraser. Je crois, au contraire, qu'ils [ne] connaissent que trop qu'ils peuvent réussir, puisque nous leur aidons à river nos chaînes.

J'attendais l'arrivée de la poste afin de savoir si j'aurais quelques nouvelles sur la question des subsides, mais en vain, je n'ai pas de lettres. M. Quesnel sort d'ici, qui me dit en avoir reçu une de M. Cherrier, qui lui dit que le sujet est remis à la semaine prochaine : c'est dépitant et ennuyeux à l'excès. Il dit que la nomination de Bédard produira un bon effet, d'abord parce que cela sera un intrigant de moins et puis que cela fera des mécontents qui, pour se venger, vont se réunir à vous : c'est pitoyable d'avoir à se féliciter et d'être obligés d'agir avec de pareils fripons pour faire et sauver le pays. C'est pourquoi sa cause est bien en danger parce que tous les jours de pareilles manœuvres peuvent réussir à diviser la Chambre [dans] des moments où elle devrait être d'airain. Dis-moi donc s'il est vrai que tu ne vois plus Debartzch et le gouverneur ; je n'en serais pas étonnée mais les rapports se contredisent là-dessus et, quand on me le demande, je réponds que je ne sais rien.

---

7. Jacques Viger, maire de Montréal, un modéré.

Toute la famille ici se porte bien, ton cher père, Toussaint, et les enfants ainsi que ceux de Maska. Charles est ici ; j'écrirai ce soir aux enfants. Il n'en est pas de même des autres de la famille.

Mme Blanchard est accouchée avant-hier soir, après une longue et douloureuse maladie de trois jours. L'enfant a perdu la vie en venant au monde, c'était une petite fille ; ils sont bien attristés, la mère est tout doucement, donnant de l'inquiétude.

Philippe a eu son dernier enfant bien malade aussi, mais il est mieux. Mme Plamondon a un peu de mieux, elle est maigre et bien faible, surtout des jambes, elle ne peut marcher qu'avec peine et elle le fait bien peu : on craint toujours pour elle.

J'ai vu M. Roy qui m'a donné de tes nouvelles : il dit que tu es bien portant mais bien mécontent au sujet des affaires, mais cela n'empêche pas que tu n'aies des moments de gaieté ; que tu vas souper en ville et en reviens bien gai : tant mieux. Ici, la vie est la plus insipide et la plus ennuyeuse du monde. J'en suis lasse.

Ton amie et épouse,

Julie Bruneau Papineau[8]

CORRESPONDANCE

FRANÇOIS-MARIE-THOMAS CHEVALIER DE LORIMIER (1803-1839)

Né à Saint-Cuthbert, mais descendant d'une vieille famille aristocratique française, de Lorimier devient notaire et s'intéresse rapidement à la politique. Son idéalisme et sa soif de liberté l'amènent à appuyer Louis-Joseph Papineau et le Parti canadien, puis il prend part, jusqu'à la fin, à toutes les manifestations et échauffourées au service du nationalisme. Très activement impliqué dans la Rébellion de 1837-1838, il est reconnu coupable,

---

8. Julie PAPINEAU, *Une femme patriote. Correspondance 1823-1862* [présentation de Renée Blanchet], Sillery, Septentrion, 1997, p. 118-120.

avec plusieurs compagnons, de haute trahison et condamné à être pendu. Le film *15 février 1839*, de Pierre Falardeau, raconte admirablement ses derniers moments.

TESTAMENT POLITIQUE (1839)

Prison de Montréal 14 février 1839

11 heures du soir

Le public et mes amis en particulier attendent peut-être une déclaration sincère de mes sentiments. À l'heure fatale qui doit nous séparer de la terre, les opinions sont toujours regardées et reçues avec plus d'impartialité. L'homme chrétien se dépouille en ce moment du voile qui a obscurci beaucoup de ses actions, pour se laisser voir au plein jour. L'intérêt et les passions expirent avec son âme. Pour ma part, à la veille de rendre mon esprit à mon créateur, je ne désire que faire connaître ce que je ressens et ce que je pense. [...]

Je meurs sans remords. Je ne désirais que le bien de mon pays dans l'insurrection, et son indépendance ; mes vues et mes actions étaient sincères, n'ont été entachées d'aucuns crimes qui déshonorent l'humanité et qui ne sont que trop communs dans l'effervescence des passions déchaînées. Depuis dix-sept ou dix-huit ans, j'ai pris une part active dans presque toutes les mesures populaires, et toujours avec conviction et sincérité. Mes efforts ont été pour l'indépendance de mes compatriotes.

Nous avons été malheureux jusqu'à ce jour. La mort a déjà décimé plusieurs de mes collaborateurs. Beaucoup sont dans les fers, un plus grand nombre sur la terre de l'exil, avec leurs propriétés détruites et leurs familles abandonnées – sans ressources – à la rigueur des froids d'un hiver canadien. Malgré tant d'infortunes, mon cœur entretient son courage et des espérances pour l'avenir. Mes amis et mes enfants verront de meilleurs jours ; ils seront libres, un pressentiment certain, ma conscience tranquille me l'assurent. Voilà ce qui me remplit de joie, lorsque tout n'est que désolation et douleur autour de moi. Les plaies de mon pays se cicatriseront ; après les malheurs de l'anarchie et d'une révolution sanglante, le paisible Canadien verra le bonheur et la liberté sur le St. Laurent. Tout concourt à ce but, les exécutions mêmes.

Le sang et les larmes versées sur l'autel de la patrie arrosent aujourd'hui les racines de l'arbre qui fera flotter le drapeau marqué des deux étoiles des Canadas.

Je laisse des enfants qui n'ont pour héritage que le souvenir de mes malheurs. Pauvres orphelins, c'est vous que je plains, c'est vous que la main sanglante et arbitraire de la loi martiale frappe par ma mort. [...] Le crime fait la honte et non l'échafaud. Des hommes d'un mérite supérieur m'ont déjà battu la triste carrière qui me reste à parcourir – de la prison obscure au gibet. Pauvres enfants, vous n'aurez plus qu'une mère désolée, tendre et affectionnée pour appui, et si ma mort et mes sacrifices vous réduisent à l'indigence, demandez quelquefois en mon nom le pain de la vie. Je ne fus pas insensible aux malheurs de l'infortune.

Quant à vous, mes compatriotes, puisse mon exécution et celle de mes compagnons d'infortune vous être utile. Je n'ai plus que quelques heures à vivre, mais j'ai voulu partager mon temps entre mes devoirs religieux et mes devoirs envers mes compatriotes. Pour eux je meurs sur le gibet, de la mort infâme du meurtrier ; pour eux je me sépare de mes jeunes enfants, de mon épouse chérie, sans autre appui que mon industrie ; et pour eux je meurs en m'écriant : VIVE LA LIBERTÉ ! VIVE L'INDÉPENDANCE !

CORRESPONDANCE

CHARLES HINDELANG (1810-1839)

Né à Paris dans une famille d'origine suisse et calviniste, Charles Hindelang vient en Amérique pour commercer. Comme d'autres anglophones, il combat cependant pour l'indépendance du Bas-Canada aux côtés des Patriotes. Pour ses actions, il est pendu par les autorités britanniques à la prison du Pied-du-Courant. Il y a là plusieurs de ses compagnons, dont Chevalier de Lorimier, ainsi que le raconte le film *15 février 1839*, de Pierre Falardeau. Devant la foule, avant l'exécution, Hindelang lance : « La cause pour laquelle on me sacrifie est noble et grande [...]. Canadiens, mon dernier adieu est le vieux cri de la France : Vive la liberté ! » La lettre qui suit est écrite le matin de son exécution.

LETTRE (1839)

Prison de Montréal, 15 février 1839.
5 heures du matin.

Cher baron[9],

Avant que la vengeance et la cruauté aient tout à fait détruit les
5 pensées d'un homme qui méprise ces deux sentiments et les laisse
à ses bourreaux, je veux te communiquer encore ma manière de
voir quoique tu la connaisses. Il est certaines gens qui savent se
comprendre, il suffit pour cela d'un coup d'œil et d'un mot.

La potence réclame sa proie ; – c'est une main anglaise qui l'a
10 dressée.

Nation cruelle et sauvage, êtres arrogants et sans générosité, en
rappelant dans ce malheureux pays, en surpassant même en atrocité les siècles de la Barbarie, que n'en avez-vous aussi conservé
les usages ? Il manque encore quelque chose à votre joie – la tor-
15 ture ! Ah si vous l'aviez ! N'êtes-vous pas les maîtres ? Que crai-
gnez-vous donc ? Un forfait de plus ne doit rien coûter à des âmes
comme les vôtres ? Je ris de votre potence, je rirai de vos efforts à
tourmenter vos victimes ! Liberté, liberté, qu'il serait beau de
souffrir encore pour toi, qu'il serait beau de faire comprendre aux
20 Canadiens, tout ce que tes amants reçoivent de force et de courage en te servant !

Réveille-toi donc, Canadien, n'entends-tu pas la voix de tes
frères qui t'appellent ? Cette voix sort du tombeau, elle ne te
demande pas vengeance, mais elle te crie d'être libre, il te suffit de
25 vouloir. Arrière, Anglais, arrière, cette terre que vous foulez, vous
l'avez baignée d'un sang généreux, elle ne veut plus te porter, race
maudite, ton règne est passé ! Puis quand ils se réveilleront mes
bons Canadiens, tu seras avec eux, baron, tu les aideras, et moi je
te bénirai, toi et tous ceux qui feront comme toi.

30 Et toi, France, tes généreux enfants n'ont-ils pas encore compris
qu'ils ont ici des frères ? Rappelle toute ta haine si bien méritée
contre les Anglais, s'ils le pouvaient eux, ils ne t'épargneraient
pas !

---

9. John Bratish Eliovith, dit le baron Fratelin.

Adieu, cher baron, adieu ! mon digne ami, pour toi je ne meurs
35 pas tout entier, je vivrai dans ton cœur, comme dans celui de tant
de généreux amis. Non, non, la mort n'a rien d'affreux, quand elle
laisse derrière elle de longs et glorieux souvenirs. Mon corps aux
bourreaux, mais mes pensées et mon cœur appartiennent à ma
famille et à mes amis.

40 Sois homme et n'oublie jamais un de tes bons et vrais camarades.

Charles Hindelang[10]

ESSAI

FRANÇOIS-XAVIER GARNEAU (1809-1866)

Incapable d'accéder au cours classique à cause de la situation
pécuniaire de ses parents, François-Xavier Garneau acquiert de
peine et de misère une formation humaniste lui permettant de
devenir notaire. À un jeune anglophone qui lui lance que son
pays n'a pas d'histoire et qu'on sait quelle nation a toujours
triomphé, il rétorque, à 19 ans, que nous avons une histoire et
qu'il l'écrira lui-même. Suivent alors plusieurs textes, dont son
Histoire du Canada en trois tomes, qu'il ne cessera de remanier.
Son intention ? Y rétablir la vérité si souvent défigurée, et repousser les attaques et les insultes dont ont été ou sont l'objet ses
compatriotes, notamment de la part de Lord Durham.

LE COLON FRANÇAIS (1845)

Si maintenant l'on compare le colon français et le colon anglais du
XVIIe siècle, ce rapprochement donne lieu à un autre contraste.

Le colon anglais était principalement dominé par l'amour de la
liberté et la passion du commerce et des richesses. Tous les sacri-
5 fices en vue de ces objets, auxquels ses pensées allaient sans
cesse, étaient peu de choses pour lui, car en dehors il ne voyait
que ruine et abjection. Aussi, dès que les traitants de l'Acadie le

---

10. Laurent Olivier DAVID, *Les Patriotes,* Montréal, Eusèbe Sénécal et fils, 1884, p. 234-235.

croisèrent dans ses courses sur les mers, ou que les établisse-
ments de la Nouvelle-Hollande le gênèrent dans ses progrès sur
terre, fit-il des efforts pour s'emparer de ces deux contrées.

En Acadie, il n'y avait que quelques centaines de pêcheurs dis-
persés sur le bord de l'Océan. Il lui fut, par conséquent, assez
facile de conquérir une province couverte de forêts. La Nouvelle-
Hollande, encore moins en état de se défendre que l'Acadie, faute
de secours d'Europe, passe sous le joug sans faire aucune
résistance.

Mais, au bout de ces conquêtes, les Américains se trouvèrent
face à face avec les Canadiens : les Canadiens, peuple de labou-
reurs, de chasseurs et de soldats ; les Canadiens qui eussent
triomphé à la fin, quoique plus pauvres, s'ils avaient été seulement la moitié aussi nombreux que leurs adversaires !

Leur vie, à la fois insouciante et agitée, soumise et indépen-
dante, avait une teinte plus chevaleresque, plus poétique que la
vie calculatrice de ces derniers. Catholiques ardents, ils n'avaient
pas été jetés en Amérique par les persécutions religieuses ; roya-
listes zélés, ils ne demandaient pas une liberté contre laquelle
peut-être ils eussent combattu.

C'étaient des chercheurs d'aventures, courant après une vie
nouvelle, ou des vétérans brunis par le soleil de la Hongrie, et qui
avaient pris part aux victoires des Turenne et des Condé. C'étaient
des soldats qui avaient vu fléchir sous le génie de Luxembourg le
lion britannique et l'aigle d'Autriche. La gloire militaire était leur
idole, et, fiers de marcher sous les ordres de leurs seigneurs, ils
les suivaient partout au risque de tous les périls pour mériter leur
estime et leur considération.

C'est ce qui faisait dire à un ancien militaire : « Je ne suis pas
surpris si les Canadiens ont tant de valeur, puisque la plupart des-
cendent d'officiers et de soldats qui sortaient d'un des plus beaux
régiments de France. »

L'éducation que les seigneurs et le peuple recevaient du clergé,
presque seul instituteur au Canada, n'était pas faite pour éteindre
cet esprit poussé jusqu'à l'enthousiasme, et qui plaisait au gouverneur par son royalisme, au clergé par son dévouement et à la

protection des missions catholiques. Les missionnaires appré-
45 hendaient par-dessus tout la puissance et le prosélytisme de leurs
voisins protestants. Ainsi le pouvoir civil et l'autorité religieuse
avaient intérêt à ce que le Canadien fût soldat. À mesure que la
population augmentait, la milice par ce moyen devait y devenir de
plus en plus redoutable. Le Canada était presque une colonie mili-
50 taire. Dans les recensements, on comptait les armes, comme les
rôles d'une armée.

Tels étaient nos ancêtres. Comme l'immigration, après quelques
efforts, cessa presque tout à fait, et qu'il n'est venu guère plus de
cinq mille colons en Canada pendant toute la durée de la domina-
55 tion française, ce système était peut-être le meilleur dans les circonstances, pour lutter contre la force toujours croissante des
colonies anglaises. Durant près d'un siècle, la puissance de celles-
ci vint se briser contre cette milice aguerrie, qui ne succomba
que sous le nombre, en 1760, après une dernière lutte acharnée
60 de six années, où elle s'illustra par de nombreuses et éclatantes
victoires.

Encore aujourd'hui c'est à nous que le Canada doit de ne pas
faire partie des États-Unis. Nous l'empêchons de devenir américain de mœurs, de langue et d'institutions[11].

POÉSIE

OCTAVE CRÉMAZIE (1827-1879)

Considéré souvent comme notre premier véritable poète,
Octave Crémazie est en tout cas le plus grand représentant du
romantisme canadien-français. Libraire, il se met vite à étudier
les livres qu'il reçoit de France, puis anime des causeries littéraires et publie quelques poèmes souvent axés sur des thèmes
patriotiques. Après plusieurs voyages en Europe et la faillite de

---

11. Gérard BESSETTE, Lucien GESLIN et Charles PARENT, *Histoire de la littérature
     canadienne-française*, Montréal, CEC, 1968, p. 43-44.

son commerce, il s'enfuit clandestinement à Paris pour y vivre un exil de 16 ans teinté de solitude, de maladie et de pauvreté. Sa correspondance et son *Journal du siège de Paris* contribuent finalement à son renom d'authentique écrivain.

FÊTE NATIONALE (1856)

Jour de saint Jean-Baptiste, ô fête glorieuse :
Tu portes avec toi la trace radieuse
      De nos vieux souvenirs français ;
Rappelant à nos cœurs les vertus de nos pères,
5 Tu montres, rayonnant de feux et de lumières,
      Leur gloire et leurs nobles bienfaits.

Douce et fraîche oasis, par le Seigneur donnée,
Tu vois les Canadiens revenir chaque année,
      À l'ombre de tes verts rameaux,
10 S'abreuver à longs traits à ta source chérie,
En chantant à la fois l'hymne de la patrie
      Et les grands noms de ses héros.

      Il est sur le sol d'Amérique
      Un doux pays aimé des cieux,
15   Où la nature magnifique
      Prodigue ses dons merveilleux.
      Ce sol, fécondé par la France
      Qui régna sur ses bords fleuris,
      C'est notre amour, notre espérance
20   Canadiens, c'est notre pays.
      Pour conserver cet héritage
      Que nous ont légué nos aïeux,
      Malgré les vents, malgré l'orage,
      Soyez toujours unis comme eux.
25   Marchons sur leur brillante trace,
      De leurs vertus suivons la loi,
      Ne souffrons pas que rien efface
      Et notre langue et notre foi.

      Ô de l'union fraternelle
30 Jour triomphant et radieux,

Ah ! puisse ta flamme immortelle
Remplir notre cœur de ses feux :
Oui, puisse cette union sainte,
Qui fit nos ancêtres si grands,
35 Garder toujours de toute atteinte
L'avenir de leurs descendants.

Les vieux chênes de la montagne
Où combattirent nos aïeux ;
Le sol de la verte campagne
40 Où coula leur sang généreux ;
Le flot qui chante à la prairie
La splendeur de leurs noms bénis,
La grande voix de la patrie,
Tout nous redit : Soyez unis.

45 Ô Canadiens-Français, dans ce jour solennel
Marchons donc fièrement sous la vieille bannière
Qui vit de Carillon le combat immortel.
Nous sommes les enfants de la race guerrière
Qui fait briller partout son nom resplendissant.
50 En martyrs, en héros race toujours féconde,
Elle tire aujourd'hui ce glaive étincelant
Dont les larges rayons illuminent le monde.

Entendez-vous au loin, sous les murs des Sforza[12],
Retentir dans les airs l'hymne de la victoire ?
55 Voyez-vous ces héros, vainqueurs de Magenta[13],
Se couronner encore des palmes de la gloire
Aux champs de Marignan[14], illustrés par Bayard[15] ?
Soyons fiers aujourd'hui du beau nom de nos pères,
Soyons fiers de marcher sous leur vieil étendard,
60 Car ces guerriers vainqueurs, ces héros sont nos frères.

Québec, 24 juin 1856[16].

---

12. Famille italienne qui régna à Milan de 1450 à 1535.
13. Ville d'Italie, en Lombardie, site d'une victoire française.
14. Ville d'Italie, en Lombardie, site d'une victoire française.
15. Gentilhomme français ayant pris part à la bataille de Marignan.
16. Octave CRÉMAZIE. Œuvres complètes, Montréal, Beauchemin, 1882, p. 162-164.

MÉMOIRES

PHILIPPE AUBERT DE GASPÉ PÈRE (1786-1871)

Après son enfance au manoir seigneurial de Saint-Jean-Port-Joli, Philippe Aubert de Gaspé devient avocat en 1811 et s'implique de façon dynamique dans tous les secteurs de la vie publique. Emprisonné et puis assigné à résidence en 1834 à Québec pour une affaire de dette, il renoue avec la vie culturelle, allant jusqu'à publier, vers 80 ans, le roman *Les anciens Canadiens* et ses *Mémoires*. « Remercions le noble vieillard, qui est le plus jeune de nos écrivains, de nous avoir rendu ce qu'il a vu durant sa longue carrière, avec un tel aspect de vérité, un entrain si rare[17] », écrit alors Hector Fabre.

MÉMOIRES (1866)

Pour varier et égayer mon sujet, après le triste épisode que je viens de terminer, je vais citer une petite scène qui eut probablement lieu vers cette époque. C'est le capitaine Gouin, ancien et respectable cultivateur de Sainte-Anne La Pérade qui parle :

5   Je conduisais Lord Dorchester, dans ma carriole par un froid du mois de janvier à faire éclater une église, lorsque je m'aperçus qu'il avait le nez aussi blanc que de la belle crème. C'était un maître nez que celui du gouverneur ! Je puis l'affirmer sans manquer à sa mémoire, car c'était un brave homme, aussi poli avec un 10 habitant que s'il eût été un gros bonnet. C'était un plaisir de jaser avec lui : il parlait français comme un Canadien et une question n'attendait pas l'autre.

    — Excellence, que je lui dis, sauf le respect que je vous dois, vous avez le nez gelé comme un greton[18].

15   — Que faut-il faire alors ? me dit le général, en portant la main à la partie endommagée, qu'il ne sentait pas plus entre ses doigts que si elle eût appartenu à son voisin ?

---

17. Réginald HAMEL, John HARE et Paul WYCZYNSKI, *Dictionnaire des auteurs de langue française en Amérique du Nord*, Montréal, Fides, 1989, p. 42.
18. C'est une partie de graisse de porc dont les Canadiens sont très friands, surtout quand elle est gelée.

— Ah! Dam! voyez-vous, mon général, je n'ai encore manié que
des nez canadiens: les nez anglais c'est peut-être une autre paire
20 de manches.

— Que fait-on dans ce cas, me dit le Gouverneur, à un nez
canadien?

— Un nez canadien, Excellence, c'est accoutumé à la misère, et
on les traite assez brutalement en conséquence.

25   — Supposez, dit le général, que le mien, au lieu d'être anglais,
soit un nez canadien?

— Oui, Excellence, mais il se rencontre encore une petite difficulté! Tous les Anglais n'ont pas l'honneur de porter un nez de
gouverneur, et vous sentez que le respect et la considération...

30   — G ... m! dit Lord Dorchester, perdant patience, allez-vous en
finir avec vos égards pour mon pauvre nez, qui est déjà dur
comme du bois? je vous dis de me faire le remède que vous
connaissez, si vous l'avez sous la main,

— Oh! là n'est pas la difficulté, Excellence; il n'est pas néces-
35 saire d'en faire une provision avant de se mettre en route, j'en ai
trois bons pieds de cette médecine sous ma carriole: elle ne coûte
pas tant que celle des chirurgiens.

— Comment, dit le Lord, c'est de la neige?

— Certainement.

40   — Allons, vite au remède, avant que le nez me tombe dans la
carriole.

— Je n'ose, dis-je: le respect, la considération, que je dois à
votre Excellence...

— Voulez-vous vous dépêcher, bavard infernal, qu'il me dit.

45   Quand je vis qu'il se fâchait, lui toujours si doux, si bon, je com-
mençai la besogne en conscience, et avec quelques poignées de
neige, je lui dégelai le nez comme père et mère; mais il faut avouer
que j'en avais plein la main de ce nez de gouverneur!

Je n'ai aucune souvenance de Lord Dorchester, mais je me rap-
50 pelle parfaitement son épouse, parce qu'elle me plaça un jour dos
à dos avec un de ses enfants pour juger de notre taille. Un grand
personnage ne laisse pas plus de trace dans la mémoire d'un
enfant, qu'un autre individu, à moins que quelque circonstance ne
le rappelle à son souvenir. Mais j'ai bien connu son fils le colonel

55 Carleton, vers l'année 1810. Ma mère disait qu'il était l'image vivante de son père, et je dois alors convenir que le capitaine Gouin, avait raison de dire « qu'il avait plein la main de ce nez de Gouverneur ».

Les affections hystériques n'étaient guère connues des anciens
60 Canadiens : la scène suivante semble le prouver. C'est ma grand-mère maternelle qui fait ce récit :

J'étais un soir chez Lady Dorchester ; sa sœur, Lady Anne, semblait très inquiète de l'absence de son mari parti le matin pour la chasse, et en retard de quatre à cinq heures. Nous la rassurâmes
65 du mieux qu'il nous fut possible, en lui donnant toutes les raisons d'usage pour motiver son absence. Vers onze heures, Lady Anne se mit à pousser des éclats de rire, qui nous parurent assez étranges. Lady Dorchester, qui paraissait évidemment mal à l'aise, me dit à l'oreille : « N'y faites pas attention, ma sœur est sous l'in-
70 fluence d'une attaque hystérique. »

— Je n'ai jamais entendu parler de cette maladie, lui dis-je.

— C'en est une très dangereuse, fit Lady Dorchester ; je suis très inquiète, car elle est maintenant dans la phase la plus alarmante de cette affection nerveuse : si elle peut pleurer le danger sera
75 moins grand.

J'ouvrais de grands yeux sans bien me rendre compte de ce que je voyais et entendais ; et, à l'expiration d'une dizaine de minutes, Lady Anne se mit à pousser des hurlements qu'un loup de la forêt lui aurait enviés, et se mit ensuite à pleurer à chaudes larmes. Son
80 mari, qui arriva peu de temps après, mit fin à cette douleur conjugale.

— Est-ce que vous ne connaissez pas cette cruelle maladie ? me dit Lady Dorchester, après que sa sœur eut laissé le salon avec son époux.

85 — Non, milady, lui dis-je ; mais je puis vous affirmer que si les jeunes filles canadiennes se donnaient les airs d'avoir ce que vous appelez des hystéries, leurs mères y mettraient bien vite ordre à grands renforts de soufflets.

— Vous êtes bien tous les mêmes, fit en riant Lady Dorchester :
90 appelant gestes anglais tout ce qui est étranger à votre race ; vous voulez même nous priver de nos chères hystériques.

On a prétendu que l'usage du thé produit ces affections nerveuses chez les femmes anglaises. Toujours est-il que nos Canadiennes ne se passent plus guère maintenant de leurs chères hystéries que de leurs infusions de feuilles de thé[19].

19. Philippe AUBERT DE GASPÉ père, *Mémoires,* Montréal, Fides, « Bibliothèque canadienne-française », 1971, p. 106-108.

LE CANADIEN FRANÇAIS
(1867-1960)

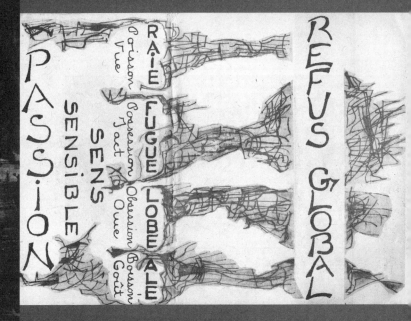

1865   1872   1879   1886   1883   1900   1907   1914   1921

1867 – Confédération canadienne

1867 – Antoine Labelle est nommé curé de Saint-Jérôme

1869-1871 – Première insurrection des Métis au Manitoba

1869-1875 – L'Affaire Guibord

350 000 personnes quittent le Québec **(1871-1891)**

1885 – Pendaison de Louis Riel

1902-1918 – Revue *Le parler français*

Première Guerre mondiale **(1914-1918)**

Conscription – **1917**

Inauguration de la station radiophonique CKAC – **1922**

| 1928 | 1935 | 1942 | 1949 | 1956 | 1963 | 1970 | 1977 | 1984 |

1929-1939 – Crise économique internationale

1933 – Hitler prend le pouvoir en Allemagne

1935-1948 – McKenzie King et les libéraux au pouvoir à Ottawa

1936 – Création de Radio-Canada

1936 – Loi sur les pensions de vieillesse

1936-1939 – Duplessis au pouvoir à Québec

1939-1944 – Adélard Godbout au pouvoir au Québec

Deuxième Guerre mondiale **(1939-1945)**

1939-1962 – Radioroman *Un homme et son péché*

1940 – Loi sur l'instruction obligatoire au Québec

1940 – Droit de vote aux Québécoises

1940 – Création de l'assurance chômage

1942 – Conscription

1944 – André Breton séjourne en Gaspésie

1944-1959 – Retour de Duplessis au pouvoir à Québec

1945 – Premières bombes atomiques

1945 – Le Canada signe la Charte des Nations unies

1945-1948 – Apparition du Bloc populaire à Ottawa

1945-1949 – Explosion du domaine de la construction

Guerre froide **(1947-1991)**

1948 – Parution du manifeste *Refus global*

1948 – Création de la pièce *Ti-Coq*

1948-1957 – Louis Saint-Laurent et les libéraux au pouvoir à Ottawa

1949 – Grève de l'amiante

1949 – Entrée du Canada dans l'OTAN

1951 – Fondation du Théâtre du Nouveau Monde

1952 – Arrivée de la télévision de Radio-Canada

1957 – Lancement de Spoutnik 1 par l'Union Soviétique

1957-1963 – John Diefenbaker et les conservateurs au pouvoir à Ottawa

Inauguration de la voie maritime du Saint-Laurent – **1959**

Grève des réalisateurs de Radio-Canada – **1959**

Paul Sauvé au pouvoir à Québec pour 100 jours – **1959-1960**

Jean Lesage et les libéraux au pouvoir à Québec – **1960-1966**

LE CONTEXTE SOCIOHISTORIQUE

De la création de la Confédération canadienne à la Révolution tranquille, c'est-à-dire de 1867 à 1960, la production littéraire s'enrichit de façon considérable et reflète les changements identitaires que connaît le Canada français. Mais il faut comprendre que, si la Conquête avait laissé des séquelles et des frustrations dans notre société, ce n'est rien en comparaison avec la défaite des Patriotes. Le rapport Durham, l'Acte d'Union ainsi que la concrétisation de la Confédération canadienne ajouteront à cette humiliation, qui stimulera l'activité intellectuelle au cours de cette période.

DE LA CONFÉDÉRATION À MAURICE DUPLESSIS

Comme le soulignent plusieurs spécialistes, l'humiliation est le ressort le plus puissant de tout réveil national d'un peuple. Même si ce dernier paraissait apathique la veille, l'humiliation se grave profondément dans la mémoire individuelle et collective. Il ne faut donc jamais la sous-estimer, d'autant moins qu'elle incite le Canada français à revisiter ses héros.

Par exemple, en 1845, quelques années après la défaite des Patriotes, l'Assemblée canadienne-française demande à la ville de Saint-Malo s'il existe un portrait de Cartier. On décide alors d'ériger une croix commémorative et de lui consacrer une statue trois siècles après sa venue. On décide également de donner son nom à la place du marché de Montréal pour adoucir l'effet de la colonne surmontée de la statue de Nelson. Tout cela est fait, avoue-t-on, afin de se redonner du courage et de revigorer une identité nationale blessée.

Humiliant, l'Acte d'Union ? Outre le fait qu'il est injuste sur le plan économique, l'article 41 impose l'anglais comme seule langue officielle et interdit l'usage du français. Humiliante, la Confédération ? Cet accord signé à Londres porte le nom d'Acte de l'Amérique du Nord britannique, et, encore aujourd'hui, le site Internet du ministère du Patrimoine canadien note : « Avec l'adoption de l'*Acte de l'Amérique du Nord britannique* en 1867, le Canada est devenu un dominion du Commonwealth britannique et John A. Macdonald est devenu le premier ministre du Canada. »

La Confédération tente de concilier le parlementarisme britannique et le fédéralisme américain. Évidemment, en principe, elle est censée marquer l'égalité des deux peuples fondateurs du Canada dans une nation bilingue et biculturelle. Dans les faits, le Québec ne constitue bientôt plus qu'une province sur sept et sa population, que 30 % de celle du Canada. Dans ces circonstances, de 1867 à 1920 se développent un fort nationalisme canadien-français et le sentiment que le Québec est le foyer de cette nation bel et bien distincte.

Dès le début de la Confédération, ce nationalisme débouche sur une volonté d'autonomie chez un politicien comme Honoré Mercier ou un journaliste comme Henri Bourassa. En outre, il débouche sur le concept d'indépendance chez quelqu'un comme Jules-Paul Tardivel. Ce «père du séparatisme» est bien seul au départ. Mais les années 1920 et 1930 voient des organismes tels *L'action française* ou Jeune-Canada et des individus tels Lionel Groulx ou Dostaler O'Leary commencer à évoquer l'idée de séparation.

La pendaison de Louis Riel, en 1885, la Conscription, en 1917, et d'autres événements contribuent à accentuer l'opposition entre Canadiens français et anglais. Ainsi, lors de l'élection fédérale de 1917, les premiers font élire 62 députés libéraux sur 65 sièges dans tous les comtés francophones, tandis que dans le Canada anglais l'unioniste Robert Borden est rejoint par 150 élus contre 20 pour Wilfrid Laurier. La scission est complète, au point d'entraîner une motion de l'Assemblée législative du Canada français proposant la rupture du pacte fédératif de 1867.

Entre-temps, de 1900 à 1945, la vie est dure dans la province, surtout à partir de la crise économique de 1929. En 1933, un Canadien sur quatre est sans emploi et dépend de la charité publique: il n'y a pas de filets sociaux. Le discours de la survivance traverse d'ailleurs les œuvres littéraires de cette période. Les Pamphile Le May, Louis Hémon, Alfred DesRochers et Félix-Antoine Savard subissent tous l'influence du terroir, mouvement prônant l'agriculture comme voie de l'avenir, alors que les Louis Fréchette, Adèle Bibaud et Gaëtane de Montreuil éprouvent une certaine forme de nostalgie pour la présence de la France ou le grand apport des Patriotes.

GRANDE NOIRCEUR ET LUMIÈRE

En 1936, au Québec, le gouvernement libéral d'Alexandre Taschereau est au bout du rouleau après 15 ans au pouvoir. Corrompu et ridiculisé par plusieurs scandales, il est dénoncé entre autres personnalités par Maurice Duplessis. Chef des conservateurs canadiens-français depuis 1933, celui-ci réussit à regrouper conservateurs, nationalistes et membres de l'Action libérale nationale – formée de dissidents du Parti libéral – pour créer l'Union nationale. C'est le premier parti politique franchement « québécois », c'est-à-dire aucunement relié à un parti fédéral, et il permet à Duplessis de devenir premier ministre.

S'il est éclipsé par Adélard Godbout entre 1939 et 1944, en grande partie parce que les libéraux fédéraux et provinciaux promettent qu'il n'y aura pas de conscription – mais ils ne tiendront évidemment pas parole –, Duplessis prend donc les commandes en 1936 jusqu'à sa mort en 1959. Ces années porteront bientôt le nom de Grande Noirceur. L'appellation mérite d'être commentée.

La Grande Noirceur, c'est d'abord le règne de l'idéologie de conservation : Duplessis est un conservateur. C'est aussi l'alliance du pouvoir politique et du pouvoir clérical en vue de préserver les valeurs traditionnelles que sont la religion, la famille ou la terre dans une province encore très rurale, catholique et repliée sur elle-même. C'est la présence d'un gouvernement antisyndicaliste et hostile à tout mouvement réformateur ou avant-gardiste. C'est, enfin, la domination d'un système parfois oppressant, injuste et arbitraire, donnant par exemple naissance à des lois inusitées comme la Loi protégeant la province contre la propagande communiste, communément appelée Loi du cadenas.

Mais il y a de la lumière. Presque malgré lui, le Québec se modernise dans la foulée de ce qui se déroule en Occident. Amélioration de la situation économique, électrification des campagnes, construction de nouvelles habitations et routes, adoption de mesures sociales comme les pensions de vieillesse, instauration de l'impôt provincial sur le revenu – soi-disant à titre provisoire – afin d'accroître l'autonomie de la province : les changements surgissent sur plusieurs plans. Bien sûr, les Canadiens français sont soumis, plus pauvres que les Canadiens anglais, et leur langue est bafouée, mais une effervescence certaine se manifeste dans le domaine culturel, malgré les obstacles et le contexte.

Des revues comme *Cité libre* et *Liberté* s'opposent au duplessisme. Nombre d'intellectuels vont vite en payer le prix : arrestations, congédiements, etc. Des groupes tels que les automatistes ou les poètes de l'Hexagone bravent les interdits et ouvrent les horizons, annonçant en quelque sorte la Révolution tranquille.

En 1945 déjà, on sent que le vent tourne. Les magnifiques romans *Bonheur d'occasion* (Gabrielle Roy) et *Le Survenant*

(Germaine Guèvremont) ne magnifient plus la terre et laissent présager un réalisme plus urbain et ouvert sur le monde. *Les Plouffe* (Roger Lemelin) suit en 1948, année déterminante qui voit la publication du manifeste *Refus global.*

Contresigné par 15 membres du mouvement automatiste, dont Jean-Paul Riopelle et Fernand Leduc, et rédigé par le peintre Paul-Émile Borduas, *Refus global* est un texte publié à 400 exemplaires qui remet en question les valeurs traditionnelles comme la foi catholique et les valeurs ancestrales. Il repousse également toute idée de repli, se faisant le champion d'une idéologie d'ouverture sur la pensée universelle pour la société québécoise.

Car on commence sérieusement à parler de société québécoise. Le bouillonnement des années 1950 inclut cette question de l'identité. Tout est mûr pour une métamorphose. Le manifeste du Ralliement pour l'indépendance nationale (RIN) le démontre assez bien, même s'il évoque les «Canadiens français». La mort de Duplessis, en 1959, c'est donc un peu la mort du Canadien français et la naissance du Québécois.

L'IDENTITÉ : UN BILAN

Si l'on revient à l'entrée en vigueur de la loi créant une confédération canadienne le 1er juillet 1867, disons que les Canadiens français du Québec franchissent alors une autre étape après celle de l'Acte d'Union de 1840-1841.

En effet, avec la Confédération, ils disposent d'un appareil étatique qu'ils contrôlent en bonne partie, malgré le partage des pouvoirs avec le gouvernement fédéral. Par exemple, le lieutenant-gouverneur sera un Canadien français catholique. Plusieurs auteurs estiment qu'il y a bel et bien reconnaissance de la nationalité canadienne-française avec cette création d'un État provincial, une sorte de reconnaissance en bonne et due forme de notre indépendance nationale.

«En fait, l'identité canadienne-française se fonde, d'un point de vue politique, sur l'idée d'un Canada binational formé de deux nations, la canadienne-française et la canadienne anglaise. L'Acte de l'Amérique du Nord britannique sera perçu comme un pacte entre ces deux nations, entre ces deux peuples fondateurs[1]», note Yves Frenette.

---

1. Yves FRENETTE, *op. cit.,* p. 74.

Très vite, à l'usage, les Québécois se rendent toutefois compte que le tapis leur glisse sous les pieds et qu'ils « se font avoir ». Les deux nations ne sont jamais égales, d'où la présence des idées d'autonomie et d'indépendance dès le début de la Confédération. C'est comme si, dans sa conception même, le Canada avait été conçu pour être morcelé. Et lorsque, 150 ans après, des gens soutiendront que la souveraineté du Québec va à l'encontre de l'Histoire, d'aucuns rappelleront que, « au contraire, c'est l'unité qu'on maintient en vie artificiellement, à coups de drapeaux, de festivals, de programmation subtilement propagandiste, d'annonces de fromage canadien, de Parcs Canada, de bourses du millénaire, de graissage de pattes[2]... »

Comme nous l'avons mentionné plus haut, la mort de Louis Riel, la Conscription et autres injustices contribuent à accentuer l'opposition entre Canadiens français et Canadiens anglais. Dès 1869, des soulèvements de Métis et de francophones se produisent dans l'Ouest. La situation des francophones hors Québec évoluera d'ailleurs très rapidement.

Avec la pendaison de Riel, la suppression des écoles séparées, les échecs juridiques et l'abolition du bilinguisme au Manitoba, les liens entre la diaspora francophone du Canada et le Québec prennent une autre tournure. Les relations s'amenuisent. Les élites canadiennes-françaises commencent à se désintéresser du sort de ces compatriotes – dont le nombre chute – expatriés dans des régions accaparées par les Canadiens anglais ou carrément hostiles aux Canadiens français. « Si toutes les personnes d'origine française qui ont peuplé l'Amérique avaient conservé leur langue d'usage, on compterait actuellement plus de 20 millions de francophones sur ce continent[3] », remarque Yves Michaud.

Les œuvres littéraires publiées entre 1867 et 1960 portent évidemment l'empreinte de ce statut de minorité en danger qui reste depuis le nôtre. Dans le roman de Lionel Groulx *L'appel de la race,* par exemple, il ne faudra pas s'étonner de lire que le vieux patriotisme français du Québec s'affaiblit et que la province connaît la plus déprimante langueur après un quart de siècle de fédéralisme pourtant accepté avec une bonne foi superstitieuse et naïve. C'est « avoir le mal du pays neuf », pour reprendre l'expression d'Alfred DesRochers « Une race qui ne sait pas mourir », lit-on dans *Menaud, maître-draveur,* de Félix-Antoine Savard.

---

2. François PARENTEAU, *Délits d'opinion. Chroniques d'humeur... et rien d'autre,* Montréal, Lanctôt Éditeur, 2006, p. 134.

3. Yves MICHAUD, *Paroles d'un homme libre,* Montréal, VLB Éditeur, 2000, p. 97.

L'extrait de *Bonheur d'occasion* qu'on trouvera plus loin met pour sa part en relief le statut économique de ces Canadiens français désavantagés à tous points de vue et «nés pour un petit pain». Le personnage du roman, Jean Lévesque, marche de Saint-Henri à Westmount, là où la pauvreté et le luxe se regardent. En bas, c'est la suie des trains et le bruit des usines de textile entourées de taudis; en haut, sur la montagne, c'est le calme et les riches demeures anglaises qui font rêver. Des clochers, parfaits symboles, s'élèvent entre les deux univers. Ailleurs, Gabrielle Roy évoquera l'humiliation des Canadiens français qui ne peuvent même pas parler leur langue à Montréal, pourtant alors «deuxième ville française au monde», mais métropole tapissée d'affiches unilingues anglaises.

L'ère des revendications bat son plein. Même Duplessis se battra pour obtenir des mesures concrètes ou symboliques. La création de l'impôt provincial et l'adoption d'un drapeau du Québec comptent parmi elles. Le salut au drapeau se répand dès 1948, toujours après une minute de silence: «Drapeau du Québec, salut! À toi mon respect, ma fidélité, ma fierté. Vive le Québec! Vive son drapeau!»

LOUIS FRÉCHETTE (1839-1908)

Un des hommes de lettres les plus importants du XIXᵉ siècle, Louis Fréchette touche au journalisme, au théâtre, à la poésie, aux contes, aux récits, et écrit en outre ses *Mémoires*. Ses textes, par exemple son recueil *La légende d'un peuple,* sont souvent d'inspiration romantique, à l'instar de son idole, Victor Hugo. Cependant, cette admiration dépasse parfois les bornes, ainsi que le prouve le poète et polémiste William Chapman. Dans deux livres, ce dernier démontre que Fréchette a largement plagié des écrivains comme Hugo ou Chapman lui-même. Mais le prestige de Fréchette ne semble pas en souffrir, peut-être parce que certains de ses textes, comme les *Contes de Jos Violon*, sortent de l'ordinaire.

LE DRAPEAU ANGLAIS (1890)

Regarde, me disait mon père,
Ce drapeau vaillamment porté ;
Il a fait ton pays prospère,
Et respecte ta liberté.

5 C'est le drapeau de l'Angleterre ;
Sans tache, sur le firmament,
Presque à tous les points de la terre
Il flotte glorieusement.

Oui, sur un huitième du globe
10 C'est l'étendard officiel ;
Mais le coin d'azur qu'il dérobe
Nulle part n'obscurcit le ciel.

Il brille sur tous les rivages ;
Il a semé tous les progrès
15 Au bout des mers les plus sauvages
Comme aux plus lointaines forêts.

Laissant partout sa fière empreinte,
Aux plus féroces nations
Il a porté la flamme sainte
20 De nos civilisations.

Devant l'esprit humain en marche
Mainte fois son pli rayonna,
Comme la colombe de l'arche,
Ou comme l'éclair du Sina[1].

25 Longtemps ce glorieux insigne
De notre gloire fut jaloux,
Comme s'il se fût cru seul digne
De marcher de pair avec nous.

Avec lui, dans bien des batailles,
30 Sur tous les points de l'univers,
Nous avons mesuré nos tailles
Avec des résultats divers.

Un jour, notre bannière auguste
Devant lui dut se replier;
35 Mais alors s'il nous fut injuste,
Il a su le faire oublier.

Et si maintenant son pli vibre
À nos remparts jadis gaulois,
C'est au moins sur un peuple libre
40 Qui n'a rien perdu de ses droits.

Oublions les jours de tempêtes;
Et, mon enfant, puisque aujourd'hui
Ce drapeau flotte sur nos têtes,
Il faut s'incliner devant lui.

45 — Mais père, pardonnez-moi su j'ose…
N'en est-il pas un autre à nous?
— Ah! celui-là, c'est autre chose:
Il faut le baiser à genoux[2]!

---

1. Expression de Lamartine renvoyant à Moïse qui reçut dans un éclair, sur le mont Sina, les tables de la Loi.
2. Louis FRÉCHETTE, *La légende d'un peuple*, Montréal, Beauchemin, 1941, p. 195-196.

JULES-PAUL TARDIVEL (1851-1905)

Né aux États-Unis et y ayant vécu jusqu'à l'âge de 17 ans, Jules-Paul Tardivel s'installe d'abord à Saint-Hyacinthe pour y commencer une carrière de journaliste. En 1874, il emménage à Québec et travaille pour le *Canadien*, se démarquant déjà par des textes consacrés à la défense du nationalisme canadien-français, de la langue française et du catholicisme. Il fonde ensuite *La vérité*, hebdomadaire ultramontain qu'il dirigera jusqu'à sa mort, et qui inspirera plus tard la fondation du *Devoir*, à Montréal, du *Droit*, à Ottawa, et de *L'action catholique*, à Québec. Mais on retiendra surtout de lui *Pour la patrie*, véritable roman d'anticipation, voire de science-fiction, sur l'éventuelle indépendance du Québec.

POUR LA PATRIE (1895)

Les élections sont terminées. C'est un vrai désastre pour la cause nationale. Les ministres triomphent sur toute la ligne, particulièrement dans la province de Québec. Houghton est plus heureux dans la province d'Ontario. Son groupe revient plus nom-
5 breux qu'avant la dissolution. C'est le Canada français qui, trompé, dévoyé, donne au gouvernement la plus forte majorité, à ce gouvernement qui médite la ruine de l'Église et de la nationalité française ! Lamirande est élu avec Leverdier et un petit nombre d'adhérents ; mais la masse de la députation française se compose
10 de partisans du cabinet. Saint-Simon est parmi les vainqueurs, grâce à l'or de Montarval qui, en secret, a soutenu cette candidature en apparence ultra-séparatiste.

Lamirande voit s'écrouler en même temps ses espérances de patriote et son bonheur domestique. Sa femme se meurt : la
15 cruelle maladie a fait son œuvre. Douce, résignée, elle s'en va comme elle a vécu, en parfaite chrétienne ; ce qui ne veut pas dire en indifférente. Jeune encore, elle tient naturellement à la vie. Elle lutte contre la mort qui s'avance. Aimée et aimante, l'idée de la séparation d'avec son mari et son enfant l'épouvante. Mais elle
20 répète avec le Sauveur au jardin des Oliviers : « Mon Dieu, si vous ne voulez pas que ce calice s'éloigne de moi, que Votre volonté soit faite et non comme la mienne ! »

Pour Lamirande, il ne peut pas accepter la coupe d'amertume. Il quitte la chambre de sa femme et s'en va dans une pièce voisine se jeter à genoux devant une statue de son saint Patron, et là, il répand son âme dans une prière suprême, dans une supplication déchirante : « Grand saint Joseph, répète-t-il sans cesse, vous pouvez m'obtenir de Celui dont vous avez été le père nourricier la vie de ma femme. Obtenez-moi cette grâce, je vous en conjure. Dieu a permis la destruction de mes rêves politiques, des projets de grandeur que j'avais formés pour ma patrie. Mais Il ne voudra pas m'accabler tout à fait ! Saint Joseph, sauvez ma femme ! »

Il priait ainsi depuis une demi-heure, les yeux fixés sur la statue. Tout à coup, il s'estime en proie à une hallucination. La douleur, se dit-il, me trouble le cerveau. Car voilà que la statue s'anime. Ce n'est plus un marbre blanc et froid qui est là devant lui, c'est un homme bien vivant. Le lis qu'il tient à la main est une vraie fleur. Et saint Joseph parle :

— Joseph, si vous insistez sur la grâce temporelle que vous demandez, elle vous sera certainement accordée. Votre femme vivra. Si, au contraire, vous laissez tout à la volonté de Dieu, le sacrifice que vous ferez de votre bonheur domestique sera récompensé par le triomphe de votre patrie. Vous serez exaucé selon votre prière. Et afin que vous sachiez que ceci n'est pas une illusion de vos sens, voici ! »

Et saint Joseph, détachant une feuille de sa fleur de lis, la met dans la main tremblante de Lamirande.

Puis le marbre reprend la place de l'homme vivant, le lis redevient pierre, comme auparavant, mais il y manque une feuille.

Tout bouleversé, Lamirande se précipite dans la chambre de sa femme.

— Qui te parlait tout à l'heure ? lui demande Marguerite. C'était une voix étrange, une voix céleste... Qu'as-tu donc, mon mari ?

Lamirande, se jetant à genoux à côté du lit, et prenant sa femme doucement dans ses bras, lui raconte tout ce qui s'est passé.

— Ce n'était pas un rêve, dit-il, voici la feuille de lis que saint Joseph m'a donnée.

— Marguerite ! continue-t-il, tu vivras. Car tu veux vivre, n'est-ce pas ?

60   — Je voudrais vivre, Joseph, car Dieu seul sait combien j'ai été heureuse avec toi ; mais si c'est la volonté du ciel que je meure...

— Ce n'est pas la volonté de Dieu que tu meures, puisqu'Il a fait un miracle pour me dire que tu vivras.

— Mais si je vis, la patrie mourra !

65   — Saint Joseph n'a pas dit cela.

— Il ne t'a promis le triomphe de la patrie qu'à la condition que tu fasses le sacrifice de ton bonheur...

— Je ne pourrai jamais demander que tu meures, ma femme, ma vie !

70   — Mais ne pourrais-tu pas demander que la volonté de Dieu se fasse ?

Lamirande garde le silence.

Marguerite rassemblant, pour un suprême effort, les derniers restes de sa vitalité, poursuit :

75   — Oui, mon mari, faisons ce sacrifice pour l'amour de la patrie. Tu as travaillé longtemps pour elle, mais tous tes efforts, tous les efforts de tes amis ont été vains. Et voici qu'au moment où tout paraît perdu, Dieu te promet de tout sauver si nous voulons tous deux lui offrir le sacrifice de quelques années de bonheur. C'est un
80   dur sacrifice, mais faisons-le généreusement. Il ne s'agit pas seulement de la prospérité et de la grandeur matérielle du pays, mais aussi du salut des âmes pendant des siècles peut-être. Car si les sociétés secrètes triomphent, c'est la ruine de la religion. C'est cette pensée qui t'a soutenu dans les pénibles luttes de ces der-
85   nières semaines. C'est cette pensée qui me soutient maintenant. Pense donc, quel bien en retour de quelques années d'une pauvre vie ! Ce n'est pas souvent que, par sa mort, une femme peut sauver la patrie[3].

---

3. Jules-Paul TARDIVEL, *Pour la patrie*, Montréal, Hurtubise HMH, « Cahiers du Québec »,
    1975, p. 145-147.

ÉMILE NELLIGAN (1879-1941)

Influencé par des poètes comme Baudelaire ou Rimbaud, Émile Nelligan réussit à créer une œuvre poétique remarquable entre 1896 et 1899. Son poème *La romance du vin* lui vaut d'être porté en triomphe par ses collègues de l'École littéraire de Montréal. En 1899, il est toutefois interné pour cause de démence précoce – une forme de schizophrénie – et le restera jusqu'à sa mort. Son influence sera bientôt marquante. C'est que, dans un style finement ciselé frôlant souvent la perfection formelle, il renouvelle les thématiques habituelles du passé, de la patrie et des questions identitaires. Le présent, l'intérieur et la conscience de ce qu'il est sont les thèmes qu'il privilégie.

SOIR D'HIVER (1898)

Ah! comme la neige a neigé
Ma vitre est un jardin de givre,
Ah! comme la neige a neigé!
Qu'est-ce que le spasme de vivre
5 À la douleur que j'ai, que j'ai!

Tous les étangs gisent gelés,
Mon âme est noire: Où vis-je? où vais-je?
Tous mes espoirs gisent gelés:
Je suis la nouvelle Norvège
10 D'où les blonds ciels s'en sont allés.

Pleurez, oiseaux de février,
Au sinistre frisson des choses,
Pleurez, oiseaux de février,
Pleurez mes pleurs, pleurez mes roses,
15 Aux branches du genévrier.

Ah! comme la neige a neigé
Ma vitre est un jardin de givre,
Ah! comme la neige a neigé!
Qu'est-ce que le spasme de vivre
20 À tout l'ennui que j'ai, que j'ai[4]!...

---

4. Émile NELLIGAN, Poésies complètes, Ottawa, Fides, « Nénuphar », 1952, p. 82-83.

PAMPHILE LE MAY (1837-1918)

À peu près à l'époque de Nelligan et de l'École littéraire de Montréal, certains poètes – dont fait partie Pamphile Le May – élaborent leur œuvre poétique en écrivant encore à la façon des romantiques canadiens-français de 1860, par exemple Crémazie. Ainsi, *Les gouttelettes* est un recueil de facture parnassienne composé seulement de sonnets, mais ses thèmes puisent aussi bien dans la Bible ou l'Antiquité que dans l'histoire du Canada et ses héros ou à sa terre. On peut s'interroger sur la pertinence d'utiliser une forme comme le sonnet pour traiter de sujets tels que les semailles et la moisson, mais précisons que Le May est également romancier, dramaturge et excellent conteur.

LES PATRIOTES DE 1837 (1904)

Ô pale envie, un jour, ces hommes que tu mords
Ont secoué les fers de leur race opprimée !
Leur sublime folie, hélas ! fut réprimée,
Mais gare au peuple bon qui se souvient des morts.

5 Ils semblaient des coursiers qui font saigner leurs mors.
Peuple, ta volonté par eux s'est exprimée.
Nulle tache à leurs fronts ne s'est donc imprimée,
Et leurs sanglants tombeaux n'ont pas eu de remords.

Sous le chaume longtemps on dira leur vaillance.
10 De leur sang généreux ils ont, sans défaillance,
Payé nos libertés à de cruels bourreaux.
La lutte pour le droit n'est jamais inutile,
Et ces fous glorieux que le glaive mutile
Sont ceux que l'avenir appelle des héros[5].

---

5. Pamphile LE MAY, *Les gouttelettes, Sonnets*, Québec, L'action catholique, 1937, p. 99.

AU LABOUREUR (1904)

Laisse au pâle ouvrier l'air impur de la rue ;
Attelle tes bœufs lents ou tes lourds percherons ;
Tiens d'une adroite main les rudes mancherons,
Et promène le soc dans l'herbe verte et drue.

5 La moisson de demain t'est sans doute apparue
Avec ses épis d'or pareils à des fleurons,
Ses bercements de vague et ses oiseaux larrons…
Le rêve des blés mûrs fait vibrer la charrue.

Qu'une brise embaumée assèche tes sueurs.
10 Quand tu fouilles le sol le coutre a des lueurs,
Et la charrue antique a l'air encore neuve.

Dieu laboure ton âme et sème les douleurs.
Quand l'automne viendra, si tu bénis l'épreuve,
La joie aura germé dans le sillon des pleurs.

DISCOURS

THOMAS CHAPAIS (1858-1946)

Avocat, homme de lettres et politicien conservateur, Thomas Chapais est invité à porter un toast au Canada-Uni le 10 octobre 1905 au Club Cartier de Montréal. Ce soir-là, on rend hommage à l'honorable James Whitney, premier ministre de l'Ontario, qui vient de faire entrer dans son cabinet le docteur Rhéaume, premier Canadien français à faire partie du gouvernement de la province anglaise. Comme on le verra, plusieurs parties de ce discours sont prémonitoires, preuve que Chapais a bien saisi les enjeux et problèmes gravitant encore et toujours autour de l'existence d'un Canada-Uni.

DISCOURS SUR LE CANADA-UNI (1905)

Monsieur le président, messieurs,

Je remercie messieurs les organisateurs de ce banquet de l'honneur qu'ils m'ont fait en me confiant le toast au Canada-Uni. C'est un beau, un noble toast, qui évoque bien des réminiscences histo-
5 riques et qui éveille dans les âmes de patriotiques sollicitudes.

Les débuts du Canada-Uni ont été modestes et difficiles. Ils datent de 1841. Deux provinces seulement, le Haut et le Bas-Canada, contractaient alors une alliance constitutionnelle. Et l'on ne peut pas dire que ce fût un mariage d'inclination.

10   Leur carrière fut assez orageuse. Le Canada-Uni n'était pas grand, mais de grandes et brûlantes questions s'agitaient dans son sein : réforme seigneuriale, réserves du clergé, écoles séparées, etc. Ce n'est pas ici le lieu d'en faire l'historique. Si l'on veut à la fois retracer les grandes lignes de cette époque déjà lointaine, 15 et personnifier le Canada uni dans des noms qui soient à eux seuls un enseignement, une leçon d'histoire politique, il suffit de rappeler la mémoire de Lafontaine et Baldwin, Hincks et Morin, McNab et Taché, Cartier et Macdonald.

Messieurs, ce sont ces hommes illustres, dont quelques-uns 20 étaient des réformistes, qui ont fondé au Canada la grande et glorieuse tradition conservatrice. Tradition faite de tolérance, de conciliation, de justice, de respect des consciences ; tradition qui a permis de résoudre pacifiquement bien des problèmes, et que les minorités religieuses et nationales, quels que fussent leur lan-25 gue et leur credo, avaient appris jadis à bénir et à considérer comme leur plus sûre égide et leur sauvegarde la plus tutélaire.

Mais le temps a marché. Notre histoire a fait un pas, et le Canada-Uni est devenu la Confédération canadienne. Aujourd'hui nous sommes citoyens d'un pays grand comme l'Europe. Il s'étend 30 de l'Atlantique au Pacifique, et reçoit sur ses vastes flancs l'écume de deux océans. Il renferme des mers profondes, des fleuves immenses aux ondes majestueuses et sûres, des montagnes colossales dont les fières altitudes peuvent rivaliser avec les plus fameux sommets de l'univers. Ses entrailles recèlent des trésors 35 d'une incalculable valeur. Les flots qui battent ses rivages ou qui arrosent ses vallées lui payent sans se lasser un tribut royal. Sous l'épais et verdoyant manteau de ses forêts séculaires, naissent et prennent un puissant essor des industries florissantes. Ses plaines fertiles vont faire affluer l'abondance jusque sur les mar-40 chés du vieux monde. De toutes parts, sur son sol privilégié, jaillissent des énergies naturelles que le génie de l'homme peut transformer à son gré en instruments de richesse et de progrès. Ah ! oui, elle est grande et belle notre patrie canadienne, soit qu'elle se repose dans la pure et étincelante blancheur de ses hivers, soit

45 que sa vitalité intense éclate avec une fécondité merveilleuse, dans les rapides et magnifiques floraisons de ses étés.

Mais ce grand pays, son immensité même pouvait lui être un écueil. Et ses chefs, ses hommes publics ont consacré leurs efforts à relier entre elles ses provinces, séparées par de vastes distances.
50 Ils ont domestiqué la foudre, asservi la vapeur, et en domptant la nature ils ont annulé l'espace. Leur audacieuse énergie a sillonné notre moitié de continent d'un réseau de fer et d'acier. Et désormais, le citoyen d'Halifax peut, dans une prodigieuse chevauchée, se transporter à Vancouver en moins de jours que les héroïques
55 pionniers de notre civilisation n'auraient mis de mois à franchir jadis la même distance. Certes, lorsque nous récapitulons l'œuvre accompli au Canada depuis un demi-siècle, nous avons quelque droit d'être fiers. Cependant, messieurs, cette œuvre serait vaine et stérile, s'il lui manquait un élément essentiel et vital. L'union
60 constitutionnelle, l'union matérielle seraient de nulle valeur si elles n'avaient à leur base, comme un « substratum » inébranlable et indestructible, l'union morale. L'union morale, l'union des cœurs, des volontés et des âmes, sans laquelle il ne peut y avoir de fortes nations, l'avons-nous, la possédons-nous?

65 Messieurs, l'un des premiers devoirs de l'homme public, c'est la franchise. Et c'est pourquoi à cette question troublante que je viens de poser, je réponds immédiatement avec une patriotique tristesse : Non, en ce moment, après les événements des derniers mois, nous ne pouvons pas dire que nous avons au Canada l'union
70 morale. Je dis l'union, je ne dis pas l'unité, et je vous prie de noter l'immense différence qui existe entre ces deux termes. L'unité, non seulement nous ne l'avons pas, mais nous ne pouvons pas l'avoir. Nous n'avons pas l'unité de race, nous n'avons pas l'unité de langue, nous n'avons pas l'unité de croyance. C'est là un fait
75 inéluctable devant lequel, bon gré, mal gré, nous devons nous incliner. Ni les uns ni les autres nous n'en sommes responsables. Nous ne sommes pas les auteurs, nous sommes les héritiers de ce fait ; et il suffit de feuilleter les annales des quatre derniers siècles pour en comprendre les causes historiques. Donc, diversité de
80 races, diversité de langues, diversité de croyances, telles sont les conditions sociales que la Providence nous a faites. Et si quelqu'un se levait ici pour nous affirmer que, dans un avenir prochain, il n'y aura plus au Canada qu'une race, un langage et une foi, nous

l'enverrions tranquillement vaticiner dans le royaume vaporeux
85 de l'Utopie. Non, nous n'avons pas l'unité morale et nous ne pouvons pas l'avoir. Mais l'union morale, nous pouvons l'avoir. En
effet, l'unité, c'est la similitude, c'est l'identité des parties compo-
santes ; tandis que l'union, c'est l'harmonie et la concordance de
ces parties. Or, qui voudrait prétendre que, tous tant que nous
90 sommes, Canadiens anglais, français, écossais, irlandais, catholiques, protestants, québécois, ontariens, etc., nous devons renon-
cer sans retour à ce bienfait national : l'harmonie et la concorde ?

Malgré les tristesses et les iniquités de l'heure présente, je
repousse cette pessimiste et désespérante pensée. Oui, nous pou-
95 vons atteindre ou recouvrer d'union morale, sans laquelle cette
Confédération est vouée à l'avortement et à la mort.

Mais nous ne la trouverons et nous ne la conserverons que dans
la tolérance, la justice et la liberté. La tolérance, qui tempère les
controverses, qui amortit le choc des doctrines, qui enseigne le
100 respect mutuel des coutumes, des mœurs, des traditions nationales
et religieuses. La justice, qui protège tous les droits, qui assure au
faible le même traitement qu'au fort, qui accorde à toutes les
minorités une sécurité égale et des privilèges égaux. La liberté, qui
garantit au citoyen non seulement le paisible exercice de toutes
105 ses franchises civiles et politiques, mais encore la faculté d'ac-
complir sans entraves les devoirs sacrés que lui impose son titre
paternel, tels qu'ils lui sont dictés par sa conscience et par sa foi.

Messieurs, un pays qui ne possède pas ces trois biens, un pays
110 où le pouvoir suprême ne les garantit pas au dernier de ses
enfants, n'a pas droit de compter sur les promesses de l'avenir.
L'intolérance, l'injustice et l'oppression des consciences sont un
mauvais ciment. Et quelque imposante que soit l'apparence de
l'édifice politique où elles se sont infiltrées, cet édifice est finale-
115 ment menacé de ruine. C'est donc le devoir impérieux de tous les
bons citoyens de lutter pour assurer à la patrie canadienne ces
biens plus précieux que tous les diamants de Golconde et que tout
l'or du Klondike. La tolérance, la justice et la liberté, nous devons
en avoir le culte, nous devons en avoir la passion généreuse et
120 ardente. Que dans nos sollicitudes, dans nos aspirations, dans
notre action politique, elles occupent le premier rang. Plaçons-les
bien haut, au-dessus de tous les intérêts, au-dessus de tous les
calculs, au-dessus de toutes les ambitions, au-dessus des partis, des

combinaisons et des alliances. Que notre cri de ralliement soit:
125 périssent les intérêts secondaires, périssent les égoïstes calculs,
périssent les ambitions personnelles, périssent les partis et les
alliances politiques, plutôt que la tolérance, la justice et la liberté!

Mais je m'arrête, messieurs. En proposant ce toast au Canada-
130 Uni je vois devant moi les hôtes honorés de ce soir, dont la seule
présence en est le plus éloquent et le plus consolant commen-
taire. Whitney et Rhéaume acclamés au club Jacques-Cartier de
Montréal! La grande province de l'Ontario fêtée par la grande
province de Québec, dans la personne d'un premier ministre
135 anglais et protestant, qui a ouvert à deux battants les portes de la
représentation ministérielle à une minorité française et catholique! C'est là un beau et réconfortant spectacle. Honneur à vous,
M. Whitney, qui avec votre large et loyal esprit d'homme d'État,
avez voulu donner à toute la Confédération cette noble leçon de
140 justice généreuse, de concorde et d'union. Cet acte a été plus
qu'un événement politique ordinaire: il a pris le caractère d'un
message de paix et d'harmonie aux citoyens de toutes les provinces du Canada. Et nous l'avons salué comme une admirable
manifestation de clairvoyance politique et de patriotisme cana-
145 dien, dans la plus complète et la plus haute acceptation de ces
mots. Ce sont des actes comme celui-là qui nous donneront
l'union morale, qui aboliront les malentendus et les défiances, et
qui feront du Canada-Uni non seulement une expression oratoire,
mais une réalité historique.

150 Messieurs, je lève mon verre et vous invite à boire au Canada-
Uni; au Canada uni dans l'harmonie politique; au Canada uni
dans la tolérance civile et religieuse; au Canada uni dans la justice, dans le respect et dans la protection des droits sacrés auxquels les minorités ont un imprescriptible titre dans les nouvelles
155 comme dans les anciennes provinces de la Confédération. Et
puisse ce toast être à la fois un vœu et un présage de grandeur et
de gloire pour notre patrie bien-aimée, pour cette terre des aïeux
que notre chef «franc et sans dol» chantait jadis dans ce refrain
devenu justement populaire:

160   «Ô Canada, mon pays, mes amours![6]»

---

6. Thomas CHAPAIS, *Discours et conférences,* Québec, Librairie Garneau, 1943, p. 185-192.

ROMAN

ADÈLE BIBAUD (1857-1941)

Petite-fille du poète et historien Michel Bibaud, Adèle Bibaud collabore à plusieurs périodiques comme *La Presse, La bonne parole et Le journal de Françoise.* Elle publie ensuite des romans, par exemple *Trois ans en Canada* ou *L'enfant perdue,* parfois sous le pseudonyme de Éléda Gonneville. Les rares femmes qui écrivent à l'époque ne semblent avoir d'autre choix que de recourir à ce procédé, comme Gaëtane de Montreuil, et on peut se demander si leurs œuvres ont reçu l'attention qu'elles méritent. Lorsqu'on lit son roman *Les fiancés de Saint-Eustache,* dont voici l'incipit, on s'étonne effectivement de constater à quel point cette histoire fort bien ficelée autour des Patriotes a été ignorée.

LES FIANCÉS DE SAINT-EUSTACHE (1910)

Broum-broum, broum broum, broumbroum, broumbroum. – De patriotiques fanfares résonnaient, de quart d'heure en quart d'heure, suivies d'acclamations et de vivats enthousiastes. On proclamait, à Montréal, l'association des Fils de la Liberté.

5   C'était le cinq septembre 1837. La place Jacques-Cartier était encombrée d'une foule nombreuse, sortant de l'Hôtel Nelson, où une grande assemblée, moitié civile, moitié militaire, venait d'avoir lieu. On s'était divisé en deux branches, l'une devant par ses écrits travailler à l'indépendance du peuple canadien-10 français, l'autre par la force des armes, si la nécessité l'exigeait, se dévouerait au triomphe de la cause populaire.

La foule se dirigea ensuite vers la demeure de l'Honorable Louis-Joseph Papineau, chef des patriotes, pour lui offrir ses hommages. On marchait en bon ordre ; sur le parcours les fenêtres 15 s'ouvraient, des femmes, des enfants saluaient, avec transport, le passage de la petite troupe ; on sentait que toute une nation était remuée, que de graves événements se préparaient. Des éclairs de joie brillaient dans le regard de ces jeunes gens, animés d'une joyeuse indignation, qu'avaient soulevée l'oppression, l'arro-20 gance, l'injustice des fonctionnaires anglais.

Depuis la Conquête, le peuple canadien-français gémissait sous un joug tyrannique ; chaque jour c'était une nouvelle vexation ; les places, les honneurs, les gros traitements étaient uniquement réservés à une indigne fraction, opposée aux droits de la
25 majorité.

Trois quarts de siècle s'étaient ainsi écoulés pour la nation vaincue dans l'endurance des plus révoltantes insultes. Volée, humiliée dans tout ce qu'elle avait de plus cher, par des gens sans honneur comme sans conscience, cette brave petite colonie fran-
30 çaise, perdue dans le Nouveau-Monde, en était arrivée au paroxysme de l'indignation ; révoltée par les prétentions arbitraires du Conseil Exécutif et du Conseil Législatif, elle avait juré de reconquérir ses prérogatives de citoyens, qu'une certaine classe d'Anglais despotiques, hostiles aux hommes droits et indé-
35 pendants avaient entrepris de lui enlever. Du moment qu'on parlait français, qu'on pratiquait un culte contraire, on devenait sujet aux poursuites de ces personnages, on était entravé dans les moindres entreprises. Les murmures, les protestations, rien ne faisait. Les gouvernants demeuraient sourds aux plaintes, les
40 agents du pouvoir continuaient de plus en plus à pousser les Canadiens français à la révolte.

La troupe tourna dans la rue Bonsecours et atteignit en peu de temps la maison de M. Papineau. C'était un homme de haute stature, à la démarche imposante, aux traits nobles et réguliers, sur
45 son beau front se lisaient les grandes inspirations ; en le voyant s'avancer dans toute sa distinction, on reconnaissait en lui le chef d'une nation, un de ceux que Dieu désigne pour enthousiasmer les peuples et les conduire à la suite au succès, à la gloire. Des hourrahs frénétiques retentirent lorsque le grand tribun ouvrit sa
50 fenêtre, et se penchant vers le peuple avec un geste d'embrassement, comme s'il voulait tous les presser sur son cœur.

— Merci, mes amis, dit-il, merci d'avoir si patriotiquement répondu à notre appel. Le jour est venu où la nation canadienne-française ne doit plus se laisser fouler aux pieds. Nous avons solli-
55 cité, nous avons prié en vain ; on veut nous enlever les prérogatives accordées par la capitulation et les traités. Le gouvernement qui détruit ainsi le droit par la force est méprisable, indigne de tout respect. Le peuple du Bas-Canada ne doit compter désormais

que sur son énergie pour reconquérir ce qui lui est dû. Le gou-
60 vernement anglais n'a pas le droit de faire des lois pour l'administration intérieure de cette province, une telle législation est
tyrannique. [...]

Vos oppresseurs vous refusent insolemment les réformes auxquelles vous avez droit, unissons-nous pour les forcer à nous les
65 accorder. Montrons-leur que nous sommes les dignes descendants de ces héros qui les premiers vinrent ici planter la croix à
l'ombre du drapeau français.

La voix de l'éloquent tribun est couverte par de vifs applaudis-
sements. Hourrah pour Papineau, vive les patriotes.

70 Broum, broum, broum, le tambour résonne, l'écho de la fanfare
se répète de distance en distance et vient s'éteindre en un soupir
au pied de la montagne, où les grands érables secouent leurs
feuilles en signe d'assentiment aux démonstrations enthousiastes
du peuple dont ils sont l'emblème. [...]

75 Suivant le sentier de la Côte-des-Neiges traversant le Mont-
Royal, un jeune homme d'allure martiale tressaillait d'impatience
chaque fois que la brise apportait à ses oreilles une vibration nouvelle de la musique.

— Trop tard, disait-il en accélérant davantage sa marche, déjà
80 rapide, je n'arriverai pas à temps. [...]

Pierre Dugal se mit à courir. Sa haute taille, ses membres agiles
et nerveux se dessinaient bien en dépit de la rude étoffe du pays
dont il était vêtu. Quelques passants le voyant ainsi filer s'arrêtè-
rent pour le regarder.

85 — Diantre, voilà un beau gars, fit une vieille femme, j'me
demande ousqu'il va à la fine course comme ça. J'suis sûre qu'il va
se mêler à la bagarre lui aussi. Ah! ces têtes chaudes, qu'est-ce
qu'ils vont nous amener avec tous leurs discours, ils ne change-
ront toujours pas ces têtus d'Anglais.

90 — Qu'en savez-vous la mère, riposta un petit homme maigre et
sec. Quand on a un animal rétif, il faut essayer de le dompter, si on
ne veut pas se faire casser le cou. Le cheval est plus fort que
l'homme, mais l'homme a une manière à lui de le cravacher qui

finit par le morigéner. Le cheval, c'est l'Anglais, il a beau être fan-
95 faron, le Canadien finira par lui casser la gueule et lui faire entrer
quelque chose dans sa caboche, à coups de marteau s'il le faut.

— Oui, si le cheval ne vous envoie pas chanter une gamme dans
l'autre monde avec son sabot.

— Les femmes, c'est toujours comme ça, on n'arriverait jamais
100 à rien si on les écoutait, ça peur de tout[7].

ROMAN

LOUIS HÉMON (1880-1913)

Publié un an après sa mort, *Maria Chapdelaine* fait connaître
Louis Hémon tant en France qu'au Canada comme l'auteur de
l'un de nos grands romans du XXe siècle. Français ayant habité
Londres, il s'embarque pour Québec le 12 octobre 1911. Puis,
c'est le départ pour Montréal et le Lac-Saint-Jean où, entre
autres à Péribonka, il observe et prend des notes. Suit alors la
rédaction de l'œuvre, dont la langue reflète fidèlement le milieu.
Les trois prétendants de Maria correspondent aux trois choix de
vie s'offrant à elle : ils incarnent l'habitant, le coureur des bois et
le citadin. La scène citée ici marque la toute fin de l'histoire.

MARIA CHAPDELAINE (1914)

Alors une troisième voix plus grande que les autres s'éleva dans
le silence : la voix du pays de Québec, qui était à moitié un chant
de femme et à moitié un sermon de prêtre.

Elle vint comme un son de cloche, comme la clameur auguste
5 des orgues dans les églises, comme une complainte naïve et
comme le cri perçant et prolongé par lequel les bûcherons s'appellent dans les bois. Car en vérité tout ce qui fait l'âme de la province tenait dans cette voix : la solennité chère du vieux culte, la
douceur de la vieille langue jalousement gardée, la splendeur et la

---

7. Adèle BIBAUD, *Les fiancés de Saint-Eustache*, Montréal, s. é., 1910, p. 1-7.

10 force barbare du pays neuf où une racine ancienne a retrouvé son
adolescence.

Elle disait : « Nous sommes venus il y a trois cents ans, et nous
sommes restés... Ceux qui nous ont menés ici pourraient revenir
parmi nous sans amertume et sans chagrin, car s'il est vrai que
15 nous n'ayons guère appris, assurément nous n'avons rien oublié.

« Nous avions apporté d'outre-mer nos prières et nos chansons : elles sont toujours les mêmes. Nous avions apporté dans
nos poitrines le cœur des hommes de notre pays, vaillant et vif,
aussi prompt à la pitié qu'au rire, le cœur le plus humain de tous
20 les cœurs humains : il n'a pas changé. Nous avons marqué un
pan du continent nouveau, de Gaspé à Montréal, de Saint-Jean-
d'Iberville à l'Ungava, en disant : ici toutes les choses que nous
avons apportées avec nous, notre culte, notre langue, nos vertus
et jusqu'à nos faiblesses deviennent des choses sacrées, intan-
25 gibles et qui devront demeurer jusqu'à la fin.

« Autour de nous des étrangers sont venus, qu'il nous plaît d'appeler les barbares ; ils ont pris presque tout le pouvoir ; ils ont
acquis presque tout l'argent ; mais au pays de Québec rien n'a
changé. Rien ne changera, parce que nous sommes un témoi-
30 gnage. De nous-mêmes et de nos destinées, nous n'avons compris
clairement que ce devoir-là : persister... nous maintenir... Et nous
nous sommes maintenus, peut-être afin que dans plusieurs
siècles encore le monde se tourne vers nous et dise : « Ces gens
sont d'une race qui ne sait pas mourir... » Nous sommes un
35 témoignage. .

« C'est pourquoi il faut rester dans la province où nos pères sont
restés, et vivre comme ils ont vécu, pour obéir au commandement
inexprimé qui s'est formé dans leurs cœurs, qui a passé dans les
nôtres et que nous devrons transmettre à notre tour à de nom-
40 breux enfants : Au pays de Québec, rien ne doit mourir et rien ne
doit changer... »

L'immense nappe grise qui cachait le ciel s'était faite plus
opaque et plus épaisse, et soudain la pluie recommença à tomber,
approchant, encore un peu, l'époque bénie de la terre nue et des
45 rivières délivrées. Samuel Chapdelaine dormait toujours, le men-
ton sur sa poitrine, comme un vieil homme que la fatigue d'une

longue vie dure aurait tout à coup accablé. Les flammes des deux
chandelles fichées dans le chandelier de métal et dans la coupe de
verre vacillaient sous la brise tiède, de sorte que ses lèvres sem-
50 blaient murmurer des prières ou chuchoter des secrets.

Maria Chapdelaine sortit de son rêve et songea : « Alors je vais
rester ici... de même ! » car les voix avaient parlé clairement et elle
sentait qu'il fallait obéir. Le souvenir de ses autres devoirs ne vint
qu'ensuite, après qu'elle se fut résignée, avec un soupir. Alma-
55 Rose était encore toute petite ; sa mère était morte et il fallait bien
qu'il restât une femme à la maison. Mais en vérité c'étaient les
voix qui lui avaient enseigné son chemin.

La pluie crépitait sur les bardeaux du toit, et la nature heureuse
de voir l'hiver fini envoyait par la fenêtre ouverte de petites bouf-
60 fées de brise tiède qui semblaient des soupirs d'aise. À travers les
heures de la nuit Maria resta immobile, les mains croisées dans
son giron, patiente et sans amertume, mais songeant avec un peu
de regret pathétique aux merveilles lointaines qu'elle ne connaîtrait jamais et aussi aux souvenirs tristes du pays où il lui était
65 commandé de vivre à la flamme chaude qui n'avait caressé son
cœur que pour s'éloigner sans retour, et aux grand bois emplis de
neige d'où les garçons téméraires ne reviennent pas.

XVI

En mai, Esdras et Da'Bé descendirent des chantiers, et leur chagrin raviva le chagrin des autres. Mais la terre enfin nue attendait
70 la semence, et aucun deuil ne pouvait dispenser du labeur de l'été.

Eutrope Gagnon vint veiller un soir, et peut-être, en regardant à
la dérobée le visage de Maria, devina-t-il que son cœur avait
changé, car lorsqu'ils se trouvèrent seuls il demanda :

— Calculez-vous toujours de vous en aller, Maria ?

75 Elle fit : « Non » de la tête, les yeux à terre.

— Alors... Je sais bien que ça n'est pas le temps de parler de ça,
mais si vous pouviez me dire que j'ai une chance pour plus tard,
j'endurerais mieux l'attente.

Maria lui répondit :

80   — Oui… Si vous voulez je vous marierai comme vous m'avez demandé, le printemps d'après ce printemps-ci, quand les hommes reviendront du bois pour les semailles[8].

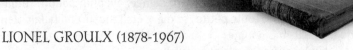

ROMAN

LIONEL GROULX (1878-1967)

Historien important ainsi que défenseur de notre tradition française et catholique, l'abbé Groulx est également l'auteur de contes regroupés dans *Les rapaillages* et de romans comme *L'appel de la race*. Dans ses *Mémoires,* il reconnaît avoir trop usé du vocabulaire de son temps. Des expressions telles que « race », « nation » ou « peuple » n'avaient pas le sens d'aujourd'hui… Jamais il ne lui serait venu à l'esprit de parler de race fondée uniquement sur le sang, ce dont on l'a injustement accusé par la suite : il la fondait sur les éléments essentiels qui constituent une nation – nation, au surplus, luttant pour sa survie.

L'APPEL DE LA RACE (1922)

C'est là qu'était né, en l'année 1871, Jules Lamontagne qui ne rétablirait l'orthographe de son nom que beaucoup plus tard. Longtemps les Lamontagne restèrent pauvres. Jules fut le premier dans la famille que l'on osa mettre au collège. Il avait dix ans

5   lorsqu'il prit la route du Séminaire de X… D'intelligence précoce mais solide, l'enfant y fit de bonnes études. Une seule chose lui manqua affreusement : l'éducation du patriotisme. Ainsi le voulait, hélas ! l'atmosphère alors régnante dans la province de Québec.

10   Nul mystère plus troublant, pour l'historien de l'avenir, que la période de léthargie vécue par la race canadienne-française, pendant les trente dernières années du dix-neuvième siècle. Voyons-

8. Louis HÉMON, *Maria Chapdelaine* [présentation de Jean Potvin], Saint-Laurent, ERPI, « Littérature », 2008, p. 161-164.

y l'influence rapide et fatale d'une doctrine sur un peuple, cette
doctrine eut-elle à dissoudre, pour régner, les instincts ataviques[9]
15 les plus vigoureux. Comment, en effet, la vigilance combative du
petit peuple du Québec, développée par deux siècles de luttes,
avait-elle pu soudainement se muer en un goût morbide du
repos ? Quelques discours, quelques palabres de politiques y
avaient suffi. Pour faire aboutir leur projet de fédération, les
20 hommes de 1867 avaient présenté le pacte fédératif comme la
panacée[10] des malaises nationaux. Hommes de parti et pour
emporter coûte que coûte ce qui était le projet d'un parti, ils usè-
rent et abusèrent de l'argument. La fausse sécurité développée,
propagée par ces discours imprudents produisit en peu de temps
25 une génération de pacifistes. Un état d'âme étrange se manifesta
tout de suite. On eût dit l'énervement subit de tous les ressorts de
l'âme nationale, de tous les muscles de la conscience : la détente
du chevalier qui a trop longtemps porté le heaume et la cuirasse
et qui, l'armure délacée, s'abandonne au sommeil. Moins d'un
30 quart de siècle de fédéralisme accepté avec une bonne foi superstitieuse amena le Québec français à la plus déprimante langueur.
Du reste, les politiciens étaient devenus les guides souverains, les
nécessités des alliances de parti, l'ambition de se concilier la
majorité anglaise les poussaient à l'abandon des positions tra-
35 ditionnelles. Peu à peu le vieux patriotisme français du Québec
s'affaiblit, sans qu'on vît croître à sa place le patriotisme canadien. Les hommes de 1867 avaient manié, modelé l'argile ; ils
avaient tâché de rapprocher les uns des autres les membres d'un
vaste corps, laissant à leurs successeurs de les articuler dans une
40 vraie vie organique. Par malheur, l'effort dépassait le pouvoir de
ces petits hommes à qui manquait le souffle créateur. À la longue
avec la décadence des mœurs parlementaires, ce qui n'était d'abord
que verbiage officieux devint sentiment, puis doctrine. Vers 1885,
avec l'affaire Riel, vers 1890, avec la question des écoles du Mani-
45 toba, des orages grondèrent. L'endormi se livra à quelques
bâillements. Mais les mêmes narcotiques opéraient toujours. Et
comment espérer un ressaut de la conscience populaire, quand les
chefs érigeaient le sommeil au rang d'une nécessité politique ?

---

9. Qui résultent de la transmission des caractères héréditaires.
10. Remède qu'on croit capable de guérir tous les maux.

Voilà bien l'atmosphère empoisonnée où avait grandi la génération du jeune Lamontagne. Un jour le Père Fabien lui avait dit en
gémissant :

— Quel mystère tout de même, mon ami, que ces aberrations de
l'instinct patriotique chez les jeunes gens de votre temps !

Ce jour-là, Lantagnac avait répondu un peu piqué :

— Mon Père, vous oubliez une chose : que je suis sorti du collège,
moi, aux environs de 1890. Qu'ai-je entendu, jeune collégien, puis
étudiant, aux jours des fêtes de la Saint-Jean-Baptiste ? Interrogez
là-dessus les jeunes gens de ma génération. Demandez-leur quels
sentiments, quelles idées patriotiques gonflaient nos harangues[11]
sonores ? La beauté, l'amour du Canada ? La noblesse de notre
race, la fierté de notre histoire, la gloire militaire et politique des
ancêtres, la grandeur de notre destin, pensez-vous ? Non pas ;
mais bien plutôt les avantages des institutions britanniques, la
libéralité anglo-saxonne, la fidélité de nos pères à la couronne
d'Angleterre. Celle-là surtout, notre plus haute, notre première
vertu nationale. Quant au patriotisme rationnel, objectif, fondé
sur la terre et sur l'histoire, conviction lumineuse, énergie vivante,
chose inconnue ! avait continué l'avocat... La patrie ! un thème
verbal, une fusée de la gorge que nous lancions dans l'air, ces
soirs-là, et qui prenait le même chemin que les autres... Ah ! que
l'on nous soit indulgent ! avait enfin supplié Lantagnac. On n'a pas
le droit d'oublier quels tristes temps notre jeunesse a traversés.
Sait-on que, dans le monde d'alors, l'état d'âme, l'attitude du
vaincu, du perpétuel résigné, nous étaient presque prêchés
comme un devoir ? qu'oser rêver d'indépendance pour le Canada,
qu'oser seulement parler de l'union des Canadiens français
pour la défense politique ou économique, nous étaient repré-
sentés comme autant de prétentions immorales ? Le sait-on, mon
Père[12] ?

---

11. Discours solennels.
12. Lionel GROULX, *L'appel de la race*, Montréal, Fides, « Nénuphar », 1956, p. 97-99.

POÉSIE

GAËTANE DE MONTREUIL (1867-1951)

Tiré du recueil de poèmes intitulé *Les rêves morts,* le texte qui suit ne donne qu'une très mince idée du travail de Gaëtane de Montreuil. Conseillère, bibliothécaire, professeure, éditrice, publicitaire et épouse du peintre et poète Charles Gill, elle est également critique, responsable des pages féminines de *La Presse* et auteure de plusieurs livres, ainsi que de plus de 500 articles rédigés sur plus de quatre décennies. Son œuvre lui vaut donc de jouer le rôle ingrat de pionnière de la littérature de son temps, estime Réginald Hamel, qui ajoute : « Elle occupe une place importante dans un halo de féminisme avant la lettre[13]. »

QUÉBEC FRANÇAIS (1927)

Assise sur le roc, majestueuse et belle,
La ville de Québec contemple le passé
Du haut de son rocher, comme une sentinelle,
Elle chante en rêvant la parole française
5 Et l'écho sur les monts l'emporte et la redit :
Des sommets rocailleux au bas de la falaise,
Le verbe harmonieux chez elle retentit.
Sur ses remparts, la nuit, on dit que la grande âme
Du vaillant chevalier qui fut son fondateur,
10 Revient de l'au-delà déployer l'oriflamme
Que promena jadis son inlassable ardeur.

S'il est vrai que ton âme erre sur ces rivages
Qui surent te fixer, fervent explorateur,
Reconnais-tu ton rêve, achevé par les âges,
15 Rêve héroïque et beau, grand comme la grandeur ?

Dans l'éternel repos de ta tombe inconnue,
Dors-tu content de ceux qui vinrent, après toi,
Prendre en main la cognée où tu l'avais tenue
Et garder le dépôt de ta langue et ta foi !
20 La conquête a passé sur ton œuvre ébauchée

---

13. Réginald HAMEL, *Gaëtane de Montreuil*, Montréal, L'aurore, « Littérature », 1976, p. 134.

Ton pays n'a pas eu le fruit de ton labeur,
Mais la moisson d'amour ne fut jamais fauchée,
Et nous restons français sous la loi du vainqueur.

Un autre drapeau flotte où flotta ta bannière,
25 Mais l'honneur et les ans ont uni les couleurs
Et la France en nos cœurs est toujours la première,
Si dans les jours de deuil, deux mères ont nos pleurs[14].

POÉSIE

ALFRED DESROCHERS (1901-1978)

Père de l'écrivaine Clémence DesRochers, Alfred DesRochers
exerce longtemps toutes sortes de métiers. Livreur, commis,
ouvrier, soldat, journaliste et traducteur au parlement canadien,
il publie ses premiers poèmes dès 1922. Mais ce n'est qu'au
moment de la parution de *L'offrande aux vierges folles* (1928) et
de *À l'ombre de l'Orford* (1929) qu'on salue son œuvre poétique.
Dans la foulée de Pamphile Le May et de Nérée Beauchemin,
DesRochers travaille la forme de ses textes sous l'influence
romantique ou parnassienne, mais les textes de ce «fils déchu
de race surhumaine» privilégient des thèmes où triomphent le
terroir, les origines, l'enracinement, la nature et l'amour.

LIMINAIRE (1929)

Je suis un fils déchu de race surhumaine,
Race de violents, de forts, de hasardeux,
Et j'ai le mal du pays neuf, que je tiens d'eux,
Quand viennent les jours gris que septembre ramène.

5 Tout le passé brutal de ces coureurs des bois :
Chasseurs, trappeurs, scieurs de long, flotteurs de cages,
Marchands aventuriers ou travailleurs à gages,
M'ordonne d'émigrer par en haut pour cinq mois.

---

14. Nicole BROSSARD et Lisette GIROUARD, *Anthologie de la poésie des femmes,* Montréal,
Les éditions du remue-ménage, 1991, p. 36-37.

Et je rêve d'aller comme allaient les ancêtres ;
10 J'entends pleurer en moi les grands espaces blancs,
Qu'ils parcouraient, nimbés de souffles d'ouragans,
Et j'abhorre comme eux la contrainte des maîtres.

Quand s'abattait sur eux l'orage des fléaux,
Ils maudissaient le val ; ils maudissaient la plaine,
15 Ils maudissaient les loups qui les privaient de laine :
Leurs malédictions engourdissaient leurs maux.

Mais quand le souvenir de l'épouse lointaine
Secouait brusquement les sites devant eux,
Du revers de leur manche, ils s'essuyaient les yeux
20 Et leur bouche entonnait : « À la claire fontaine »...

Ils l'ont si bien redite aux échos des forêts,
Cette chanson naïve où le rossignol chante,
Sur la plus haute branche, une chanson touchante,
Qu'elle se mêle à mes pensers les plus secrets :

25 Si je courbe le dos sous d'invisibles charges,
Dans l'âcre brouhaha de départs oppressants,
Et si, devant l'obstacle ou le lien, je sens
Le frisson batailleur qui crispait leurs poings larges ;

Si d'eux, qui n'ont jamais connu le désespoir,
30 Qui sont morts en rêvant d'asservir la nature,
Je tiens ce maladif instinct de l'aventure,
Dont je suis quelquefois tout envoûté, le soir ;
Par nos ans sans vigueur, je suis comme le hêtre
Dont la sève a tari sans qu'il soit dépouillé,
35 Et c'est de désirs morts que je suis enfeuillé,
Quand je rêve d'aller comme allait mon ancêtre ;

Mais les mots indistincts que profère ma voix
Sont encore : un rosier, une source, un branchage,
Un chêne, un rossignol parmi le clair feuillage,
40 Et comme au temps de mon aïeul, coureur des bois,

Ma joie ou ma douleur chante le paysage[15]

---

15. Alfred DESROCHERS, *Œuvres poétiques*, Montréal, Fides, « Nénuphar », 1977, tome I, p. 77-78.

FÉLIX-ANTOINE SAVARD (1896-1982)

Ordonné prêtre en 1922, Félix-Antoine Savard enseigne plusieurs années au séminaire de Chicoutimi avant de devenir professeur à la Faculté des lettres de l'Université Laval et doyen. Son ministère l'amène également à parcourir les rivières, forêts et montagnes de son pays, lesquelles lui permettent de connaître les habitants de Charlevoix. La première version de *Menaud, maître-draveur* est publiée en 1937, bientôt suivie de deux autres. Ce roman poétique connaît tout de suite un grand succès et lui vaut l'année suivante d'être lauréat de l'Académie française. Les lignes qui suivent forment le tout début de l'histoire, où transparaît immédiatement l'influence de *Maria Chapdelaine* liée à la question de la survie de notre peuple.

MENAUD, MAÎTRE-DRAVEUR (1937)

CHAPITRE PREMIER

« Nous sommes venus il y a trois cents ans et nous sommes restés…

« Autour de nous des étrangers sont venus qu'il nous plaît d'appeler des barbares! ils ont pris presque tout le pouvoir! ils ont
5 acquis presque tout l'argent… »

Menaud étais assis à sa fenêtre et replié sur lui-même.

Et, tandis que, tout autour, comme une couverture qu'une femme étale sur un lit, s'étendait la grande paix dorée du soir, il écoutait les paroles miraculeuses:
10 « Nous sommes venus il y a trois cents ans et nous sommes restés…

« Nous avions apporté d'outre-mer nos prières et nos chansons: elles sont toujours les mêmes.

« Nous avions apporté dans nos poitrines le cœur des hommes
15 de notre pays, vaillant et vif, aussi prompt à la pitié qu'au rire, le cœur le plus humain de tous les cœurs humains: il n'a pas changé. Nous avons marqué un plan du continent nouveau, de Gaspé à

Montréal, de Saint-Jean-d'Iberville à l'Ungava, en disant : Ici toutes
les choses que nous avons apportées avec nous, notre culte, notre
20 langue, nos vertus, et jusqu'à nos faiblesses deviennent des choses
sacrées, intangibles et qui devront demeurer jusqu'à la fin.

« Autour de nous des étrangers sont venus, qu'il nous plaît d'appeler des barbares ! ils ont pris presque tout le pouvoir ! ils ont
acquis presque tout l'argent ; mais au pays de Québec...

25 Comme si l'ombre s'était soudainement épaissie sur ces mots,
la voix de Marie s'était mise à hésiter :

« Mais au pays de Québec... »

Elle se pencha sur le livre, et reprit avec une voix forte :

« Mais au pays de Québec, rien n'a changé. »

30 Soudain, Menaud se dressa sur son siège comme si ce qu'il venait
d'entendre eût ouvert là, sous ses pieds, un gouffre d'ombre :

« Rien n'a changé... rien n'a changé ! » grommela-t-il...

Violemment, à coups secs, il secoua sa pipe sur son talon, s'ap-
puya, un instant, au cadre de la fenêtre, regarda du côté des libres
35 montagnes qu'on pouvait encore distinguer au loin, puis, pour
chasser les pensées de ténèbres qui l'envahissaient, il plongea
dans la braise de son poêle un éclat de cèdre avec lequel il alluma
sa lampe.

Et, tandis qu'il cherchait à démêler les pensées qui surgissaient
40 au fond de lui-même :

« Continue dans ton livre », dit-il à sa fille.

Elle reprit :

« Rien ne changera, parce que nous sommes un témoignage. De
nous-mêmes et de nos destinées, nous n'avons compris claire-
45 ment que ce devoir-là : persister et nous maintenir... Et nous
sommes maintenant, peut-être afin que dans plusieurs siècles
encore le monde se tourne vers nous et dise :

« Ces gens sont d'une race qui ne sait pas mourir. »

Le regard de Menaud s'était enflammé.

50 « Assez ! » dit-il à sa fille.

Elle laissa le livre retomber sur ses genoux.

Une race qui ne sait pas mourir !

Voilà maintenant que cette parole flambait dans l'humble maison comme un feu d'abatis dans la clairière du printemps.

55   Avec ferveur, Menaud répéta : « Une race qui ne sait pas mourir ! »

Il tenait là, fixé sur ces mots d'où jaillissaient une force, une jeunesse, quelque chose de comparable au printemps miraculeux de Mainsal avec ses explosions de vie après le froid, la neige, les six
60 longs mois d'hiver.

Une race qui ne sait pas mourir !

Il se fit un long silence.

Puis, il ouvrit la porte toute grande ; et, dans le soir immobile, il contempla longtemps la campagne endormie, laissant ses regards
65 voler jusqu'aux horizons lointains, et revenir ainsi que des engoulevents au nid de ses pensées.

L'homme était beau à voir. Droit et fort malgré la soixantaine. La vie dure avait décharné à fond son visage, y creusant des rigoles et des rides de misère, et le colorant des mêmes ocres et des
70 mêmes gris que les maisons, les rochers et les terres de Mainsal.

La vie dure ! Elle lui avait fait une âme sage, donné le goût des choses calmes, profondes d'où sa pensée sortait peu. On sentait, chez lui, cette force grave, patiente que donnent le travail et la nature austère. Il racontait ses souvenirs sur un ton simple, en
75 long, triste souvent. Mais parfois aussi, sous la surface tranquille, on devinait une passion sauvage pour la liberté ; et, tel un fleuve de printemps, à pleine mesure d'âme, l'amour de son pays[16].

ROMAN

GABRIELLE ROY (1909-1983)

Née à Saint-Boniface, au Manitoba, Gabrielle Roy enseigne quelques années, puis séjourne deux ans en Europe. Au retour, elle s'installe au Québec et collabore à plusieurs journaux ou revues. Deux ans avant de se marier, elle publie, en 1945, *Bon-*

---

16. Félix-Antoine SAVARD, *Menaud, maître-draveur*, Ottawa, Fides, 1937, p. 31-35.

heur d'occasion, roman réaliste inspiré par le quartier pauvre de
Saint-Henri à Montréal. D'autres romans et récits de grande
qualité suivront, comme *Rue Deschambault* (1955), *Ces enfants
de ma vie* (1977) ou *La détresse et l'enchantement* (1984), mais
c'est son premier roman, aux personnages fascinants, qui lui
vaut d'être connue et aimée dans le monde et ici.

BONHEUR D'OCCASION (1945)

L'horloge de l'église de Saint-Henri marquait huit heures moins
le quart lorsqu'il arriva au cœur du faubourg.

Il s'arrêta au centre de la place Saint-Henri, une vaste zone
sillonnée du chemin de fer et de deux voies de tramways, carre-
5 four planté de poteaux noirs et blancs et de barrières de sûreté,
clairière de bitume et de neige salie, ouverte entre les clochers et
les dômes, à l'assaut des locomotives hurlantes, aux volées de
bourdons, aux timbres éraillés des trams et à la circulation incessante de la rue Notre-Dame et de la rue Saint-Jacques.

10 La sonnerie du chemin de fer éclata. Grêle, énervante et soute-
nue, elle cribla l'air autour de la cabine de l'aiguilleur. Jean crut
entendre au loin, dans la neige sifflante, un roulement de tambour.
Il y avait maintenant, ajoutée à toute l'angoisse et aux ténèbres du
faubourg, presque tous les soirs, la rumeur de pas cloutés et de
15 tambours que l'on entendait parfois rue Notre-Dame et parfois
même des hauteurs de Westmount, du côté des casernes, quand
le vent soufflait de la montagne.

Puis tous ces bruits furent noyés.

À la rue Atwater, à la rue Rose-de-Lima, à la rue du Couvent et
20 maintenant place Saint-Henri, les barrières des passages à
niveaux tombaient. Ici, au carrefour des deux artères principales,
leurs huit bras de noir et de blanc, leurs huit bras de bois où
luisaient des fanaux rouges se rejoignaient et arrêtaient la
circulation.

25 À ces quatre intersections rapprochées, la foule, matin et soir,
piétinait et des rangs pressés d'automobiles y ronronnaient à
l'étouffée. Souvent alors des coups de klaxons furieux animaient
l'air comme si Saint-Henri eût brusquement exprimé son exaspé-
ration contre ces trains hurleurs qui, d'heure en heure, le cou-
30 paient violemment en deux parties.

Le train passa. Une âcre odeur de charbon emplit la rue. Un tourbillon de suie oscilla entre le ciel et le faîte des maisons. La suie commençant à descendre, le clocher de Saint-Henri se dessina d'abord, sans base, comme une flèche fantôme dans les
35 nuages. L'horloge apparut ; son cadran illuminé fit une trouée dans les traînées de vapeur ; puis, peu à peu, l'église entière se dégagea, haute architecture de style jésuite. Au centre du parterre, un Sacré-Cœur, les bras ouverts, recevait les dernières parcelles de charbon. La paroisse surgissait. Elle se recomposait dans
40 sa tranquillité et sa puissance de durée.

École, église, couvent : bloc séculaire fortement noué au cœur de la jungle citadine comme au creux des vallons laurentiens. Au-delà s'ouvraient des rues à maisons basses, s'enfonçant de chaque côté vers les quartiers de grande misère, en haut vers la rue Work-
45 man et la rue Saint-Antoine, et, en bas, contre le canal de Lachine où Saint-Henri tape les matelas, tisse le fil, la soie, le coton, pousse le métier, dévide les bobines, cependant que la terre tremble, que les trains dévalent, que la sirène éclate, que les bateaux, hélices, rails et sifflets épellent autour de lui l'aventure.

50 Jean songea non sans joie qu'il était lui-même comme le bateau, comme le train, comme tout ce qui ramasse de la vitesse en traversant le faubourg et va plus loin prendre son plein essor. Pour lui, un séjour à Saint-Henri ne le faisait pas trop souffrir ; ce n'était qu'une période de préparation, d'attente.

55 Il arriva au viaduc de la rue Notre-Dame, presque immédiatement au-dessus de la petite gare de brique rouge. Avec sa tourelle et ses quais de bois pris étroitement entre les fonds de cours, elle évoquerait les voyages tranquilles de bourgeois retirés ou plus encore de campagnards endimanchés, si l'œil s'arrêtait à son
60 aspect rustique. Mais au-delà, dans une large échancrure du faubourg, apparaît la ville de Westmount échelonnée jusqu'au faîte de la montagne dans son rigide confort anglais. Il se trouve ainsi que c'est aux voyages infinis de l'âme qu'elle invite. Ici, le luxe et la pauvreté se regardent inlassablement, depuis qu'il y a West-
65 mount, depuis qu'en bas, à ses pieds, il y a Saint-Henri. Entre eux s'élèvent des clochers.

Le regard du jeune homme effleura le campanile de Saint-Thomas-d'Aquin, la tourelle à colonnade du couvent, la flèche de Saint-Henri, et monta directement aux flancs de la montagne. Il

70 aimait à s'arrêter sur cette voie et à regarder, le jour, les grands
portails froids, les belles demeures de pierre grise et rose qui se
dégageaient nettement, là-haut; la nuit, leurs feux qui brillaient,
lointains, comme des signaux sur sa route. Ses ambitions, ses
griefs se levaient et l'enserraient alors de leur réseau familier
75 d'angoisse. Il était à la fois haineux et puissant devant cette montagne qui le dominait.

De la rue Saint-Antoine monta de nouveau cet écho de pas scan-
dés qui devenait comme la trame secrète de l'existence dans le
faubourg. La guerre! Jean y avait déjà songé avec une furtive et
80 impénétrable sensation de joie. Est-ce que ce n'était pas là l'événement où toutes ses forces en disponibilité trouveraient leur
emploi? Combien de talents qui n'avaient pas été utilisés seraient,
en effet, maintenant requis? Soudain il entrevit la guerre comme
une chance vraiment personnelle, sa chance à lui d'une ascension
85 rapide. Il se voyait lâché dans une vie qui changeait ses valeurs,
elle-même changeante de jour en jour, et qui, dans cette mer
démontée des hommes, le porterait sur une vague haute. Il abattit
ses fortes mains brunes sur le parapet de pierre. Que faisait-il ici?
Que pouvait-il y avoir de commun entre lui et une jeune fille qui se
90 nommait Florentine Lacasse[17].

MANIFESTE

PAUL-ÉMILE BORDUAS (1905-1960)

Peintre et sculpteur très doué, Paul-Émile Borduas travaille
d'abord avec le grand Ozias Leduc, puis étudie l'art à Montréal
et à Paris. C'est là qu'il découvre des peintres comme Paul
Cézanne et des écrivains comme André Breton, qui lui font
entrevoir l'abstraction et le surréalisme. À son retour, il devient
professeur à l'École du meuble de Montréal, où son influence
grandit chez les jeunes. Il devient ensuite le chef de file du mouvement automatiste, publiant, avec d'autres, le manifeste *Refus*

---

17. Gabrielle ROY, *Bonheur d'occasion,* Montréal, Éditions du Boréal, « Boréal Compact »,
2009.

global. Le groupe y développe une sévère critique du conservatisme de la société canadienne-française, laquelle mènera à la Révolution tranquille, mais cela vaudra aussi à Borduas un congédiement et l'exil.

REFUS GLOBAL (1948)

Rejetons de modestes familles canadiennes-françaises, ouvrières ou petites bourgeoises, de l'arrivée au pays à nos jours restées françaises et catholiques par résistance au vainqueur, par attachement arbitraire au passé, par plaisir et orgueil sentimental et
5 autres nécessités.

Colonie précipitée dès 1760 dans les murs lisses de la peur, refuge habituel des vaincus; là, une première fois abandonnée. L'élite reprend la mer ou se vend au plus fort. Elle ne manquera plus de le faire chaque fois qu'une occasion sera belle.

10 Un petit peuple serré de près aux soutanes restées les seules dépositaires de la foi, du savoir, de la vérité et de la richesse nationale. Tenu à l'écart de l'évolution universelle de la pensée pleine de risques et de dangers, éduqué sans mauvaise volonté, mais sans contrôle, dans le faux jugement des grands faits de l'histoire
15 quand l'ignorance complète est impraticable.

Petit peuple issu d'une colonie janséniste, isolé, vaincu, sans défense contre l'invasion de toutes les congrégations de France et de Navarre, en mal de perpétuer en ces lieux bénis de la peur (c'est-le-commencement-de-la-sagesse!) le prestige et les béné-
20 fices du catholicisme malmené en Europe. Héritières de l'autorité papale, mécanique, sans réplique, grands maîtres des méthodes obscurantistes, nos maisons d'enseignement ont dès lors les moyens d'organiser en monopole le règne de la mémoire exploiteuse, de la raison immobile, de l'intention néfaste.

25 Petit peuple qui malgré tout se multiplie dans la générosité de la chair sinon dans celle de l'esprit, au nord de l'immense Amérique au corps sémillant de la jeunesse au cœur d'or, mais à la morale simiesque, envoûtée par le prestige annihilant du souvenir des chefs-d'œuvre d'Europe, dédaigneuse des authentiques
30 créations de ses classes opprimées.

Notre destin sembla durement fixé.

[...]

Rompre définitivement avec toutes les habitudes de la société, se désolidariser de son esprit utilitaire. Refus d'être sciemment
35 au-dessous de nos possibilités psychiques et physiques. Refus de fermer les yeux sur les vices, les duperies perpétrées sous le couvert du savoir, du service rendu, de la reconnaissance due. Refus d'un cantonnement dans la seule bourgade plastique, place fortifiée mais trop facile d'évitement. Refus de se taire – faites de nous
40 ce qu'il vous plaira mais vous devez nous entendre – refus de la gloire, des honneurs (le premier consenti) : stigmates de la nuisance, de l'inconscience, de la servilité. Refus de servir, d'être utilisables pour de telles fins. Refus de toute INTENTION, arme néfaste de la RAISON. À bas toutes deux, au second rang !

45 PLACE À LA MAGIE ! PLACE AUX MYSTÈRES OBJECTIFS !

PLACE À L'AMOUR !

PLACE AUX NÉCESSITÉS !

Au refus global nous opposons la réalité entière[18].

P O É S I E

ROLAND GIGUÈRE (1929-2003)

Éditeur, peintre, graveur et poète, Roland Giguère fréquente les membres du mouvement surréaliste et André Breton – qui l'influenceront – lorsqu'il séjourne à Paris, de 1954 à 1963, pour y étudier. Il publie des recueils comme *Faire naître* (1949), *L'âge de la parole* (1965), *Forêt vierge folle* (1978) et *Temps et lieux* (1988), lesquels lui vaudront plusieurs importants prix et distinctions. En 1974, avec Gaston Miron, Gérald Godin et autres amis, il fonde la revue *Possibles*. Son poème *La main du bourreau finira toujours*

---

18. André-G. BOURASSA et Gilles LAPOINTE, *Refus global et ses environs,* Montréal, L'Hexagone, 1988, p. 51-58.

par pourrir, écrit en pleine Grande Noirceur, évoque les changements espérés par quantité de jeunes à l'époque où le Québec vit sous le règne de Maurice Duplessis.

LA MAIN DU BOURREAU FINIRA TOUJOURS PAR POURRIR (1951)

Grande main qui pèse sur nous
grande main qui nous aplatit contre terre
grande main qui nous brise les ailes
   grande main de plomb chaud
5   grande main de fer rouge

grands ongles qui nous scient les os
grands ongles qui nous ouvrent les yeux
   comme des huîtres
grands ongles qui nous cousent les lèvres
10   grands ongles d'étain rouillé
grands ongles d'émail brûlé

mais viendront les panaris
panaris
panaris
15 la grande main qui nous cloue au sol
finira par pourrir
les jointures éclateront comme des verres de cristal
les ongles tomberont

la grande main pourrira
20 et nous pourrons nous lever pour aller ailleurs[19].

JOURNALISME

GERMAIN BEAULIEU (1870-1944)

Cofondateur de l'École littéraire de Montréal en 1895, Germain Beaulieu est un avocat qui écrit des essais, des poèmes et des ouvrages scientifiques, dont notre premier traité d'entomologie.

---

19. Roland GIGUÈRE, *L'âge de la parole,* Montréal, L'Hexagone, 1965, p. 17.

Il est, de plus, un grand artisan de la vie culturelle au Québec. Homme d'action, il ne cesse de déplorer les hésitations des nationalistes canadiens-français face à l'indépendance, comme il le fait ici dans un article de la revue *Le terroir*. Pour lui, c'est la seule conclusion qui s'impose devant l'exploitation dont nous sommes l'objet par les Anglais et les Américains au sein de la Confédération canadienne.

OÙ ALLONS-NOUS? (1956)

Nous célébrerons dans quelques jours notre fête nationale. Un immense frisson de patriotisme va secouer notre peuple de la tête aux pieds. Des quatre coins de la province française du Canada va s'élever un formidable concert d'exultations : en une étrange et
5 féconde litanie de phrases annuellement redites, des orateurs populaires, de tout âge, de toute taille et de toute nuance, encore plus grisés que profondément émus, chanteront les gloires d'hier, la prospérité d'aujourd'hui et les espérances de demain. Ce sera grand, ce sera noble, ce sera beau !

10 Ce sera grand, noble et beau ; mais peut-être n'est-il pas mauvais de ne pas prendre part à cet enthousiasme plus ou moins factice ; peut-être est-il salutaire qu'au lieu de nous leurrer avec de vains mots, qu'au lieu de déguiser notre pensée et d'émousser nos sentiments pour ne blesser personne, nous regardions bien
15 en face, les yeux grands ouverts, ce que nous sommes et ce que nous serons, tant que durera l'Acte de l'Amérique britannique du Nord, qui lie notre province française à des provinces saxonnes.

Si je considère attentivement notre position dans la confédération canadienne, si je m'arrête à songer un peu à l'accroissement
20 des races qui nous entourent et dans lesquelles nous nous noyons peu à peu, je ne puis qu'arriver à cette triste conclusion : nous ne sommes rien, nous ne serons jamais rien !

[...]

Nous ne sommes rien. C'est tellement le cas que nos financiers
25 ne sont plus des nôtres : ils sont passés aux Anglais ou aux Américains ; que nos artistes ne sont plus des nôtres : ils passent aux Français. Instinctivement, les uns et les autres comprennent qu'il ne peut y avoir un peuple dans un peuple.

Quels sont ceux qui sont responsables de ce triste état de
30 choses ? Les pères de la Confédération. Ils n'ont eu en vue que la
tranquillité du moment. Ils n'ont pas pensé – à moins qu'ils n'y
aient trop pensé – qu'en nous liant, nous, province française, avec
les autres provinces, ils nous enlevaient à tout jamais l'espoir de
la liberté et de l'individualité comme peuple.

35 Non, ne nous payons pas de vains mots. Malgré l'admirable
fécondité de nos familles, nous nous noyons petit à petit dans
l'élément étranger. Nous sommes aujourd'hui un million et demi
contre plus de quatre millions. Dans dix ans, nous ne serons guère
plus de deux millions contre douze millions, par suite de
40 l'immigration de races étrangères, toutes assimilables, et qui,
elles, ont tout intérêt à être assimilées.

[...]

Briser avec la confédération ! être une colonie à part ! J'entends
déjà crier de tous côtés que la chose n'est pas possible, parce
45 qu'elle serait désastreuse pour l'avenir du pays, pour la grandeur
du Canada et pour l'essor de la nation. Eh ! que m'importent à moi
le Canada et la nation ! Mon pays n'est-il pas d'abord et avant tout
la vieille province française de Québec ? Ma nation n'est-elle pas
d'abord et avant tout la race, naïve et forte tout à la fois, qui peuple
50 cette province ?

[...]

Pour vous mieux convaincre que cette utopie est irréalisable,
vous n'avez qu'à feuilleter les innombrables pages de l'histoire. Et
si vous dites qu'il ne nous est pas possible de vivre en dehors de
55 la confédération canadienne, c'est que le vrai patriotisme nous
manque, ce patriotisme farouche, opiniâtre, audacieux, intran-
sigeant, qui seul, entendez-vous, seul préside à la création d'une
patrie. En cela, je vous réfère à l'histoire de l'humanité. Vous ne
trouverez pas un peuple qui ne se soit taillé autrement un
60 territoire sur l'un ou l'autre des continents.

Le Canada ne nous appartient pas ; mais par droit de primauté,
la province de Québec est à nous ; la possession ne saurait nous en
être contestée[20].

---

20. Andrée FERRETTI et Gaston MIRON, *Les grands textes indépendantistes. Écrits, discours et manifestes québécois. 1774-1992*, Montréal, L'hexagone, 1992, p. 84-86.

MANIFESTE

RASSEMBLEMENT POUR L'INDÉPENDANCE NATIONALE

Le RIN (Rassemblement pour l'indépendance nationale) naît le 10 septembre 1960. C'est alors un simple groupe indépendantiste de pression qui va se transformer bientôt en parti politique et présenter des candidats aux élections de 1963 et 1966, avant de se saborder, un an plus tard, au profit du Parti québécois. Pierre Bourgault (1934-2003), orateur fougueux et extraordinaire, en est le président et l'ambassadeur principal, mais le manifeste créé au tout début du RIN est avant tout l'œuvre d'André D'Allemagne (1929-2001), intellectuel calme, éloquent et convaincant.

MANIFESTE (1960)

Les Canadiens français constituent une nation dont l'origine remonte à l'époque de la Nouvelle-France. Conquise par la force des armes, isolée de sa mère patrie, soumise à des tentatives d'assimilation nombreuses et prolongées, la nation canadienne-
5 française a toujours manifesté une indomptable volonté de survivre et de s'épanouir librement en conformité avec ses origines et son génie particulier.

La Confédération, issue de la Conquête et de l'impérialisme britannique, a placé et maintenu le peuple du Québec dans une situa-
10 tion anormale de faiblesse et d'infériorité collectives. Ce régime, par ailleurs, n'a pas été établi par la volonté expresse des peuples en cause mais imposé par la loi d'une métropole impériale. De plus, les droits accordés officiellement par l'Acte de l'Amérique du Nord britannique au peuple canadien-français, dans le but d'assu-
15 rer sa survivance et sa protection, ont sans cesse été violés et continuent de l'être, par le gouvernement fédéral, à Ottawa, dans l'ensemble du Canada et même dans la province de Québec. La logique et le droit permettent donc aujourd'hui d'affirmer que le pacte confédératif, par ses origines et par le cours de l'histoire, est
20 nul et périmé.

En outre, la centralisation fédérale réalisée à un rythme croissant, qui tend à transformer le régime dit confédératif en celui

d'un État-nation unitaire, compromet non seulement l'épanouissement mais aussi l'existence même de la nation canadienne-
25 française déjà gravement menacée par son isolement culturel et
social et par l'influence anglo-américaine.

À l'époque actuelle où dans le monde entier les peuples s'affran-
chissent du joug colonial et les nations revendiquent leur pleine
indépendance, le Canada français ne veut plus accepter de demeu-
30 rer sous la tutelle économique et politique de l'étranger. L'idéal de
l'indépendance nationale, qui s'allie à celui de l'internationalisme
lucide, est valable au Canada français comme partout ailleurs.
L'indépendance est du reste dans la ligne de l'histoire du Canada
français : préparée par la Confédération puis par l'établissement
35 normal de l'évolution historique du Canada français.

De nos jours, les peuples n'ont plus besoin d'excuses pour vouloir être libres. Car si la liberté nationale n'est pas une fin en soi,
elle est la condition essentielle à tout épanouissement réel des
hommes et des peuples. La première des libertés civiques étant
40 l'indépendance de la patrie, le Rassemblement pour l'indépendance Nationale réclame l'indépendance totale du Québec afin de
permettre au peuple canadien-français de choisir librement les
voies de son avenir. Une fois l'indépendance acquise, la nation
canadienne-française devra se donner, par des moyens démocra-
45 tiques, les institutions qu'elle jugera lui convenir.

Tels sont les principes et l'idéal que le Rassemblement pour
l'Indépendance Nationale (RIN) a pour but de défendre et de pro-
pager. Le RIN n'est aucunement relié, associé ni affilié à aucun
autre organisme existant. Les membres du RIN sont par ailleurs
50 entièrement libres d'exprimer et de faire valoir, à titre personnel,
leurs idées et leurs convictions sur les questions qui ont trait à la
politique interne, à la religion, aux théories économiques et aux
doctrines sociales, car la seule raison d'être du RIN est de favoriser et d'accélérer l'instauration de l'indépendance nationale du
55 Québec, sans haine ni hostilité envers quiconque mais dans un
esprit de justice et de liberté pour tous.

En réclamant l'indépendance totale du Québec, le RIN rejette le
pessimisme né de la Conquête et manifeste sa foi en la nation
canadienne-française, issue d'une des plus grandes civilisations
60 de l'histoire.

TROISIÈME PARTIE

LE QUÉBÉCOIS (1960-2000)

1955   1960   1965   1970   1975

1959-1960 – Paul Sauvé au pouvoir à Québec pour 100 jours

1960-1966 – Jean Lesage et les libéraux au pouvoir à Québec

1960 – Parution du livre *Les insolences du Frère Untel*

1962 – Nationalisation de l'électricité

1963 – Création du parti Rhinocéros par Jacques Ferron

1963-1970 – Front de libération du Québec (FLQ)

1964 – Création du Ministère de l'Éducation du Québec (MÉQ)

1965 – Création du Régime des rentes du Québec (RRQ)

1966 – Inauguration du métro de Montréal

1966-1970 – L'Union nationale au pouvoir à Québec

1967 – Inauguration du pont-tunnel
Louis-Hippolyte-Lafontaine

1967 – Exposition universelle de Montréal

1967 – Création des cégeps

1968 – Première de la pièce
Les belles-sœurs

1968 – Fondation du Parti québécois (PQ)

Pierre Elliot Trudeau et les libéraux
au pouvoir à Ottawa **(1968-1984)**

1969 – Création du réseau de
l'Université du Québec
1969 – Projet de loi n° 63 (Loi sur
la promotion de la langue
française qu Québec)

1970 – Nuit de la poésie

1970 – Crise d'Octobre et Loi
des mesures de guerre

Robert Bourassa
et les libéraux
au pouvoir à Québec
(1970-1976)

1971 – Projet de loi n° 22
(Loi sur la langue
officielle au Québec)

1973 – Crise
du pétrole

1980   1985   1990   1995

1976 – Jeux olympiques de Montréal

René Lévesque et le PQ
au pouvoir à Québec **(1976-1982)**

1977 – Charte de la langue française

1977 – Fondation de la Ligue Nationale d'Improvisation (LNI) par Robert Gravel et Yvon Leduc

1979 – Création de l'opéra-rock *Starmania*

1980 – Premier référendum sur l'indépendance du Québec

1982 – Récession

1982 – Rapatriement de la constitution du Canada

Brian Mulroney et les conservateurs
au pouvoir à Ottawa **(1984-1993)**

Retour de Robert Bourassa
au pouvoir à Québec **(1985-1994)**

1987 – Accord du lac Meech

1989 – Chute du mur de Berlin

1990-1991 – Récession

1991 – Dissolution de l'Union
des républiques
socialistes soviétiques

Référendum sur les accords de Charlottetown – **1992**

Jean Chrétien et les libéraux
au pouvoir à Ottawa **(1993-2003)**

Jacques Parizeau et le PQ
au pouvoir à Québec **(1994-1996)**

Second référendum sur l'indépendance du Québec – **1995**

Lucien Bouchard
et le PQ au pouvoir
à Québec **(1996-2001)**

Crise du verglas au Québec – **1998**

LE CONTEXTE SOCIOHISTORIQUE

En quarante ans, de 1960 à l'an 2000, le Québec passe de la Révolution tranquille à un mode de vie issu de la mondialisation, évolution si importante qu'on peine à la mesurer. Politiquement, socialement, culturellement, on met dès le début les bouchées doubles afin de rattraper certains retards et de procéder à des changements essentiels. «L'avenir devait, un jour ou l'autre, vaincre les résistances du passé. Et cette victoire des forces historiques devait être d'autant plus brutale que la réaction s'est maintenue longtemps[1].» Bref, le ressac est énorme.

RÉVOLUTION TRANQUILLE ET SUITES

Avec son solennel «Désormais», Paul Sauvé, le successeur de Duplessis, indique la direction à prendre. La page doit être tournée. Il s'y emploie immédiatement. Acceptant des subventions du fédéral que son prédécesseur refusait, sous prétexte que les juridictions appartenaient au Québec, Sauvé lance une série de chantiers et de réformes dans presque tous les secteurs d'activité. Il met par exemple en route un plan d'assurance-santé. Mais il décède après 100 jours au pouvoir. Antonio Barrette, son remplaçant, n'a pas la même envergure.

C'est alors l'élection de 1960. Jean Lesage prend le pouvoir, porté par le slogan «Il faut que ça change!». Il est entouré de ce qu'on a appelé son «équipe du tonnerre». Un ambitieux programme politique encadre son arrivée, préparé les années précédentes surtout par Georges-Émile Lapalme, longtemps chef de l'opposition sous Duplessis.

Au cours des six années qui vont suivre – puisque les libéraux sont réélus en 1962 –, les innovations fondamentales se bousculent. Loi sur l'assurance-hospitalisation, création du ministère des Affaires culturelles, création de la Société générale de financement, nationalisation de l'électricité, création du ministère de l'Éducation, mise sur pied de la Caisse de dépôt et de placement, du Régime des rentes : le paysage prend rapidement la forme de l'État-Providence.

---

1. Jean-Marc PIOTTE, *Un parti pris politique, Montréal,* VLB Éditeur, 1979, p. 34.

Si le slogan «Maintenant ou jamais! Maîtres chez nous» contribue à la réélection des libéraux en 1962, la formule reflète toutefois beaucoup les changements de mentalité qui s'opèrent en général. Car si elle est un processus de rattrapage administratif, la Révolution tranquille constitue en même temps une révolution nationale portée par un véritable mouvement identitaire : on parle de plus en plus d'État-Nation et d'indépendance du Québec. Selon l'historien Jean Hamelin, cette révolution nationale s'étend jusqu'à 1976.

Chose certaine, c'est que des chansonniers tels que Gilles Vigneault ou Raymond Lévesque ne se gênent pas pour parler de «pays» dès le début des années 1960. Des groupes indépendantistes comme le RIN (Ralliement pour l'Indépendance nationale), le RN (Ralliement national), le MSA (Mouvement Souveraineté-Association) et le PQ (Parti québécois) prennent la relève de l'Alliance laurentienne, fondée en 1957. Le FLQ (Front de Libération du Québec), quant à lui, opte pour la voie de la violence de 1963 à 1970. Il attire là sympathie pendant un temps, jusqu'à la mort de Pierre Laporte, durant la crise d'Octobre de 1970.

Avec la Nuit de la poésie et l'émergence de créateurs comme Ferron, Miron, Gauthier, Tremblay, Plamondon, Dubois et autres, la décennie à venir représente un sommet sur le plan de la production culturelle et des réussites à l'étranger. Cela dit, comme nous l'avons déjà précisé, c'est le passage brutal des valeurs sous-jacentes à la religion catholique à d'autres valeurs qui constitue sans doute le principal volet de la Révolution tranquille. Ces nouvelles valeurs sont axées sur un certain matérialisme, la modernité et ce qui se fait ailleurs. Il en découle des phénomènes sociaux souvent obtenus de haute lutte tels que le divorce, la contraception, l'avortement – d'où la baisse du taux de natalité –, mais aussi une forme de vide intérieur et de malaise qui projette les gens vers toutes sortes de solutions de rechange visant à mieux nourrir leur monde intérieur.

« JE N'AI JAMAIS ÉTÉ AUSSI FIER D'ÊTRE QUÉBÉCOIS »

«Je n'ai jamais été aussi fier d'être Québécois», lance René Lévesque, le soir du 15 novembre 1976, alors que le Parti québécois vient d'être élu. Ce soir-là, une page vient de se tourner. Un parti indépendantiste est au pouvoir. Sept députés en 1970 ; 6 en 1973 ; 71 en 1976 : c'est le triomphe. Défait lors des deux dernières élections, Lévesque obtient 22 000 voix de majorité dans le comté de Taillon. « On n'est pas un petit peuple, on est peut-être quelque chose comme un grand peuple ! », déclare-t-il.

Son slogan « On a besoin d'un vrai gouvernement », le PQ s'emploie tout de go à le matérialiser. Projet de loi n° 101 et Charte de la langue française, Loi sur le financement des partis, Loi sur l'assurance-automobile, Loi anti-briseurs de grève, création du ministère de l'Environnement ainsi que de la Régie du logement : autant d'exemples de l'impressionnant bilan législatif dont peut se vanter le parti de Lévesque durant son premier mandat.

Sur le thème « Demain nous appartient » s'enclenchent les préparatifs du référendum de 1980. « Un gouvernement du Parti québécois s'engage à s'assurer par voie de référendum et au moment qu'il jugera opportun, à l'intérieur d'un premier mandat, de l'appui des Québécois sur la souveraineté du Québec », avait prévenu le PQ. Le combat s'annonce féroce.

Menés par Pierre Elliott Trudeau et Claude Ryan, les fédéraux déploient beaucoup d'énergie pour convaincre les Québécois qu'ils doivent continuer à être Canadiens. Les arguments volent parfois bas, misant par exemple sur la peur de voir le niveau de vie baisser ou de perdre des privilèges comme les pensions de vieillesse. En face, on tente de rassurer et de miser sur la fierté nationaliste, mais le « Non » l'emporte par près de 60 % des voix.

« Mes chers amis, si j'ai bien compris, vous êtes en train de me dire : à la prochaine fois », lance René Lévesque avec son sens inouï de la formule, le soir de la défaite. Il ne croit pas si bien dire. Après le rapatriement unilatéral de la Constitution et autres tristes événements comme l'échec de l'Accord constitutionnel du lac Meech de 1987, un second référendum est tenu en 1995 par le gouvernement de Jacques Parizeau. Environ 53 000 voix séparent les deux camps, c'est-à-dire que le « Oui » remporte 49,4 % des voix.

Bien que les irrégularités aient été innombrables en matière de financement permis et d'éligibilité des électeurs, le revers s'explique notamment par le timide appui de francophones de régions comme Québec. Les conséquences de ces deux défaites seront pour leur part plus difficiles à mesurer. Surtout en 1980 mais aussi en 1995, une désillusion et un découragement énormes s'ensuivent chez plusieurs. Les créateurs ne font pas exception à la règle.

Le texte de Pierre Perrault qu'on pourra lire à la fin de cette partie est l'un de ceux qui reflètent bien la déception de nos écrivains et artistes. Cinéaste génial de *La trilogie de l'Île-aux-Coudres,* avec Michel Brault, Perrault exprime son ras-le-bol de nos tergiversations sur le plan politique. La vraie question n'est pas celle de la souveraineté ou de l'indépendance, mais celle du pays, ce mot qu'on n'ose plus prononcer, de notre petit pays. Puis, prophétique, Perrault prévient : assez de «discussions», «d'accommodements», de «commissions». «Car le moment est venu de passer de la parole aux actes», conclut-il.

Pays ou pas, le Québec de l'an 2000 change à vue d'œil, ne serait-ce qu'en raison de son côté multiethnique. Car nombre d'immigrants sont arrivés, arrivent et arriveront, recevant et donnant beaucoup dans cette terre d'accueil. Ils vivent «le naufrage libérateur de l'exil», selon l'expression de Marcel Duchamp, omniprésent dans l'énergie de l'identité québécoise.

L'IDENTITÉ : UN BILAN

Le livre *Les insolences du Frère Untel,* de Jean-Paul Desbiens, paraît en 1960 : il marque une date importante en ce qui a trait à la recherche de notre identité. Paru l'année même du début officiel de la Révolution tranquille, le pamphlet brasse sérieusement la cage de ces gens assis sur deux chaises en les désignant et comme Canadiens français et et comme Québécois. «Cette absence de langue qu'est le joual est un cas de notre inexistence, à nous, les Canadiens français[2]», écrit notamment Desbiens, qui, loin de s'en tenir à cela, propose que la patronne du Québec soit Notre-Dame-de-la-Trouille.

Au même moment, la chanson explose. De partout fusent les auteurs-compositeurs de grand talent et impliqués politiquement. Claude Gauthier écrit par exemple sa chanson *Le grand six pieds,* qui lui vaut le Grand Prix du disque canadien décerné par la station radiophonique CKAC en 1961. Un vers du refrain évoluera au fil des ans : «Je suis de nationalité canadienne-française» devient peu à peu «Je suis de nationalité québécoise française», puis «Je suis de nationalité québécoise».

On ne saura jamais à quel point des chansons comme celles de Gilles Vigneault, Raymond Lévesque et d'autres ont pu promouvoir la cause du Québec. Mais affirmer que «Mon pays ce n'est pas un pays» ou dire à ses compatriotes «Je vous entends

---

2. Jean-Paul DESBIENS, *Les insolences du Frère Untel,* Montréal, Éditions de l'Homme, 1960, p. 26.

demain/Parler de liberté» insuffle un dynamisme certain aux nationalistes et aux indépendantistes. Dans sa chanson *Bozo-les-culottes,* Raymond Lévesque affiche même sa sympathie pour les premiers felquistes qui ont fait sauter quelques bombes ici ou là; le personnage éponyme a été «pogné» par la police et il a été vite oublié.

Parmi les membres du FLQ, Pierre Vallières n'est certes pas le moindre. Son *Nègres blancs d'Amérique* s'impose comme une œuvre majeure. Il y montre que les Noirs américains et les Québécois connaissent le même sort, c'est-à-dire une exploitation éhontée et sans espoir, et que, à part la couleur de la peau et l'origine, rien ne les différencie. Des groupes tels que Parti pris, dont Paul Chamberland est cofondateur, l'ont devancé.

De 1968 à 1976, l'effervescence identitaire est très forte. Avec la montée d'écrivains comme Michèle Lalonde, Michel Tremblay, Gaston Miron, Jacques Ferron et autres, on assiste à un net virage. Les derniers Canadiens français deviennent des Québécois, et ils n'acceptent plus de «se faire manger la laine sur le dos» sur les plans politique, économique et linguistique: on leur répondra en français dans le centre-ville de Montréal.

La Fédération des Sociétés Saint-Jean-Baptiste – qui en 1972 change son nom pour le Mouvement national des Québécois (MNQ) – joue aussi un rôle dans cette évolution. Avec ses nombreux états généraux organisés sur une période d'une quinzaine d'années, le MNQ abandonne toute forme de nationalisme ethno-confessionnel au profit d'une vision territoriale de la communauté politique québécoise. De mouvement à caractère défensif, il passe à un véritable mouvement d'affirmation nationale.

Si l'euphorie accompagnant l'élection du Parti québécois, en 1976, annonce des années de réalisations importantes pour le Québec, une certaine inquiétude sur le plan identitaire est quand même palpable lors des années entourant le référendum perdu de 1981 et celui de 1995. Dans ce «petit pays équivoque», pour reprendre l'expression de Victor-Lévy Beaulieu, on s'interroge sur qui l'on est et sur qui l'on veut vraiment devenir.

Dire que les combats entre fédéralistes et indépendantistes ont laissé des traces profondes est un euphémisme. Les Pierre Elliott Trudeau, Jean Chrétien et autres représentants d'Ottawa ont systématiquement reproché aux René Lévesque, Jacques Parizeau et autres souverainistes leur nationalisme désuet, et ont souvent frappé ainsi l'imagination des indécis. Or, de leur côté, et dès 1968, ils s'étaient pourtant eux-mêmes employés à renforcer une forme de nationalisme canadien coast to coast, mais nationalisme apparemment normal, celui-là, comme si le nationalisme québécois ne pouvait être sain.

Toutes ces années, l'arrivée d'immigrants qui deviendront des Néo-Québécois prend de l'ampleur. Québécois, Québécité, Québécitude, Nous, Nous-autres, Vous-autres, comme l'explique Régine Robin, on se questionne. Robin, par exemple, n'est pas d'ici et se demande si l'on peut vraiment devenir Québécois. Prenons la parole, rendons la parole aux immigrants, écrit-elle, ajoutant : «*Give me a smoked meet – une rencontre fumée.*» Idem pour Marco Micone, d'origine italienne, qui, avec son *Speak what,* fait écho au *Speak white,* de Michèle Lalonde, paru en 1970.

Quant à la religion catholique, son abandon nous a souvent entraînés dans l'ici-maintenant, sans qu'on sache trop par quoi la remplacer. De nouvelles servitudes sont alors nées. Mais la démocratie est fragile. «Son exercice exige la mise en place et le maintien des conditions favorisant le libre-échange des idées. Or notre espace public est tronqué, parce qu'il n'offre pas un cadre politique mettant en perspective tous les éléments contribuant à intégrer l'identité que nous cherchons tant bien que mal à définir[3].»

---

3. Louis-André RICHARD, *La nation sans la religion ? Le défi des ancrages au Québec,* Québec, Presses de l'Université Laval, 2009, p. 11.

CHANSON

GILLES VIGNEAULT (1928-)

Auteur, compositeur, interprète, poète et éditeur, Gilles Vigneault est un phénomène. Né à Natashquan, sur la Côte-Nord, entre la mer et forêt, il crée une œuvre infiniment proche de son passé et de son coin de pays, tout en étant universel et capable de rejoindre les gens des villes ou les plus jeunes. Ses personnages sont truculents et tissent un lien très fort entre hier et aujourd'hui. Touché par la crise d'Octobre 1970, Vigneault prend alors un virage beaucoup plus indépendantiste avec des chansons comme *Lettre de Ti-Cul Lachance* ou *J'ai planté un chêne*. Le nombre des distinctions et prix qu'il reçoit est incalculable, ce qui ne l'empêche pas de conserver une extrême simplicité.

MON PAYS (1964)

Mon pays ce n'est pas un pays c'est l'hiver
Mon jardin ce n'est pas un jardin c'est la plaine
Mon chemin ce n'est pas un chemin c'est la neige
Mon pays ce n'est pas un pays c'est l'hiver

5 Dans la blanche cérémonie
Où la neige au vent se marie
Dans ce pays de poudrerie
Mon père a fait bâtir maison
Et je m'en vais être fidèle
10 À sa manière à son modèle
La chambre d'amis sera telle
Qu'on viendra des autres saisons
Pour se bâtir à côté d'elle

Mon pays ce n'est pas un pays c'est l'hiver
15 Mon refrain ce n'est pas un refrain c'est rafale
Ma maison ce n'est pas ma maison c'est froidure
Mon pays ce n'est pas un pays c'est l'hiver

De mon grand pays solitaire
Je crie avant que de me taire
20 À tous les hommes de la terre
Ma maison c'est votre maison
Entre mes quatre murs de glace
Je mets mon temps et mon espace
À préparer le feu la place
25 Pour les humains de l'horizon
Et les humains sont de ma race

Mon pays ce n'est pas un pays c'est l'hiver
Mon jardin ce n'est pas un jardin c'est la plaine
Mon chemin ce n'est pas un chemin c'est la neige
30 Mon pays ce n'est pas un pays c'est l'hiver

Mon pas ce n'est pas un pays c'est l'envers
D'un pays qui n'était ni pays ni patrie
Ma chanson ce n'est pas ma chanson c'est ma vie
C'est pour toi que je veux posséder mes hivers...[1]

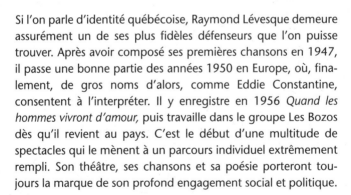

CHANSON

RAYMOND LÉVESQUE (1928-)

Si l'on parle d'identité québécoise, Raymond Lévesque demeure assurément un de ses plus fidèles défenseurs que l'on puisse trouver. Après avoir composé ses premières chansons en 1947, il passe une bonne partie des années 1950 en Europe, où, finalement, de gros noms d'alors, comme Eddie Constantine, consentent à l'interpréter. Il y enregistre en 1956 *Quand les hommes vivront d'amour,* puis travaille dans le groupe Les Bozos dès qu'il revient au pays. C'est le début d'une multitude de spectacles qui le mènent à un parcours individuel extrêmement rempli. Son théâtre, ses chansons et sa poésie porteront toujours la marque de son profond engagement social et politique.

---

1. Gilles VIGNEAULT, *Mon pays*, Les Éditions Le Vent qui Vire, 1964.

BOZO-LES-CULOTTES (1967)

Il flottait dans son pantalon
De là lui venait son surnom
Bozo-les-culottes
Y'avait qu'une cinquième année
5 Il savait à peine compter
Bozo-les-culottes
Comme il baragouinait l'anglais
Comme gardien d'nuit il travaillait
Bozo-les-culottes
10 Même s'il était un peu dingue
Y'avait compris qu'faut être bilingue,
Bozo-les-culottes

Un jour quelqu'un lui avait dit
Qu'on l'exploitait dans son pays
15 Bozo-les-culottes
Qu'les Anglais avaient les bonnes places
Et qu'ils lui riaient en pleine face
Bozo-les-culottes
Y'a pas cherché à connaître
20 Le vrai fond de toute cette affaire
Bozo-les-culottes
Si son élite, si son clergé
Depuis toujours l'avaient trompé
Bozo-les-culottes

25 Y'a volé de la dynamite
Puis dans un quartier plein d'hypocrites
Bozo-les-culottes
Y'a fait sauter un monument
À la mémoire des conquérants
30 Bozo-les-culottes
Tout le pays s'est réveillé
Et puis la police l'a pogné
Bozo-les-culottes
On l'a vite entré en dedans
35 On l'a oublié depuis ce temps
Bozo-les-culottes

Mais depuis que tu t'es fâché
Dans ce pays ça a bien changé
Bozo-les-culottes
40 Nos politiciens à gogo
Font les braves, font les farauds
Bozo-les-culottes
Ils réclament enfin nos droits
Et puis les autres refusent pas
45 Bozo-les-culottes
De peur qu'il y'en ait d'autres comme toi
Qui auraient l'goût de r'commencer
Bozo-les-culottes

Quand tu sortiras de prison
50 Personne voudra savoir ton nom
Bozo-les-culottes
Quand on est d'la race des pionniers
On est fait pour être oublié
Bozo-les-culottes
55 Bozo-les-culottes[2]

ESSAI

PIERRE VALLIÈRES (1938-1998)

Né à Montréal, Pierre Vallières est d'abord journaliste. En 1966, avec Charles Gagnon, il fait la grève de la faim devant l'édifice de l'ONU afin de plaider la cause du Québec ployant sous le joug d'Ottawa. Vallières est emprisonné quatre ans à New York parce qu'il aurait participé à l'explosion d'une bombe ayant entraîné la mort d'une femme. Il profite de ce temps d'incarcération pour écrire *Nègres blancs d'Amérique,* livre-choc qui marquera son époque ; il y encourage ses compatriotes à agir en vue d'instaurer l'indépendance et le socialisme au Québec. Par la suite, il se consacre à des causes qui lui valent d'être traité d'intellectuel ouvriériste, d'internationaliste et de tiers-mondiste.

---

2. Raymond LÉVESQUE, *Quand les hommes vivront d'amour...,* Éditions Typo, 1989.

NÈGRES BLANCS D'AMÉRIQUE (1968)

Être un nègre, ce n'est pas être un homme en Amérique, mais être
l'esclave de quelqu'un. Pour le riche Blanc de l'Amérique yankee,
le nègre est un sous-homme. Même les pauvres Blancs considèrent le nègre comme inférieur à eux. Ils disent : «travailler dur
5 comme un nègre», «sentir mauvais comme un nègre», être dangereux comme un nègre», «être ignorant comme un nègre»...
Très souvent, ils ne se doutent même pas qu'ils sont, eux aussi,
des nègres, des esclaves, des nègres blancs. Le racisme blanc leur
cache la réalité, en leur donnant l'occasion de mépriser un infé-
10 rieur, de l'écraser mentalement, ou de le prendre en pitié. Mais les
pauvres Blancs qui méprisent ainsi le Noir sont doublement
nègres, car ils sont victimes d'une aliénation de plus, le racisme,
qui, loin de les libérer, les emprisonne dans un filet de haines ou
les paralyse dans la peur d'avoir un jour à affronter le Noir dans
15 une guerre civile.

Au Québec, les Canadiens français ne connaissent pas ce racisme
irrationnel qui a causé tant de tort aux travailleurs blancs et aux
travailleurs noirs des États-Unis. Ils n'ont aucun mérite à cela,
puisqu'il n'y a pas, au Québec, de problème noir[3]. La lutte de libé-
20 ration entreprise par les Noirs américains n'en suscite pas moins
un intérêt croissant parmi la population canadienne-française,
car les travailleurs du Québec ont conscience de leur condition de
nègres, d'exploités, de citoyens de seconde classe. Ne sont-ils pas,
depuis l'établissement de la Nouvelle-France, au XVIᵉ siècle, les
25 valets des impérialistes, les «nègres blancs d'Amérique»? N'ont-
ils pas, tout comme les Noirs américains, été importés pour servir
de main-d'œuvre à bon marché dans le Nouveau Monde? Ce qui
les différencie : uniquement la couleur de la peau et le continent
d'origine. Après trois siècles, leur condition est demeurée la
30 même. Ils constituent toujours un réservoir de main-d'œuvre à
bon marché que les détenteurs de capitaux ont toute liberté de
faire travailler ou de réduire au chômage, au gré de leurs intérêts
financiers, qu'ils ont toute liberté de mal payer, de maltraiter et de
fouler aux pieds, qu'ils ont toute liberté, selon la loi, de faire

---

3. C'était vrai en 1960, ce ne l'est plus aujourd'hui (note de Pierre Vallières lors de la
   réédition).

35 matraquer par la police et emprisonner par les juges « dans l'intérêt public », quand leurs profits semblent en danger.

[...]

Il ne s'agit pas, mes amis, d'avoir raison, mais de vaincre l'exploitation de l'homme par l'homme, de vaincre sans se trahir ni trahir
40 les siens. Et pour vaincre demain, il faut commencer à se battre
aujourd'hui. Certes, il faut tout faire pour voir clair. C'est essentiel.
Mais il faut éviter le piège des certitudes imaginaires, des rêves
d'après-guerre. Nous sommes en guerre, et cela depuis des siècles,
contre ceux qui nous exploitent. N'allons pas croire que nous
45 vaincrons un jour par un miracle des dieux. N'attendons pas non
plus de savoir avec précision ce que sera notre monde après notre
révolution. Mais organisons-nous dès maintenant pour que ce
monde soit le plus humain possible. Parce que nous sommes
acculés à faire l'histoire chaque jour, nous ne pouvons pas nous
50 retrouver, du jour au lendemain, dans une société radicalement
transformée sans que nous ayons nous-mêmes opéré cette trans-
formation. Et lequel d'entre nous peut décrire ce qui n'existe pas
encore ? Nous faisons des plans, mais nous savons que ces plans
seront modifiés, améliorés, perfectionnés par notre action, à
55 mesure que nous deviendrons plus lucides et plus aguerris. Et c'est
en donnant aujourd'hui le maximum de nous-mêmes, en prati-
quant aujourd'hui les principes qui sont devenus les nôtres, en
faisant passer à l'action la conscience que nous avons aujourd'hui,
que nous développerons à la fois notre force et notre conscience,
60 que nous deviendrons véritablement responsables et libres.

N'attendons pas d'un messie de solution magique à nos problèmes. Réfléchissons, aiguisons nos outils, retroussons nos
manches, et tous ensemble, au travail ! La révolution, c'est notre
affaire, à nous les nègres. N'attendons ni du pape ni du président
65 des États-Unis un mot d'ordre révolutionnaire pour nous mettre
en marche.

Ce mot d'ordre ne peut venir que de nous, les nègres : blancs,
rouges, noirs, jaunes... les crottés de la Terre[4].

---

4. Pierre VALLIÈRES, *Nègres blancs d'Amérique*, Montréal, Typo, « Essais », 1994.

MICHÈLE LALONDE (1937-)

À partir de l'expression «speak white» – injure d'abord utilisée à l'endroit des esclaves des plantations américaines puis reprise à l'endroit des Canadiens français par les anglophones dès l'époque d'Henri Bourassa –, Michèle Lalonde écrit en 1968 un poème qui sera produit sur scène la même année et rendu célèbre par la Nuit de la poésie, en 1970. Avec des vers comme «nous sommes un peuple inculte et bègue», faisant allusion au rapport de lord Durham (1839) selon lequel les Canadiens français forment un peuple sans histoire, sans littérature et qui doit être assimilé, le texte, qui se veut une dénonciation des colonialismes et des impérialismes, devient vite une sorte d'hymne nationaliste. Les films *La nuit de la poésie* de l'ONF et *Archives de l'âme*, dans lesquels on voit Michèle Lalonde dire son texte, mettent en relief toute la puissance de ce poème.

SPEAK WHITE (1968)

Speak white
il est si beau de vous entendre
parler de Paradise Lost
ou du profil gracieux et anonyme
5 qui tremble dans les sonnets de Shakespeare
nous sommes un peuple inculte et bègue
mais ne sommes pas sourds au génie d'une langue
parlez avec l'accent de Milton et Byron et Shelley et Keats
speak white
10 et pardonnez-nous de n'avoir pour réponse
que les chants rauques de nos ancêtres
et le chagrin de Nelligan

speak white
parlez de choses et d'autres
15 parlez-nous de la Grande Charte
ou du monument à Lincoln
du charme gris de la Tamise
de l'eau rose du Potomac
parlez-nous de vos traditions
20 nous sommes un peuple peu brillant
mais fort capable d'apprécier
toute l'importance des crumpets

ou du Boston Tea Party
mais quand vous really speak white
25 quand vous get down to brass tacks

pour parler du gracious living
et parler du standard de vie
et de la Grande Société
un peu plus fort alors speak white
30 haussez vos voix de contremaîtres
nous sommes un peu durs d'oreille
nous vivons trop près des machines
et n'entendons que notre souffle au-dessus des outils

speak white and loud
35 qu'on vous entende
de Saint-Henri à Saint-Domingue
oui quelle admirable langue
pour embaucher
donner des ordres
40 fixer l'heure de la mort à l'ouvrage
et de la pause qui rafraîchit
et ravigote le dollar

speak white
tell us that God is a great big shot
45 and that we're paid to trust him
speak white
parlez-nous production profits et pourcentages
speak white
c'est une langue riche
50 pour acheter
mais pour se vendre
mais pour se vendre à perte d'âme
mais pour se vendre

ah !
55 speak white
big deal
mais pour vous dire
l'éternité d'un jour de grève
pour raconter
60 une vie de peuple-concierge

mais pour rentrer chez nous le soir
à l'heure où le soleil s'en vient crever au-dessus des ruelles
mais pour vous dire oui que le soleil se couche oui
chaque jour de nos vies à l'est de vos empires
65 rien ne vaut une langue à jurons
notre parlure pas très propre
tachée de cambouis et d'huile

speak white
soyez à l'aise dans vos mots
70 nous sommes un peuple rancunier
mais ne reprochons à personne
d'avoir le monopole
de la correction de langage

dans la langue douce de Shakespeare
75 avec l'accent de Longfellow
parlez un français pur et atrocement blanc
comme au Viêt-Nam au Congo
parlez un allemand impeccable
une étoile jaune entre les dents
80 parlez russe parlez rappel à l'ordre parlez répression
speak white
c'est une langue universelle
nous sommes nés pour la comprendre
avec ses mots lacrymogènes
85 avec ses mots matraques

speak white
tell us again about Freedom and Democracy
nous savons que liberté est un mot noir
comme la misère est nègre
90 et comme le sang se mêle à la poussière des rues d'Alger ou de
Little Rock

speak white
de Westminster à Washington relayez-vous
speak white comme à Wall Street
95 white comme à Watts
be civilized
et comprenez notre parler de circonstance
quand vous nous demandez poliment

how do you do
100 et nous entendez vous répondre
we're doing all right
we're doing fine
we
are not alone

105 nous savons
que nous ne sommes pas seuls[5].

THÉÂTRE

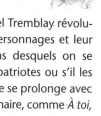

MICHEL TREMBLAY (1942-)

En 1968, avec sa pièce *Les belles-sœurs,* Michel Tremblay révolu-
tionne le théâtre québécois. L'histoire, les personnages et leur
langage entraînent de virulents débats dans desquels on se
demande si Tremblay se moque de ses compatriotes ou s'il les
dépeint avec réalisme. Son univers dramatique se prolonge avec
nombre d'autres pièces tout aussi hors de l'ordinaire, comme *À toi,
pour toujours, ta Marie-Lou* ou *Albertine, en cinq temps,* sans
compter plusieurs romans et récits époustouflants. Signalons les
six romans des *Chroniques du Plateau Mont-Royal,* dont *La grosse
femme d'à côté est enceinte,* le premier, ainsi que l'inoubliable
recueil de récits *Un ange cornu avec des ailes de tôle.*

LES BELLES-SŒURS (1968)

THÉRÈSE DUBUC
Arrêtez donc un peu de vous disputer, chus fatiguée, moé !

DES-NEIGES VERRETTE
Ben oui, c'est fatiquant !

5. Michèle LALONDE, *Speak White,* © Michèle Lalonde, 1968. Enregistrement
   1026556. Reproduction strictement interdite et tous droits réservés.

5

THÉRÈSE DUBUC

Vous allez réveiller ma belle-mère, pis a va recommencer à nous achaler !

GERMAINE LAUZON

C'était d'la laisser chez vous, aussi, vot'belle-mère !

10

THÉRÈSE DUBUC

Germaine Lauzon !

GABRIELLE JODOIN

Ben quoi ! A l'a raison ! On va pas dans une veillée avec une vieille de quatre-vingt-treize ans !

15

LISETTE DE COURVAL

C'est vous, madame Jodoin, qui disiez à votre sœur de se mêler de ses affaires, tout à l'heure !

GABRIELLE JODOIN

Ah ! ben, vous, par exemple, la pincée, lâchez-moé lousse ! Collez
20 vos timbres, pis farmez-la ben juste, parce que sans ça, m'en va vous la fermer ben juste, moé !

Lisette de Courval se lève.

LISETTE DE COURVAL

Gabrielle Jodoin !

25 *Olivine Dubuc, qui joue depuis quelques instants avec un plat d'eau, l'échappe par terre.*

THÉRÈSE DUBUC

Madame Dubuc, attention !

GERMAINE LAUZON

30 Maudite marde ! Mon dessus de table !

ROSE OUIMET

A m'a toute arrosée, la vieille chipie !

THÉRÈSE DUBUC

Oui, vous êtes rien qu'une maudite menteuse, Rose Ouimet !

35

GERMAINE LAUZON

Attention à votre belle-mère, a va tomber !

DES-NEIGES VERRETTE

Ça y'est, la v'la encore à terre !

THÉRÈSE DUBUC

40 V'nez m'aider, quelqu'un !

ROSE OUIMET

Pas moé, en tout cas !

GABRIELLE JODOIN

Ramassez-la tu-seule !

45   ### DES-NEIGES VERRETTE

J'vas vous aider, moé, madame Dubuc.

THÉRÈSE DUBUC

Merci, Mademoiselle Verrette…

GERMAINE LAUZON

50 Pis toé, Linda, t'as besoin de filer doux pour le restant d'la soirée…

LINDA LAUZON

J'ai ben envie de sacrer mon camp…

GERMAINE LAUZON

55 Fais ça, ma p'tite maudite, pis tu r'mettras pus jamais les pieds icitte !

LINDA LAUZON

On les connaît, vos menaces !

LISE PAQUETTE

60 Arrête donc, Linda…

THÉRÈSE DUBUC

T'nez-vous donc un peu, madame Dubuc, raidissez-vous ! Faites pas exiprès pour vous tenir molle !

MARIE-ANGE BROUILLETTE

65 J'vas tirer la chaise…

THÉRÈSE DUBUC

Merci ben…

ROSE OUIMET

Moé, à sa place, j'pousserais pas la chaise pis…

70
GABRIELLE JODOIN

R'commence pas, Rose !

THÉRÈSE DUBUC

Eh ! qu'on a d'la misère…

GABRIELLE JODOIN

75 R'garde la de Courval qui continue à coller ses timbres… La maudite pincée ! A s'occupe de rien ! On n'est pas assez intéressantes
pour elle, j'suppose !

Black out. Projecteur sur Lisette de Courval.

LISETTE DE CORVAL

80 On se croirait dans une basse-cour ! Léopold m'avait dit de ne pas
venir ici, aussi ! Ces gens-là sont pus de notre monde ! Je regrette
assez d'être venue ! Quand on a connu la vie de transatlantique
pis qu'on se retrouve ici, ce n'est pas des farces ! J'me revois, là,
étendue sur une chaise longue, un bon livre de Magali sur les
85 genoux… Pis le lieutenant qui me faisait de l'œil… Mon mari disait
que non, mais y'avait pas tout vu ! Une bien belle pièce d'homme !
J'aurais peut-être dû l'encourager un peu plus… Puis l'Europe ! Le
monde sont donc bien élevés par là ! Sont bien plus polis qu'ici !
On en rencontre pas des Germaine Lauzon, par là ! Y'a juste du
90 grand monde ! À Paris, tout le monde perle bien, c'est du vrai français partout… C'est pas comme icitte… J'les méprise toutes ! Je ne
remettrai jamais les pieds ici ! Léopold avait raison, c'monde-là,
c'est du monde *cheap,* y faut pas les fréquenter, y faut même pas
en parler y faut les cacher ! Y savent pas vivre ! Nous autres on est
95 sortis de là, pis on devrait pus jamais revenir ! Mon Dieu que j'ai
donc honte d'eux-autres[6] !

---

6. Michel TREMBLAY, *Les belles-sœurs,* Montréal, Leméac, 1972.

ROMAN

UN ANGE CORNU AVEC
DES AILES DE TÔLE (1994)

Quant à moi, j'avais enfin une raison de vouloir partir pour la Gaspésie. Maman venait de me faire un superbe cadeau.

Juste avant de partir, elle m'avait pris à part :

« Que c'est que t'apportes comme lecture ?

5 — J'voulais relire les prince Éric, de la collection « Signe de piste »… J'les connais par cœur, mais c'est tellement beau !

— Laisse faire ça. J'ai quelque chose pour toi… J'm'étais juré de jamais lire la même chose que toi après *Patira,* mais là… »

Elle tenait serrés contre elle deux volumes mous, décrépits, aux
10 coins de pages écornés, des livres qui avaient été beaucoup lus et avec passion.

« Lis ça. C'est ta cousine Jeannine qui m'a prêté ça… C'est incroyable. Ça m'a faite… j'peux pas te dire c'que ça m'a faite… Mais j't'avertis, j'veux pas de discussion comme après *Patira,* par
15 exemple ! Si j't'entends dire un seul mot contre ce livre-là, j'te nourris pas pendant le restant de l'été ! »

Bonheur d'occasion de Gabrielle Roy. Je l'avais vu traîner partout dans la maison depuis une semaine, j'avais entendu maman chanter ses louanges avec une voix mouillée ; elle parlait d'une
20 famille Lacasse, de Saint-Henri. Un quartier très éloigné du nôtre et que je ne connaissais pas du tout, de la conscription – mon père m'avait expliqué ce que ça voulait dire –, de la mort injuste d'un enfant dans un hôpital parce que ses parents étaient trop pauvres pour le faire soigner et d'une maison située tellement près des
25 rails du chemin de fer que tout tremblait dans l'appartement des Lacasse quand les trains passaient. Elle parlait d'une grande histoire d'amour interrompue par la guerre et par la couardise du jeune homme, Jean Lévesque, qui disparaissait après avoir séduit l'héroïne, Florentine Lacasse, qui continuait quand même à l'ai-
30 mer, la maudite folle ; d'un mariage malheureux pour que l'enfant de Jean Lévesque ait un père ; du départ de trois hommes de la même famille – le père, le fils, le gendre – pour la guerre à bord du

même train qui les amenait probablement à la mort («Tout le monde sait à c'te heure que nos hommes ont servi de chair à
35 canon pendant le débarquement!»); de la petite misère des Canadiens français pendant la guerre enfin décrite dans un grand roman, aussi grand et aussi beau que les grands romans français que nous aimions tant dans la famille.

«C'est de toute beauté. Tu sais que Gabrielle Roy a gagné un
40 prix, en France, avec ce livre-là, y'a quequ's années, hein? Le prix Fémina. Y paraît que c'est pas aussi important que le prix Concours, mais que c'est ben important quand même…» […]

À l'école, on ne nous faisait lire que très peu d'auteurs du Québec et jamais, absolument jamais, une œuvre complète. Je me sou-
45 viens d'avoir analysé des bouts des *Anciens Canadiens* de Philippe-Aubert de Gaspé – le folklore québécois du dix-neuvième siècle ne m'intéressait pas et je m'ennuyais à mourir –, des extraits de *Andante, Allegro* ou *Adagio* de Félix Leclerc – pour me faire dire, évidemment, que les fables de La Fontaine étaient infiniment
50 supérieures –, j'ai un vague souvenir d'une description du *Survenant* de Germaine Guèvremont, celle, je crois, où le vent soulève les jupes d'Angélina Desmarais – pour me faire dire qu'on ne devrait pas écrire des choses comme celle-là parce qu'elles peuvent porter à plusieurs sortes d'nterprétations –; il fallait que ce soit
55 catholique et édifiant et, avec mes quatorze ans qui ruaient dans les brancards, je commençais à être pas mal tanné des pensées pieuses – les miennes l'étaient si peu! – et des exemples édifiants.

Bonheur d'occasion n'était rien de tout ça, du moins du point de vue de la religion. C'était la première fois que je lisais un roman
60 écrit dans ma ville où la vertu et le bon ordre ne régnaient pas en maîtres absolus, où la religion catholique ne répondait pas à toutes les questions, où Dieu n'était pas automatiquement au bout de chaque destin, et je n'en revenais pas. Le chaos existait donc à Montréal ailleurs que dans mon âme? Je n'étais pas tout
65 seul dans mon coin à commencer à soupçonner qu'on nous mentait, qu'on nous trompait depuis toujours?

Il n'y avait pas de morale dans le livre de Gabrielle Roy, la pauvreté ne s'expliquait pas, la lâcheté n'était pas punie, une jeune fille enceinte n'était pas coupable d'un ineffaçable péché, la guerre
70 n'était pas une mission noble pour sauver la démocratie mais une monstruosité qui écrasait les petits et protégeait les riches.

Je trouvais dans *Bonheur d'occasion* des réponses aux questions que je commençais à me poser, je côtoyais des êtres qui me ressemblaient, qui s'exprimaient comme moi, qui se débattaient
75 comme mes parents, qui subissaient l'injustice sans trouver d'issue et qui, parfois, payaient de leur vie les erreurs des autres.

Maman avait parlé de chair à canon. C'est donc ça que ça voulait dire ! Des ouvriers comme mon père qui partaient pour la guerre non pas pour sauver la France ou l'Angleterre des griffes des
80 méchants nazis – on était bien loin de King et de Biggles – mais pour faire vivre leur famille parce qu'ils ne trouvaient pas de travail dans leur propre pays, et qu'on envoyait se faire massacrer aux premières lignes parce qu'ils n'avaient pas d'éducation ?

Bonheur d'occasion était donc un livre *athée* comme certains de
85 ces romans français que lisait ma mère presque en cachette (« C'est pas de ton âge ! ») et qu'avait lus ma grand-mère Tremblay avant elle ! Et pourquoi m'avait-elle fait lire celui-là ?

Je regardais de plus près, je scrutais les longues descriptions des états d'âme des personnages : Rose-Anna Lacasse qui donnait
90 naissance à un bébé le jour du mariage de sa fille tout en s'abîmant dans la douleur de la perte prochaine de son Daniel, huit ans, qui se mourait lentement de leucémie ; Florentine qui épousait Emmanuel Létourneau sans lui dire qu'elle ne pourrait jamais l'aimer et qu'elle était enceinte de Jean Lévesque ; Azarius Lacasse
95 qui, à trente-neuf ans, entrait dans l'armée pour que sa famille puisse manger, et je me disais : « C'est ça, la vie, la vraie vie, y'a pas d'explications à l'injustice ni de solution ! Le bon Dieu va pas apparaître comme Superman pour sauver tout le monde, ces personnages-là sont perdus ! » Et tout ça, cette grande tragédie du petit
100 monde, ne se passait pas dans un lointain Paris du dix-neuvième siècle pendant les colossales transformations d'Haussmann ni dans les tranchées de la Berezina pendant les guerres napoléoniennes, mais chez moi, dans ma langue à moi, dans ma sensibilité à moi, dans ma compréhension du monde à moi, si insignifiante fût-elle.

105 J'étais plus que simplement bouleversé par la grande qualité de l'écriture et le sens dramatique de l'auteur, j'étais pâmé, reconnaissant de l'existence même d'une œuvre aussi forte écrite dans mon pays, dans mon fond de province, dans ma ville !

La chose était donc possible ! [...]

110   Je terminai donc la lecture de *Bonheur d'occasion* la nuit suivante, enfermé dans les toilettes, parfois assis sur la lunette, parfois étendu dans la baignoire. La fin me bouleversa plus que tout
le reste. Les trois hommes de la même famille partant pour la
guerre pour les mauvaises raisons ; Florentine, nouvelle mariée
115 malheureuse, entrevoyant son Jean Lévesque, le chien sale, de
l'autre côté de la rue et décidant une fois pour toutes de ne plus
courir après lui ; Rose-Anna donnant naissance à un pauvre petit
condamné dont le sort ne serait pas différent de celui des autres
membres de sa famille, cette noirceur pesante de la tragédie ouvrière
120 élevée à la hauteur des grandes tragédies européennes par l'immense talent de Gabrielle Roy, tout ça, le malheur d'un côté, le talent
pour le raconter de l'autre, me remuait jusqu'au fond de l'âme, et je
passai une partie de la nuit à pleurer. Sur le sort de la famille Lacasse,
bien sûr. Mais, pour la première fois de ma vie, sur notre sort col-
125 lectif de petit peuple perdu d'avance, abandonné, oublié dans l'indifférence générale, noyé dans la Grande Histoire des autres et dont on
ne se rappelait que lorsqu'on avait besoin de chair à canon. [...]

   Mais je n'ai pas vu le soleil se lever sur le rocher percé, ce matin-
là ; je dormais profondément, les deux volumes de *Bonheur d'occa-*
130 *sion* serrés contre moi. J'avais trouvé la première idole de ma vie
issue de mon propre pays et aucun paysage, fût-il le plus grandiose du monde, ne pouvait rivaliser avec l'impression de bien-
être que je ressentais[7].

POÉSIE

PAUL CHAMBERLAND (1939-)

Prix Athanase-David 2007, auteur de dizaines d'ouvrages depuis
cinq décennies, professeur retraité de l'UQAM, cofondateur de
la revue *Parti pris,* Paul Chamberland publie en 2008 des carnets
intimes regroupés sous le titre *Cœur creuset.* Il continue d'y
défendre l'humain et la planète, après une période plus révolutionnaire au cours de laquelle il s'est impliqué pour l'indépendance du Québec dans des recueils comme *Terre Québec* ou *L'afficheur hurle,* qui commence avec le beau passage qui suit.

---

7.   Michel TREMBLAY, *Un ange cornu avec des ailes de tôle,* Montréal, Leméac, 1994.

L'AFFICHEUR HURLE (1969)

j'écris à la circonstance de ma vie et de la tienne et
        de la vôtre ma femme mes camarades
j'écris le poème d'une circonstance mortelle inéluctable
ne m'en veuillez pas de ce ton familier de ce langage
5   parfois gagné par des marais de silence
je ne sais plus parler
je ne sais plus que dire
la poésie n'existe plus
que dans des livres anciens tout enluminés belles voix
10   d'orchidées aux antres d'origine parfums de dieux
        naissants
moi je suis pauvre et de mon nom et de ma vie
je ne sais plus que faire sur la terre
comment saurais-je parler dans les formes avec les
15   intonations qu'il faut les rimes les grands rythmes
        ensorceleurs de choses et de peuples

je ne veux rien dire que moi-même
cette vérité sans poésie moi-même
ce sort que je me fais cette mort que je me donne
20 parce que je ne veux pas vivre à moitié dans
        ce demi-pays
dans ce monde à moitié balancé dans le charnier
        des mondes[8]

POÉSIE

GASTON MIRON (1928-1996)

Cofondateur des éditions de l'Hexagone en 1953, Gaston Miron
écrit pendant des années des poèmes à gauche et à droite, et les
fait connaître en les récitant de sa voix de stentor. En 1970, ces
textes sont réunis dans *L'homme rapaillé* : sa notoriété s'accroît et
s'étend aussitôt à l'étranger. Certains de ces poèmes allient tradition et modernité de façon extrêmement efficace, y compris

8. Paul CHAMBERLAND, *Terre Québec* suivi de *L'afficheur hurle* et de *L'inavouable,* Montréal,
Éditions Typo, 2003.

sur le plan du langage. Fervent indépendantiste à tendance socialiste, Miron s'implique aussi activement dans toutes sortes de regroupements ou de manifestations qui servent ses causes, déployant de formidables qualités d'animateur qui ne sont pas étrangères au renom qu'il acquiert.

SUR LA PLACE PUBLIQUE
RECOURS DIDACTIQUE (1970)

Mes camarades au long cours de ma jeunesse
si je fus le haut-lieu de mon poème, maintenant
je suis sur la place publique avec les miens
et mon poème a pris le mors obscur de nos combats

5 Longtemps je fus ce poète au visage conforme
qui frissonnait dans les parallèles de ses pensées
qui s'étiolait en rage dans la soie des désespoirs
et son cœur raillait de haut la crue des injustices

Maintenant je sais nos êtres en détresse dans le siècle
10 je vois notre infériorité et j'ai mal en chacun de nous

Aujourd'hui sur la place publique qui murmure
j'entends la bête tourner dans nos pas
j'entends surgir dans le grand inconscient résineux
les tourbillons des abattis de nos colères

15 Mon amour, tu es là, fière dans ces jours
nous nous aimons d'une force égale à ce qui nous sépare
la rance odeur de métal et d'intérêts croulants
tu sais que je peux revenir et rester près de toi
ce n'est pas le sang, ni l'anarchie ou la guerre
20 et pourtant je lutte, je te le jure, je lutte
parce que je suis en danger de moi-même à toi
et tous deux le sommes de nous-mêmes aux autres

Les poètes de ce temps montent la garde du monde
car le péril est dans nos poutres, la confusion
25 une brunante dans nos profondeurs et nos surfaces
nos consciences sont éparpillées dans les débris
de nos miroirs, nos gestes des simulacres de libertés
je ne chante plus je pousse la pierre de mon corps

Je suis sur la place publique avec les miens
30 la poésie n'a pas à rougir de moi
j'ai su qu'une espérance soulevait ce monde jusqu'ici[9]

L'OCTOBRE (1970)

L'homme de ce temps porte le visage de la Flagellation
et toi, Terre de Québec, Mère Courage·
dans ta Longue Marche, tu es grosse
de nos rêves charbonneux douloureux
5 de l'innombrable épuisement des corps et des âmes

je suis né ton fils par en haut là-bas
dans les vieilles montagnes râpées du Nord
j'ai mal et peine ô morsure de naissance
cependant qu'en mes bras ma jeunesse rougeoie

10 voici mes genoux que les hommes nous pardonnent
nous avons laissé humilier l'intelligence des pères
nous avons laissé la lumière du verbe s'avilir
jusqu'à la honte et au mépris de soi dans nos frères
nous n'avons pas su lier nos racines de souffrance
15 à la douleur universelle dans chaque homme ravalé

je vais rejoindre les brûlants compagnons
dont la lutte partage et rompt le pain du sort commun
dans les sables mouvants des détresses grégaires

nous te ferons, Terre de Québec
20 lit des résurrections
et des mille fulgurances de nos métamorphoses
de nos levains où lève le futur
de nos volontés sans concessions
les hommes entendront battre ton pouls dans l'histoire
25 c'est nous ondulant dans l'automne d'octobre
c'est le bruit roux de chevreuils dans la lumière
l'avenir dégagé

l'avenir engagé[10]

---

9. Gaston MIRON, *L'homme rapaillé,* Montréal, Éditions Typo, 1998.
10. *Idem*, p. 62.

FRONT DE LIBÉRATION DU QUÉBEC (1970)

Le soir du 8 octobre 1970, le Manifeste du Front de libération du Québec est lu à la chaîne de télévision de Radio-Canada : c'est l'une des conditions posées pour la libération du diplomate britannique James Richard Cross, enlevé trois jours plus tôt. Un vif courant de sympathie s'ensuit pour ce texte qui relate la situation politique et sociale du peuple québécois. L'enlèvement et la mort du ministre Pierre Laporte, dans les jours qui suivent, changent cependant la donne. De partout, on condamne l'action du FLQ, dont l'existence va s'éteindre dans les faits.

MANIFESTE (1970)

Le Front de libération du Québec n'est pas le messie, ni un Robin des bois des temps modernes. C'est un regroupement de travailleurs québécois qui sont décidés à tout mettre en œuvre pour que le peuple du Québec prenne définitivement en main son destin.

5   Le Front de libération du Québec veut l'indépendance totale des Québécois, réunis dans une société libre et purgée à jamais de sa clique de requins voraces, les big boss patroneux et leurs valets qui ont fait du Québec leur chasse gardée du *cheap labor* et de l'exploitation sans scrupules.

10   Le Front de libération du Québec n'est pas un mouvement d'agression, mais la réponse à une agression, celle organisée par la haute finance par l'entremise des marionnettes des gouvernements fédéral et provincial (le *show* de la Brinks, le *bill* 63, la carte électorale, la taxe dite de progrès social, Power Corporation, l'assurance-
15 médecins, les gars de Lapalme...)

Le Front de libération du Québec s'autofinance d'impôts volontaires prélevés à même les entreprises d'exploitation des ouvriers (banques, compagnies de finance, etc.)

« Les puissances d'argent du *statu quo,* la plupart des tuteurs
20 traditionnels de notre peuple, ont obtenu la réaction qu'ils espéraient, le recul plutôt qu'un changement pour lequel nous avons travaillé comme jamais ; pour lequel on va travailler. » (René Lévesque, 29 avril 1970.)

La « *democracy* » des riches

25   Nous avons cru un moment qu'il valait la peine de canaliser nos
énergies, nos impatiences comme le dit si bien René Lévesque,
dans le Parti Québécois, mais la victoire libérale montre bien que
ce qu'on appelle démocratie au Québec n'est en fait et depuis toujours que la «*democracy*» des riches. La victoire du Parti libéral
30   en ce sens n'est en fait que la victoire des faiseurs d'élections
Simard-Cotroni. En conséquence, le parlementarisme britannique, c'est bien fini et le Front de libération du Québec ne se laissera jamais distraire par les miettes électorales que les capita-
listes anglo-saxons lancent dans la basse-cour québécoise à tous
35   les quatre ans. Nombre de Québécois ont compris et ils vont agir.
Bourassa dans l'année qui vient va prendre de la maturité : 100 000
travailleurs révolutionnaires organisés et armés !

Oui, il y en a des raisons à la victoire libérale. Oui, il y en a des
raisons à la pauvreté, au chômage, aux taudis, au fait que vous
40   M. Bergeron de la rue Visitation et aussi vous M. Legendre de Ville
de Laval, qui gagnez 10 000 dollars par année, vous ne vous sen-
tiez pas libres en notre pays le Québec.

Oui, il y en a des raisons, et les gars de la Lord les connaissent,
les pêcheurs de la Gaspésie, les travailleurs de la Côte Nord, les
45   mineurs de la Iron Ore, de Québec Cartier Mining, de la Noranda
les connaissent eux aussi ces raisons. Et les braves travailleurs de
Cabano que l'on a tenté de fourrer une fois de plus en savent des
tas de raisons.

Les « vaisseaux d'or »

50   Oui, il y en a des raisons pour que vous, M. Tremblay de la rue
Panet et vous, M. Cloutier qui travaillez dans la construction à
Saint-Jérôme, vous ne puissiez vous payer des «Vaisseaux d'or»
avec de la belle zizique et tout le fling flang comme l'a fait Dra-
peau-l'aristocrate, celui qui se préoccupe tellement des taudis
55   qu'il a fait placer des panneaux de couleurs devant ceux-ci pour
ne pas que les riches touristes voient notre misère.

Oui, il y en a des raisons pour que vous, Madame Lemay de
St-Hyacinthe, vous ne puissiez vous payer des petits voyages en
Floride comme le font avec notre argent tous les sales juges et
60   députés.

Les braves travailleurs de la Vickers et ceux de la Davie Ship les savent ces raisons, eux à qui l'on n'a donné aucune raison pour les crisser à la porte. Et les gars de Murdochville que l'on a écrasés pour la seule et unique raison qu'ils voulaient se syndiquer et à 65 qui les sales juges ont fait payer plus de deux millions de dollars parce qu'ils avaient voulu exercer ce droit élémentaire. Les gars de Murdochville la connaissent la justice et ils en connaissent des tas de raisons.

Oui, il y en a des raisons pour que vous, M. Lachance de la rue 70 Sainte-Marguerite, vous alliez noyer votre désespoir, votre rancœur et votre rage dans la bière du chien à Molson. Et toi, Lachance fils avec tes cigarettes de mari...

Des tas de raisons

Oui, il y en a des raisons pour que vous, les assistés sociaux, on 75 vous tienne de génération en génération sur le bien-être social. Il y en a des tas de raisons, les travailleurs de la Domtar à Windsor et à East Angus les savent. Et les travailleurs de la Squibb et de la Ayers et les gars de la Régie des Alcools et ceux de la Seven-Up et de Victoria Précision, et les cols bleus de Laval et de Montréal et 80 les gars de Lapalme en savent des tas de raisons.

Les travailleurs de Dupont of Canada en savent eux aussi, même si bientôt ils ne pourront que les donner en anglais (ainsi assimilés, ils iront grossir le nombre des immigrants, Néo-Québécois, enfants chéris du *bill* 63).

85 Et les policiers de Montréal auraient dû les comprendre ces raisons, eux qui sont les bras du système ; ils auraient dû s'apercevoir que nous vivons dans une société terrorisée parce que sans leur force, sans leur violence, plus rien ne fonctionnait le 7 octobre !

90 Le fédéralisme « canadian »

Nous en avons soupé du fédéralisme canadien qui pénalise les producteurs laitiers du Québec pour satisfaire aux besoins anglo-saxons du Commonwealth ; qui maintient les braves chauffeurs de taxi de Montréal dans un état de demi-esclaves en protégeant 95 honteusement le monopole exclusif à l'écœurant Murray Hill et de son propriétaire-assassin Charles Hershorn et de son fils Paul qui, à maintes reprises, le soir du 7 octobre, arracha des mains de ses

employés le fusil de calibre 12 pour tirer sur les chauffeurs et
blesser ainsi mortellement le caporal Dumas, tué en tant que
100 manifestant; qui pratique une politique insensée des importa-
tions en jetant un à un dans la rue des petits salariés des textiles
et de la chaussure, les plus bafoués au Québec, aux profits d'une
poignée de maudits *money makers* roulant en Cadillac; qui classe
la nation québécoise au rang des minorités ethniques du Canada.

105   Nous en avons soupé, et de plus en plus de Québécois également,
d'un gouvernement de mitaines qui fait mille et une acrobaties
pour charmer les millionnaires américains en les suppliant de
venir investir au Québec, la Belle Province, où des milliers de milles
carrés de forêts remplies de gibier et de lacs poissonneux sont
110 la propriété exclusive de ces mêmes Seigneurs tout-puissants du
XXᵉ siècle;

    Les blindés de la Brinks

    D'un hypocrite à la Bourassa qui s'appuie sur les blindés de la
Brinks, véritable symbole de l'occupation étrangère au Québec,
115 pour tenir les pauvres *natives* québécois dans la peur de la misère
et du chômage auxquels nous sommes tant habitués;

    De nos impôts que l'envoyé d'Ottawa au Québec veut donner
aux *boss* anglophones pour les « inciter », ma chère, à parler français, à négocier en français: repeat after me : « *cheap labor means*
120 main-d'œuvre à bon marché ».

    Des promesses de travail et de prospérité, alors que nous serons
toujours les serviteurs assidus et les lèche-bottes des *big shot,*
tant qu'il y aura des Westmount, des Town of Mount-Royal, des
Hampstead, des Outremont, tous ces véritables châteaux forts de
125 la haute finance de la rue Saint-Jacques et de la Wall Street, tant
que nous tous, Québécois, n'aurons pas chassé par tous les
moyens, y compris la dynamite et les armes, ces *big boss* de l'économie et de la politique, prêts à toutes les bassesses pour mieux
nous fourrer.

130   Nous vivons dans une société d'esclaves terrorisés, terrorisés
par les grands patrons, Steinberg, Clark, Bronfman, Smith, Neapole,
Timmins, Geoffrion, J.-L. Lévesque, Hershorn, Thompson, Nesbitt,
Desmarais, Kierans (à côté de ça, Rémi Popol la garcette, Drapeau
le dog, Bourassa le serin des Simard, Trudeau la tapette, c'est des
135 peanuts !).

Les grands maîtres de la consommation

Terrorisés par l'église capitaliste romaine, même si ça paraît de moins en moins (à qui appartient la Place de la Bourse ?), par les paiements à rembourser à la Household Finance, par la publicité
140 des grands maîtres de la consommation Eaton, Simpson, Morgan, Steinberg, General Motors... ; terrorisés par les lieux fermés de la science et de la culture que sont les universités et par leurs singes-directeurs Gaudry et Dorais et par le sous-singe Robert Shaw. Nous sommes de plus en plus nombreux à connaître et à subir
145 cette société terroriste et le jour s'en vient où tous les Westmount du Québec disparaîtront de la carte.

Travailleurs de la production, des mines et des forêts ; travailleurs des services, enseignants et étudiants, chômeurs, prenez ce qui vous appartient, votre travail, votre production et votre
150 liberté. Et vous, les travailleurs de la General Electric, c'est vous qui faites fonctionner vos usines ; vous seuls êtes capables de produire ; sans vous, General Electric n'est rien !

Travailleurs du Québec, commencez dès aujourd'hui à reprendre ce qui vous appartient ; prenez vous-mêmes ce qui est à vous.
155 Vous seuls connaissez vos usines, vos machines, vos hôtels, vos universités, vos syndicats ; n'attendez pas d'organisation-miracle.

Faites votre révolution.

Faites vous-mêmes votre révolution dans vos quartiers, dans vos milieux de travail. Et si vous ne la faites pas vous-mêmes,
160 d'autres usurpateurs technocrates ou autres remplaceront la poignée de fumeurs de cigares que nous connaissons maintenant et tout sera à refaire. Vous seuls êtes capables de bâtir une société libre.

Il nous faut lutter, non plus un à un, mais en s'unissant, jusqu'à
165 la victoire, avec tous les moyens que l'on possède comme l'ont fait les Patriotes de 1837-1838 (ceux que Notre Sainte Mère l'Église s'est empressée d'excommunier pour mieux se vendre aux intérêts britanniques).

Qu'aux quatre coins du Québec, ceux qu'on a osé traiter avec
170 dédain de *lousy French* et d'alcooliques entreprennent vigoureusement le combat contre les matraqueurs de la liberté et de la justice et mettent hors d'état de nuire tous ces professionnels du

hold-up et de l'escroquerie : banquiers, businessmen, juges et politicailleurs vendus.

175   Nous sommes des travailleurs québécois et nous irons jusqu'au bout. Nous voulons remplacer avec toute la population cette société d'esclaves par une société libre, fonctionnant d'elle-même et pour elle-même, une société ouverte sur le monde.

Notre lutte ne peut être que victorieuse. On ne tient pas long-
180 temps dans la misère et le mépris un peuple en réveil.

Vive le Québec libre !

Vive les camarades prisonniers politiques !

Vive la révolution québécoise !

Vive le Front de libération du Québec !

CHANSON

PAULINE JULIEN (1928-1998)

Surnommée La Passionaria du Québec, Pauline Julien s'illustre au théâtre et au cinéma, après s'être perfectionnée à Paris. Pendant ce séjour en France, au début des années 1950, elle fréquente les nombreuses boîtes et cafés de la Rive-Gauche. C'est là qu'elle découvre l'existentialisme ainsi que les Boris Vian, Léo Ferré, Kurt Weill et autres. À son retour, en 1958, elle se consacre de plus en plus à la chanson, remportant succès et distinctions même à l'étranger. Ses interprétations et les textes qu'elle écrit prônent l'indépendance et le féminisme. Elle est emprisonnée pendant la crise d'Octobre 1970, tout comme Gérald Godin, son compagnon. Atteinte d'aphasie dégénérative, elle se suicide en 1998.

EILLE (1970)

Eille les pacifistes,
Eille les silencieux
Eille la majorité où êtes-vous donc

Du fond des prisons
5 Du fond de l'injustice
Ils crient vers vous

Eille seriez-vous si aveugles
Eille seriez-vous à plat ventre
Eille seriez-vous si peureux

10 Que vous ne verriez pas
Votre frère emmuré
Votre sœur emprisonnée

Pourquoi est-il si long, long le chemin de la liberté

Chaque jour on nous ment
15 Chaque jour on nous méprise
Chaque jour on nous vend

C'est assez de se laisser manger la laine sur le dos
C'est assez de se taire

Pourquoi est-il si long, long le chemin de la liberté
20 Eille ceux qui sympathisent en silence
Eille ceux qui disent tant mieux
Eille ceux qui se réjouissent
Eille ceux qui dénoncent
Eille les bien-pensants
25 Eille les pas inquiétés
Eille eille la majorité silencieuse

Où êtes-vous donc
Où sommes-nous donc
C'est aujourd'hui qu'il faut chasser la peur
30 Qu'il faut s'emparer de la vie
C'est aujourd'hui qu'il faut vivre debout

Eille, eille, eille la majorité si c'était vous
Eille, eille, eille la majorité si c'était nous

Eille, eille, eille la majorité si c'était vous
35 Eille, eille, eille la majorité si c'était nous[11].

---

11. Michel RHEAULT, *Les voies parallèles de Pauline Julien,* Montréal, VLB Éditeur, 1993, p. 103-104.

CHANSON

CLAUDE GAUTHIER (1939-)

Premier chansonnier, après Félix Leclerc, à produire un disque au Québec, Claude Gauthier est un auteur-compositeur qui a su mener une carrière discrète mais impressionnante grâce à des chansons parfaitement ciselées tant pour les paroles que pour la musique. Sa chanson *Le plus beau voyage* – dont Yvan Ouellet cosigne la musique – reflète son engagement politique en faveur d'un Québec libre et indépendant. Elle joue un rôle dans l'élection du Parti québécois, le 15 novembre 1976, et devient une sorte d'hymne, de symbole, pour beaucoup de souverainistes de cette époque et d'aujourd'hui.

LE PLUS BEAU VOYAGE (1972)

J'ai refait le plus beau voyage
De mon enfance à aujourd'hui
Sans un adieu, sans un bagage,
Sans un regret ou nostalgie

5 J'ai revu mes appartenances,
Mes trente-trois ans et la vie
Et c'est de toutes mes partances
Le plus heureux flash de ma vie !

Je suis de lacs et de rivières
10 Je suis de gibier, de poissons
Je suis de roches et de poussières
Je ne suis pas des grandes moissons
Je suis de sucre et d'eau d'érable
De Pater Noster, de Credo

15 Je suis de dix enfants à table
Je suis de janvier sous zéro

Je suis d'Amérique et de France
Je suis de chômage et d'exil
Je suis d'octobre et d'espérance
20 Je suis une race en péril
Je suis prévu pour l'an deux mille
Je suis notre libération

Comme des millions de gens fragiles
À des promesses d'élection
25 Je suis l'énergie qui s'empile
D'Ungava à Manicouagan

Je suis Québec mort ou vivant![12]

RÉCIT

JACQUES FERRON (1921-1985)

Essayiste, romancier, conteur et dramaturge né à Louiseville, en
Mauricie, Jacques Ferron pratique la médecine en Gaspésie ainsi
que dans la région de Montréal. Pour plusieurs, il s'agit du plus
grand de nos écrivains québécois, et sa connaissance du pays et
de l'histoire est sidérante. Il n'hésite jamais à s'impliquer politiquement et socialement au profit de causes connexes à l'indépendance ou à la justice sociale, par exemple en fondant le parti
Rhinocéros en 1963. Le récit qui suit s'inscrit dans la foulée
d'autres textes reliés à son folklore personnel dans lesquels
Ferron explique que, dans sa théorie du moi, le salut individuel
ne peut se concevoir en dehors du salut collectif.

AUTRE FRAGMENT (1973)

Ne pas avoir le moi étanche et couler dans l'ambiance, c'est une
façon d'y aller voir. Le moi, les autres : antinomie. Les autres se
présentent par le dehors ; ils font partie de la nature. Le moi se
voit par le dedans ; j'y suis pris et seul ; si je déambule, je trans-
5 porte le terminus. Que les autres et Bellita aient un moi, c'est possible, mais je n'y suis pas allé voir, comment faire ? Ç'aurait été
indiscret.

Que le moi québécois soit sans profondeur et qu'on n'y des-
cende pas sans couler dans la nationalité : stratagème politique ?
10 piège tendu à de gentils universitaires ? Mais non, c'est le seul
usage intelligent qu'on puisse en faire en ce pays.

---

12. Claude Gauthier, *Le plus beau voyage*, Montréal, Leméac, 1975, p. 185-186.

J'ai une faiblesse pour les romanciers anglais. J'ouvre un D.H. Lawrence, le plus court, *Île, mon île!* C'est vraiment agréable l'amour et le culte qu'on lui voue en Angleterre. Voyez comme le
15 lit est solide! D.H. Lawrence a vécu à une époque où un Anglais n'avait guère de questions à se poser sur son pays. Ici la situation est tout autre; les petits amoureux, on les mobilise pour qu'ils fassent ça de telle manière que... Et c'est le bordel irlandais qui recommence, lieu de prédication s'il en fut! Vous me demandez ce
20 qu'est le Québec: c'est un monstre qui bouffe tout pour savoir ce qu'il est; il est devenu prétexte.

L'important n'est pas de savoir qui je suis, mais d'apprendre dans quelle saumure je marine. Voici que là-dessus ma fille Chaouac m'écrit d'Éthiopie: «L'indépendance c'est assez amusant; elle me
25 met en vedette. Dès que le vieux gentleman d'Angleterre a appris que je suis québécoise, il rapplique pour savoir ce que j'en pense – Yes, of course! Ça porte et je jubile. Mais est-ce que tu y crois vraiment? Et puis, être québécoise avec passeport canadien et protection britannique, ça m'engage à quoi? Qui suis-je au juste?
30 et que dois-je faire?»

Comment répondre? À vrai dire je ne suis pas tellement désireux de trouver les définitions: elles restreignent nécessairement. Et puis quand il s'agit d'un pays, tout n'est pas de connaître, il faut encore le faire reconnaître et réussir les deux opérations en un
35 seul temps; sans oublier qu'à le connaître on le modifie et que reconnu il ne sera plus le même. Je ne marine pas dans une soupière sur laquelle il s'agirait de coller une étiquette frauduleuse: le Québec me charrie rudement. Enfin je ne jurerais pas que j'y suis seul. Ma théorie du moi n'est peut-être pas complète. Com-
40 mode, oui certes: je l'aurais inventée pour me faufiler dans une émeute que je n'aurais pas fait mieux. «Comment voulez-vous que je m'attroupe, cher Monsieur Szabo? Je suis Moi, l'unique au monde, donc seul.» Et c'est vrai jusqu'à un certain point, mais si je fais un pas de plus, je m'arrête, j'écoute et j'entends d'autres pas
45 qui confirment le mien. Pour que le moi soit vivable et que, tout en restant solitude, il soit foule, il soit peuple, il faut lui adjoindre une autre théorie, celle de la complicité. Mes complices, je ne suis pas tellement intéressé à savoir qui ils sont. Il vaut mieux que j'en sache le moins possible. Leur complicité suffit. «Un tel? Je ne
50 connais pas ou si peu.» Mais quand je fais mon pas, il fait le sien et

quand il y va du sien, j'emboîte le mien. C'est tout. L'air de rien, cela peut devenir l'amitié secrète de tout un peuple pour lui-même. Elle seule compterait, le reste ne serait que feintes et parades. Monsieur Ryan écrit ceci, Monsieur Cloutier fait cela, aucune
55 importance, surveillez plutôt les pieds ; parfois malgré eux, sans se rendre compte, ils avanceront d'un pas : ne leur demandez pas davantage. La complicité, c'est la nuit qui se moque du jour et reste derrière lui, insaisissable, insidieuse... Cher Monsieur Trudeau, elle vous mine ; vous êtes devenu grotesque ; dans un
60 an ou deux vous ne serez plus rien... L'eau québécoise. S'édifier sur le fluide. En attendant, naviguer. Faire le point. Situer au Québec le centre du monde, l'opération la plus simple de la géométrie dans l'espace ; il suffit d'un dilemme : vous privilégiez l'endroit du monde qui vous porte ou bien vous êtes un signi
65 fiant. Cela fait, vous pouvez vous donner des ouvertures sur le monde... Mais il arrive souvent que par modestie vous préfériez l'insignifiance.

En tout cas, tout récemment encore, nos ouvertures sur le monde étaient rares et en Éthiopie plutôt fermées, qu'on en juge par *L'aquarium,* roman forain où l'on ne voit de ce pays que l'en
70 vers occidental, partout le même de par le monde, cirque Barnum des races supérieures où le héros québécois reste sous verre le temps du livre pour s'échapper à la fin, non pas d'une Éthiopie où il n'est pas entré, mais de l'Europe et des USA qui l'avaient embauché, mystifié. Godbout ne part jamais ; il revient. Son livre, somme
75 toute, est une excellente introduction au Québec.

J'ai répondu à ma fille qu'un prétexte restait toujours un prétexte et qu'il fallait en juger par le résultat. Or elle venait de m'apprendre qu'elle était restée à table avec les Africaines quand les Européennes, outragées pour bien peu, en étaient sorties : on leur
80 avait poussé les patates en leur disant que c'était de la bouillie pour les veaux et pour elles. La surveillante t'interrogea : tu n'avais rien vu, rien entendu. Non seulement tu restais à ta place, mais ton silence disait ton opinion de la criaillerie de ces blanches. Tu sortais du ghetto occidental pour entrer en Éthiopie ; mieux
85 que le passeport canadien et les privilèges de l'Empire, tu avais le laissez-passer québécois. Tu n'as pas à te demander qui tu es : tu te stopperais en cours de route ; continue, tu finiras bien par le savoir.

« L'indépendance une fois décidée disparaît du paysage ; on n'y
90 pense plus, on la fait. Qu'on y parvienne ou pas, une lutte a ceci de
bon qu'on y est jamais perdant. Mieux vaut charrier qu'être
échoué. Le Québec, prétexte à ce que tu ne sais pas encore très
bien, c'est ta liberté tout simplement[13]. »

ESSAI

PIERRE VADEBONCŒUR (1920-2010)

Pierre Vadeboncœur fut d'abord avocat et conseiller juridique
de la CSN pendant des décennies. Socialiste avoué dès 1950, il
devient ensuite indépendantiste et collabore à des journaux ou
revues comme *Cité Libre, Parti Pris, Liberté, Socialisme, Maintenant, Le Jour* et *Le Devoir*. Des livres tels que *La ligne du risque,
Indépendances, Les deux royaumes* ou encore *To be or not to be,
that is the question* – sur l'urgence de l'indépendance – contribuent
à faire de lui un essayiste respecté. Le texte *Le nous des autres*,
paru dans *L'action nationale*, est un de ces bijoux montrant comment les Canadiens anglais nous reprochent notre propre
conscience identitaire alors qu'eux-mêmes en expriment une.

LES DEUX ROYAUMES (1978)

Laissons là cette petite anecdote. J'avais, je le sais, posé *la* question
gênante. Ce n'était pas selon les usages. Les Québécois regardent
le monde par en dessous, assez écrasés par lui, par son prestige,
par le système de la gloire universelle, largement soutenu par
5 les productions de « calibre international », par le club des « répu-
tations mondiales », par l'éclat de cette superactualité, par cette
puissance, par cette volonté gagnante, – par ce phénomène,
encore une fois. Nous étions, vers 1950, insuffisants, innocents,
ingénus, certainement plus qu'aujourd'hui, et l'on se flatte de
10 croire que nous avons gagné, depuis, une certaine correction,
acquis un certain vernis, de l'usage, de la célébrité, ce qui est le
cas, mais c'est encore très peu, et dans les cercles internationaux
l'on reconnaît les Québécois entre mille par l'artifice auquel ils

13. Jacques FERRON, *Du fond de mon arrière-cuisine*, Montréal, Éditions du Jour, 1973,
p. 185-188.

s'efforcent sans trop y parvenir et dont il n'y aurait pas d'inconvé-
15 nient à se passer, au contraire. Un Québécois ne se dit pas : les
clous qui tiennent la cabane privée d'assise valent ce qu'ils valent,
c'est tout ; ils ont beau être en or ; mieux : ils ont beau être d'un
excellent métal, trempé, éprouvé. Rien à faire : le Québécois souvent se sent inférieur et il l'est par le sort, sans aucun doute, un
20 sort lourd, une histoire, un abandon, une pauvreté, un vieux
dépouillement, un vieil exil, un très ancien retard – une réputation aussi, une réputation pesante, dont il est très conscient. Mais
insatisfait, naïf, peut-être profond, il lui arrive de demander les
titres des satisfaits et il pose alors la question qui sous toutes les
25 latitudes restera éternellement la plus redoutable – la question
relative à la vérité. Il y a beaucoup de cela chez Dostoïevski, pour
qui, s'il n'y a pas de question assez moderne, il n'y en a pas non
plus d'assez ancienne.

L'édifice à clous permet qu'on ne réponde pas. Une question
30 sans réponse n'empêche ni le festival de Cannes, ni Woodstock, ni
L'Express, ni *Le Nouvel Observateur,* ni le *New York Times,* ni l'under-
ground, ni la culture, ni la contre-culture, ni la gloire, ni la honte,
ni les armateurs grecs et leur société, ni d'ailleurs aucun philosophe, universitaire par surcroît, ni les groupuscules, ni aucune
35 orthodoxie, ni aucun système, ni aucune proclamation par hurle-
ment et frénésie, aucune mode, aucun courant, aucun parti,
aucune dictature, aucun terrorisme, aucun succès, aucune revendication, aucune apologie de la licence, rien. Aucune actualité.
Aucun front. Rien du monde comme il va. Rien de son avant-
40 scène.

Mais peut-être les seules questions qui vaillent sont-elles celles,
quelques-unes, auxquelles cette machine ne répond pas. Le
monde est un cancer qui se justifie par son existence et il a bien
assez à faire d'exister le plus possible. Presque tout de lui s'appuie
45 sur le simple fait d'être. Ses pièces s'étayent les unes les autres et
sont portées par toutes. Que cela s'élève au-dessus d'un abîme
n'ajoute un atome de curiosité transcendantale à personne,
puisque la société, de même que la publicité, fût-elle historique et
trans-séculaire, soutiennent tout cela sans qu'il soit besoin de
50 question. Les universitaires s'éclairent de l'universitaire ; les révolutionnaires, du révolutionnaire ; et tous, de tous les accidents. Il
ne faut pas les déranger dans leur mondiophagie.

Dans nos bas-fonds à nous, Québécois, regardant comme je l'ai dit le monde par en dessous, nous sommes peut-être un petit peu
55 mieux placés pour entrevoir – sans oser le dire, évidemment – que la convention universelle qui sacrifie aux myriades de faits et gestes dont le monde au dessus de nous se glorifie assure une infinité de réponses dont peut-être aucune ne peut souffrir ensuite une seule des quelques questions dont je parlais, celle-là
60 mêmes, justement, que notre époque a tout simplement éludées, de propos délibéré, ou après coup par instinct de conservation des bavards. Deux ou trois questions, pas davantage. Enfin, un petit nombre. Par exemple, celle sur le bien. Question niaiseuse s'il en fût[14].

ROMAN

VICTOR-LÉVY BEAULIEU (1945-)

Le plus prolifique peut-être de tous les écrivains québécois, Victor-Lévy Beaulieu est à l'origine d'une œuvre à la fois colossale et originale. Également éditeur, il est l'auteur d'une trentaine de romans, d'une vingtaine d'essais et d'une douzaine de pièces de théâtre, ainsi que d'adaptations pour la télévision et de téléromans qui furent très populaires. Dans son roman/essai en trois tomes sur Melville, un peu comme il le fait avec Hugo, Kerouac, Ferron, Tolstoï ou Joyce, il s'emploie à constituer une sorte de biographie se confondant parfois avec l'hommage, tout en se représentant lui-même comme personnage en train de réfléchir et de s'imposer malgré l'ombre de ces géants.

MONSIEUR MELVILLE (1978)

Je voudrais n'avoir jamais commencé ce livre qui m'épuise parce que je n'ai jamais eu de patience ni de continuité [...]. Melville, c'est trop grand pour moi qui ne suis rien, que cette maladresse cherchant à s'exprimer. Quel esclavage que ce livre ! Et comme il me
5 rend précaire, à deux doigts de ma fin. Lorsque j'en aurai fini avec Melville, c'est-à-dire lorsqu'il n'y aura plus de recommencement

---

14.   Pierre VADEBONCŒUR, *Les deux royaumes*, Montréal, Éditions Typo, 1993, p. 202-204.

possible, plus de lecture de lui que j'aime, plus de lecture de lui en
qui je me laisse couler, où irai-je donc alors ? Dans mon petit pays,
qui ne cesse pas de venir mais n'arrive jamais, tout ce qui se refuse
10 à n'être que québécois comme, en Melville, tout ce qui se refusait
à n'être qu'américain. Par ma race, je suis en retard. Par ma race,
je suis cette course désespérée vers ce qui, partout ailleurs, a été
aboli. Je suis finitude avant même que de commencer – cette prodigieuse impossibilité qui m'a tant fasciné chez Melville parce que,
15 tout simplement, elle se trouve à être inscrite en moi, depuis les
commencements équivoques de mon pays. Toute écriture n'est
rien de plus que de la mort. Mort de soi-même parce que mort de
toutes les images de soi-même. Mort de tout avenir linéaire parce
que mort de tout ce qui en moi me possède. Bientôt, je le sens, il
20 ne restera plus rien – plus de Melville. Toute lecture est abandon
et par cela même je suis vaincu, à la limite de ma désastreuse schizophrénie. Ce que je cherche en Melville, c'est ce que je ne trouve pas en
moi, c'est cette vie pitoyable, c'est cet échec fabuleux. Mais moi je
n'ai jamais commencé. Mais moi je suis comme mon pays, je suis
25 la demi-mesure même de mon pays – un grand fleuve pollué marchant
vers sa mort de fleuve. Même si le fleuve devait continuer, ce ne serait
plus ce fleuve auquel je pense, et qui m'habite comme ce n'est pas
possible, qui me boxe et me laisse étrangement mou, sans possi-
bilité de défense. Je sombre et je n'arrive plus à nager. Je sombre
30 et ce ne sera toujours que cela, une chute sans fin dans les eaux du
non-être : il n'y a ni temps ni espace québécois, que de la présence
américaine, ce par quoi je suis annihilé, ce par quoi je suis bâillonné,
et ligoté, et torturé. Américain mais sans l'Amérique, consomma-
teur mais sans capital, esclave de l'Empire et sans d'autres armes
35 que ce pitoyable livre pour me continuer dans ma pâle énergie.

Bientôt le monde sera ailleurs, dans les lointaines planètes, et
ce monde sera toujours américain – une machinerie fabuleuse, un
prolongement dans le temps et l'espace de la puissance américaine, de l'aigle répressif américain, autrement dit de la vie, autre-
40 ment dit de ce cancer proliférant qu'est la vie.

Alors que moi, dans mon petit pays équivoque, je ne fais que
lutter pour Melville, je ne fais que lutter pour ma survie. Ne pouvant
être rien, c'est-à-dire ne pouvant être que de la résistance ineffica-
ce, il ne me reste que l'atrocité. Il ne me reste que mon exil inté-
45 rieur – mon pauvre petit pays qui s'en va dans son ignorance, qui

essaie de s'organiser du milieu même d'elle pour devenir visible alors que personne ne s'y intéresse, alors que personne n'y croit.

Je ne suis pas ce que je dois devenir, je suis comme ce Melville qui met fin à la prose, je suis comme lui qui flotte, incapable de
50 tout langage parce que se refusant au cynisme, parce que trop désespéré pour seulement songer à maîtriser ces moyens qui font de l'Amérique une force souveraine, porteuse de la torche souveraine, celle de toutes les guerres. Comme Melville, je suis trop vieux pour être capable de m'ameuter dans les restes de moi-
55 même – ce à quoi j'aspire c'est à un autre genre de révolution : pouvoir parler de mon peuple, pouvoir parler de moi dans la fin de tout combat, dans la fin de tout préjugé. Je ne connais pas la violence, trop jouisseur depuis longtemps pour ne pas me satisfaire de l'économie libidinale. Je n'ai jamais su exploiter, étant
60 noir pour moi-même, étant rouge pour moi-même, étant jaune pour moi-même – ce qui fait de moi un moins que rien, une prose dont le lieu ne s'appartient pas.

Je n'ai pas ce courage de dire non comme Melville l'a fait et je n'ai pas davantage ce courage de dire oui. Je me maintiens par
65 mon écriture, qui ne trompe personne. La poésie m'est refusée et c'est elle, seulement elle, qui est du peuple, de cette multitude conditionnée et violée par le grand aigle américain – comme du citron pressé, sans profondeur possible, à la merci d'un jeu dont les données me sont refusées. Je ne suis qu'arithmétique alors
70 que tout devient algébrique. Je suis un homme du Moyen Âge se survivant dans la Renaissance, incapable de l'appréhender – comme du résidu, ce qui explique mon entêtement absurde et la litanie que constitue ce livre. Je cherche mes racines dans la terre alors qu'elles labourent le ciel, comme si même le passé ne pou-
75 vait plus être que devant, et très loin devant, dans le monde neuf de l'au-delà de la terre.

Mais même sachant cela, je m'obstine pareil, j'en reste à Melville, je ne peux pas me sortir de lui comme si, dans ce qui reste encore à venir, je pouvais découvrir je ne sais quel secret qui ferait
80 de moi un homme différent, citoyen de mon pays équivoque[15].

---

15. Victor-Lévy BEAULIEU, *Monsieur Melville*, Trois-Pistoles, Les Éditions Trois-Pistoles, 1978.

HÉLÈNE PELLETIER-BAILLARGEON (1932-)

Directrice de la revue *Maintenant* et membre de plusieurs conseils d'administration, Hélène Pelletier-Baillargeon est une indépendantiste convaincue. Auteure de deux biographies majeures, *Marie Gérin-Lajoie. De mère en fille, la cause des femmes* (1985) et *Olivar Asselin et son temps*, en deux tomes (1996 et 2001), elle a contribué à plusieurs ouvrages collectifs; elle collabore également à divers périodiques culturels, historiques ou religieux ainsi qu'à des journaux comme *La Presse* et *Le Devoir*. *Le pays légitime* renferme nombre de petits textes reflétant les sujets qui lui sont chers: politique, condition de la femme, syndicalisme, éducation, etc.

LE PAYS LÉGITIME (1979)

D'aussi loin que je me souvienne, j'ai toujours su, de certitude profonde, que nous formions un vrai peuple. Je n'ai pas toujours su, cependant, qu'un vrai peuple ne saurait vivre, au sens plein du terme, sans une terre bien à lui. Et surtout, j'ai mis des années à
5 comprendre que, pour être un jour «maître après Dieu» sur nos terres, il fallait s'engager de façon militante dans le combat politique pour l'indépendance du Québec. Pour que les certitudes de l'enfance se transforment enfin en option et en action directes (pour moi, il s'agit de l'écriture) il m'aura fallu attendre les années
10 de la maturité. Mais, désormais, je ne retournerai plus en arrière. D'une femme faite qui a aimé, enfanté, agi et lutté dans l'émouvant coude à coude fraternel que constitue, depuis dix ans, la prodigieuse reprise en charge du Québec par lui-même, on ne refera plus une petite fille perplexe, ballottée par les fausses peurs et les
15 fausses promesses!

J'ai toujours su que nous formions un vrai peuple. Je l'ai intuitionné, enfant, comme l'Acadienne Angèle Arsenault «dans les chansons de ma mère et sur le violon de mon père». Dans le Bas du Fleuve nos veillées n'avaient rien à voir avec «leurs» veillées...
20 La gouaille et la truculence de mes oncles, l'amour taquin qu'on y portait aux enfants et cette tendre connivence entre les hommes et les femmes qui ne ressemblait ni au tutoiement familier des

Américains, ni à la courtoisie distante des Anglais, ni à la cour
charmeuse que font les Français... Nous aimions bien manger,
25 bien boire et rire, même au milieu de nos malheurs : nous formions un peuple gai où l'espoir avait la vie tenace.

Plus tard, quand j'ai commencé à m'aventurer hors du cercle
familial, j'ai retrouvé la marque de cette chaleur et de cette couleur bien caractéristiques de notre identité dans les institutions
30 que nous nous étions collectivement données : nos premiers syndicats, nos Caisses populaires. Et avec d'autres, je me suis prise à
caresser l'idée de nous voir enfin posséder un paysage, une industrie, un commerce, un syndicalisme, une école, une vie politique
façonnés *par* et *pour* nous à l'image fidèle de ce que nous sommes.
35 Ce n'est pas pour rien que les poètes et les chansonniers ont été
les premiers sur la ligne de feu de ce combat pacifique pour l'indépendance : ce sont eux qui ont, les premiers, exprimé en mots et
en musique nos raisons profondes de vouloir construire Manic 5,
de reprendre possession de nos forêts, de nationaliser notre
40 amiante ou de rapatrier nos capitaux éparpillés par des compagnies sans tripes ni racines du genre Sun Life...

Ces raisons-là font peur à nos adversaires : ils essaient de les
dévaloriser en disant qu'il s'agit là d'émotions. Mais ils savent
bien, au fond, eux qui lisent l'Histoire comme nous, qu'il n'y a que
45 les grandes passions populaires à avoir modifié vraiment la face
du monde. La France de 1945 ne s'est pas libérée à la suite d'une
opération comptable : la Résistance, ce fut d'abord une affaire de
cœur. Moi je n'ai pas honte, en tout cas, d'aimer passionnément
mon peuple de cette façon-là. Mon engagement politique a eu lieu
50 un peu sur le tard, en 1970, lorsque le gouvernement Bertrand a
pris la décision de voter la loi 63 qui donnait à la langue anglaise
au Québec un statut d'égalité avec le français. En un jour, moi plutôt douce à l'accoutumée, je suis devenue comme une lionne que
l'on menace de prendre son petit... Et autour de moi, tous les vrais
55 Québécois que j'admirais et estimais, tous ceux-là qui m'avaient
formé l'esprit et le jugement, même les plus modérés protestaient
à grands cris devant l'Assemblée nationale. On ne pouvait désormais plus tergiverser ni faire marche arrière.

J'étais chargée de jeunes enfants. Pourtant, ce soir-là, je m'en
60 souviens, leur père et moi avons décidé de notre adhésion à côté
du berceau de la petite dernière. Qu'est-ce, en effet, qu'un enfant

gavé de tendresse qui découvrirait, devenu adulte, que son père
et sa mère ont manqué de courage à l'heure où ils avaient à choisir, en leur âme et conscience, de lui laisser un vrai pays en
65 héritage[16]?

ROMAN

RÉGINE ROBIN (1939-)

Née Rivka Ajzersztejn, à Paris, d'origine polonaise, Régine Robin
est une écrivaine, historienne, traductrice et sociologue québécoise diplômée de la Sorbonne, de l'Université de Dijon et de
l'École des hautes études en sciences sociales de Paris. Professeure de sociologie à l'Université du Québec à Montréal depuis
1982, Robin affectionne les thèmes de l'identité, de la culture,
de la mémoire collective tant dans ses ouvrages de fiction que
dans ses textes d'histoire ou de sociologie. Son roman *La Québécoite* marque une date importante en regard des écritures
migrantes au Québec, ne serait-ce qu'à cause des doléances
qu'elle soumet aux Québécois dits de souche.

LA QUÉBÉCOITE (1979)

> Frontenac
> Préfontaine
> Langelier
> Radisson
5 > Honoré-Beaugrand.

Quelle angoisse certains après-midi – Québécité – québécitude
– je suis autre. Je n'appartiens pas à ce Nous si fréquemment utilisé ici – Nous-autres – Vous-autres. Faut se parler. On est bien
chez nous – une autre Histoire – L'incontournable étrangeté. Mes
10 aïeux ne sont pas venus du Poitou ou de la Saintonge ni même de
Paris, il y a bien longtemps. Ils ne sont pas arrivés avec Louis
Hébert ni avec le régiment de Carignan – Mes aïeux n'ont pas de

---

16. Hélène PELLETIER-BAILLARGEON, *Le pays légitime*, Montréal, Leméac, « À hauteur
     d'homme », 1979, p. 11-13.

racines paysannes. Je n'ai pas d'ancêtres coureurs de bois affron-
tant le danger de lointains portages. Je ne sais pas très bien marcher en raquettes, je ne connais pas la recette du ragoût de pattes
ni de la cipaille. Je n'ai jamais été catholique. Je ne m'appelle ni
Tremblay, ni Gagnon. Même ma langue respire l'air d'un autre
pays. Nous nous comprenons dans le malentendu. Je sors de l'au-
berge quand vous sortez du bois. Par-dessus tout, je n'aime pas
Lionel Groulx, je n'aime pas Duplessis, je n'aime pas H. Bourassa,
je ne vibre pas devant la mise à mort du père Brébeuf, je n'ai
jamais dit le chapelet en famille à 7 h du soir. Je n'ai jamais vu la
famille Plouffe à la télévision. Autre, à part, en quarantaine – la
quarantaine. Des cheveux blancs déjà – à la recherche d'un langage, de simples mots pour représenter l'ailleurs, l'épaisseur de
l'étrangeté, de simples mots, défaits, rompus, brisés, désémanti-
sés. Des mots images traversant plusieurs langues – Je ne com-
prenais pas le pourquoi des ventes sales, sinon qu'elles n'étaient
pas le contraire des ventes propres. De simples mots ne cachant
pas leur polysémie, à désespérer de tout. Je ne suis pas d'ici. On ne
devient pas Québécois. Prendre la parole, rendre la parole aux
immigrants, à leur solitude. Give me a smoked meet – une rencontre fumée comme il y a des rencontres rassies ou des rencontres bleues – c'était un pays bleu. Certains jours la neige même
tournait au bleu. Tous les yeux dans la rue étaient bleus. Le ciel
bien sûr mais aussi les langues de soleil sur les façades vitrées –
les habits des passants, leur visage même bleui de froid. La campagne se transformait en un immense diamant bleu de ville
polaire. Le bleu c'était aussi les plis du drapeau québécois cla-
quant au vent glacé. Tout était bleu. Les lacs gelés étaient bleus.
Bleu-roi, bleu-vert, bleu de mer du Nord – de simples mots pour
représenter la différence quotidienne – une parole autre, multiple.
La parole immigrante comme un cri, comme la métaphore mauve
de la mort, aphone d'avoir trop crié. Un pays bleu comme les
bleuets, ces myrtilles-fleurs – un pays crêpe de fausse Bretagne.

> 2070 – 2102
> rue de la Montagne Montréal
> Le rendez-vous des gourmets
> Chez grand-mère – omelettes
> Le colbert : crêpes
> À la crêpe bretonne

Le bistrot
La cabane à sucre
Le lancelot
55 Bar le cachet
Le fou du roi
La crêpe au bleuet et *gwennerch'h* crêpe à la
         pâte d'amande
         avec crème Chantilly
         flambée au Kirsh :
    60 joyau de la maison –
    5 dollars 75 cents[17].

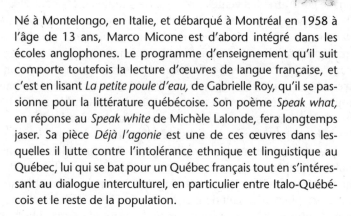

THÉÂTRE

MARCO MICONE (1945-)

Né à Montelongo, en Italie, et débarqué à Montréal en 1958 à l'âge de 13 ans, Marco Micone est d'abord intégré dans les écoles anglophones. Le programme d'enseignement qu'il suit comporte toutefois la lecture d'œuvres de langue française, et c'est en lisant *La petite poule d'eau,* de Gabrielle Roy, qu'il se passionne pour la littérature québécoise. Son poème *Speak what,* en réponse au *Speak white* de Michèle Lalonde, fera longtemps jaser. Sa pièce *Déjà l'agonie* est une de ces œuvres dans lesquelles il lutte contre l'intolérance ethnique et linguistique au Québec, lui qui se bat pour un Québec français tout en s'intéressant au dialogue interculturel, en particulier entre Italo-Québécois et le reste de la population.

DÉJÀ L'AGONIE (1988)

LUIGI

Un vrai Québécois ? Dis-moi ce que je dois faire ! Est-ce que j'ai l'air plus vrai quand je suis debout ou quand je suis assis ? nu ou habillé ? au soleil ou à l'ombre ? quand je mange des pâtes ou
5 quand je mange des cretons ? quand j'écoute Vigneault ou Verdi ?

---

17.   Régine ROBIN, *La Québécoite,* Montréal, Éditions XYZ inc., 1993, p. 52.

si je vote pour le PQ ou pour le NPD? il faut que tu me le dises,
mon amour. Je suis prêt à tout pour devenir un *vrai* Québécois.
Peut-être que c'est le résultat d'une opération très complexe,
d'une combinaison de plusieurs de ces comportements. Est-ce
10 que je serais plus vrai en écoutant du Vigneault debout, éveillé, nu
au soleil, mangeant des cretons et votant pour le NPD? ou bien
endormi tout habillé, à l'ombre, votant pour le PQ et écoutant
Verdi? Il se peut que ce soit une simple question d'accent. [...]
C'est peut-être lié à la géographie. [...] Se pourrait-il que ce soit un
15 sujet tabou qu'il vaudrait mieux ne pas aborder parce que trop
gênant? Comme... une question de gènes? Hein? On naîtrait donc
faux québécois comme on naît mongolien, avec un bec-de-lièvre
ou un pied bot!

[...]

20   LUIGI
Qu'est-ce qu'on va faire quand le bébé sera là?

                            ·DANIELLE
Déménager! Avant qu'il arrive. Je ne veux pas qu'il grandisse dans
ce quartier.

25   LUIGI
(Taquin.) Ton stage chez les pauvres est déjà terminé?

                            DANIELLE
Je me sens pas à l'aise dans ce quartier. J'ai l'impression de vivre à
l'étranger. Des Grecs en face, des Haïtiens en arrière, des Italiens
30 de chaque côté... tout ça, dans un quartier portugais!

                              LUIGI
C'est ça, Montréal. T'es mieux de t'y faire, parce que ça va être de
plus en plus comme ça.

                            DANIELLE
35 Je veux que Nino aille à l'école avec des enfants comme lui. J'ac-
cepterai pas qu'il parle anglais dans la cour d'école et qu'il perde
son temps en classe parce que la moitié des élèves ont des problèmes d'apprentissage.

LUIGI

40 (Exaspéré.) Tais-toi ! Tais-toi ! Je veux plus t'entendre, tu dépasses
les bornes[18].

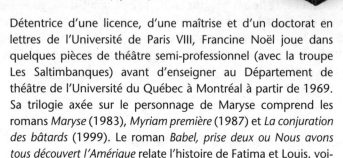

ROMAN

FRANCINE NOËL (1945-)

Détentrice d'une licence, d'une maîtrise et d'un doctorat en
lettres de l'Université de Paris VIII, Francine Noël joue dans
quelques pièces de théâtre semi-professionnel (avec la troupe
Les Saltimbanques) avant d'enseigner au Département de
théâtre de l'Université du Québec à Montréal à partir de 1969.
Sa trilogie axée sur le personnage de Maryse comprend les
romans *Maryse* (1983), *Myriam première* (1987) et *La conjuration
des bâtards* (1999). Le roman *Babel, prise deux ou Nous avons
tous découvert l'Amérique* relate l'histoire de Fatima et Louis, voisins et amants, qui nous est révélée par leurs journaux intimes
respectifs dans le contexte de l'année 1988.

BABEL, PRISE DEUX OU NOUS AVONS
TOUS DÉCOUVERT L'AMÉRIQUE (1990)

Mercredi, 14 décembre

Hier, chez Guillaume, j'ai regardé un reportage sur les ethnies à
Montréal : Gilles Gougeon se promène à l'école Saint-Luc où environ 80 % des élèves sont allophones. Ces enfants ont un senti-
5 ment de non-appartenance à notre société, à toute société ! Leur
situation de déracinés est déchirante, et leur dérive vers la minorité anglophone n'est pas nouvelle. Nous sommes actuellement
incapables de l'empêcher.

Amélia nous voyait comme des géants courageux, débonnaires
10 et avenants... Des géants ? Depuis quelques années, je nous trouve
plutôt petits et peureux. Pissous. Nous finirons par disparaître,
piégés par nos atermoiements. Nous deviendrons minoritaires

18.   Marco MICONE, *Déjà l'agonie*, Montréal, VLB Éditeur, 1988, p. 29 et 197.

dans notre propre pays. Pourtant, nous sommes le peuple d'accueil. Un peuple d'adolescents insécures. L'épopée bouffonne du
15 référendum l'a montré : on a été incapables de couper le cordon !
Huit ans plus tard, on est encore là, à se demander si on existe ! Si
on est « viables » !

J'ai longuement parlé de tous ces problèmes avec Guillaume.

– Tant que nous n'aurons pas un pays à leur offrir, dit-il, un
20 modèle de société à proposer, les *nouveaux* se tourneront du côté
le plus voyant, le plus assuré, le plus payant. Ils continueront de
parler anglais entre eux dans les cours de nos écoles ! Là est toute
la question de notre identité culturelle en chute libre.

C'est vrai. Et l'intégration des immigrants concerne tous les
25 Québécois, il me semble, mais je ne crois pas qu'ils le réalisent. La
province ne le sait pas. Je gage qu'à Saint-Azimut-des-Plaines, par
exemple – c'est un exemple –, on peut difficilement visualiser ce
qu'est le paysage montréalais actuel, on n'entend pas cette rumeur
d'anglais parlé par la cohorte des anglophones. Tout Québécois
30 vivant en dehors de Montréal devrait avoir droit à un ticket gratuit et obligatoire pour faire une *ride* en ville. Par exemple, se
taper le trajet de la 80 : parcourir Babel du nord au sud ! Cela
serait suffisant pour comprendre que nous ne sommes plus entre
nous, face aux *méchants zanglais,* mais que la visite est arrivée et
35 qu'il faut se grouiller pour la recevoir. Actuellement, ils attendent,
coincés dans le portique, entassés, agglutinés entre eux. Certains
se donnent déjà des coups de coude dans les côtes, des coups de
couteau. Pour éviter la formation de ghettos, il faudrait un point
de contact entre tous ces gens qui croient être enfin arrivés
40 quelque part. C'est nous, Québécois de souche, qui devrions être
ce point de contact. *Nous sommes leur lieu commun.*

Au fait, quelqu'un leur a-t-il dit bienvenue en français ?
Quelqu'un leur a-t-il déjà expliqué clairement et calmement qu'ils
étaient venus vivre au Québec, province francophone ? C'est nous,
45 filles et fils de paysans français, qui avons commencé à bâtir ce
pays. Nous ne suffisons plus à la tâche... À Babylone-avant-la-
foudre, la langue servait de lien entre les peuples, cela agissait
comme un mortier soudant toutes les briques de l'édifice. C'est ce
que le français devrait être ici, tout normalement.

50 Si ce pays en était un.

☐

Je viens de me relire et je suis perplexe. La question nationale recoupe aussi celle des autochtones. Devant moi, je vois surgir l'ombre de la «Sauvagesse mère des six nations» et celle de la Malinche, esclave chez les Mayas, métisse, mutante, mais nulle-
55 ment muette. Ces silhouettes de femmes grandissent et recouvrent toute ma page. Elles s'assoient calmement sur mon texte, réclamant leur dû. On ne saurait les blâmer. S'il y a de la place pour les nouveaux, il doit y en avoir aussi pour les anciens... Je ne culpabilise pas, c'est inutile. Seulement, je prends acte. Nous ne
60 pouvons plus nier leur existence ; ils sont là, eux aussi, nous sommes tous dans la Tour refuge.

Nous avons tous découvert l'Amérique[19] !

ESSAI

LAURENT-MICHEL VACHER
(1944-2005)

Longtemps professeur de philosophie au collège Ahuntsic, à Montréal, Laurent-Michel Vacher était un philosophe anti-élitiste, féru de matérialisme philosophique et d'antinationalisme par principe. Sa riche carrière d'essayiste fut précédée, dans les années 1970 et 1980, de nombreuses collaborations à des périodiques : mentionnons le quotidien *Le Devoir* ainsi que le magazine «contre culturel» *Hobo-Québec* (sous le pseudonyme de Laurent Colombourg), puis la revue de gauche *Chroniques* et le magazine *Spirale*. Au nombre de ses essais, signalons *Une triste histoire,* contre le nationalisme, et *Une petite fin du monde,* sur la mort qui l'attendait après s'être annoncée.

---

19.   Francine NOËL, *Babel, prise deux ou Nous avons tous découvert l'Amérique,* Montréal, VLB Éditeur, 1990, p. 362-364.

UN CANABEC LIBRE (1991)

C'est à se demander ce qui, au total, sépare le nationalisme fédéraliste des souverainistes du fédéralisme autonomiste des libéraux, à part peut-être les deux fractions de la bourgeoisie qu'ils incarnent, leurs styles et leurs traditions politiciennes, et la dose
5 respective d'enflure ou de contrevérité qui caractérise leurs discours.

Pendant ce temps, la seule chose dont le Québec ait déjà bel et bien fait la preuve, c'est paradoxalement qu'il était capable de s'affirmer de plus en plus et de faire des progrès considérables au
10 sein du cadre fédéral existant, si boiteux et contesté soit-il.

Ou bien la prochaine étape est la rupture, et il est vital de regarder la chose en face, de reconstruire une pensée claire de la libération et de l'indépendance, de diffuser tout un discours et une stratégie de la séparation, de développer une pédagogie popu-
15 laire de la sécession, de nous apprendre à en assumer les risques et les conséquences prévisibles. Dans ce cas, la pente à remonter sera raide, et les souverainistes continueront de prétendre qu'ils ont toujours dit la même chose, pour mieux ressortir à la première occasion leur « véritable confédération » et leur beau dollar
20 canadien.

Ou alors il est temps de passer directement à la suite, par exemple en inventant une identité canadienne-française nouvelle, qui aurait du moins l'avantage d'inclure la conscience d'une dualité lucidement acceptée, ce qui est certainement meilleur pour la
25 psychologie d'un peuple que de s'imaginer unifié tout en exhibant la schize de l'ambivalence inconsciente.

Dans cette seconde option, un nouveau nationalisme canadien-français ne manquerait d'ailleurs pas de se développer, transsouverainiste, postmoderne ou ce qu'on voudra. En effet, s'il est
30 assuré qu'une certaine composante nationaliste restera en toute hypothèse une constante incontournable de notre vie politique, le nationalisme possède plus de formes et de variantes qu'on tente de nous le faire croire.

Car, qu'on se l'avoue ou non, « à strictement parler, dans toutes
35 les versions qu'on en a donné, la nation est une fiction » (Robert Musil, *Essais,* Seuil, p. 130) : rien n'exclut d'avance que la fiction

canadienne-française ne puisse l'emporter sur la fiction québécoise. C'est même exactement la raison *politique* pour laquelle on
s'attendrait à un conflit idéologique radical entre fédéralistes et
40 indépendantistes, et non pas au «bon gouvernement provincial»,
ni au «beau risque du fédéralisme», ni à la «monnaie commune»
(comme si le joli dollar canadien n'avait pas pour contrepartie un
partage de souveraineté), ni à une alliance péquistes-libéraux
après le naufrage du *très fédéral et canadien* accord du lac Meech.

45 Certes, une conversion immédiate à l'hypothèse canadienne-
française aurait le léger inconvénient marginal de priver Jacques
Parizeau et Lucien Bouchard de leur auréole de héros nationaux
et leur titre de nouveaux Pères de la confédération, mais tôt ou
tard le premier deviendrait sans doute chef du gouvernement à
50 Québec et le second trouverait un nouveau rôle à Ottawa[20].

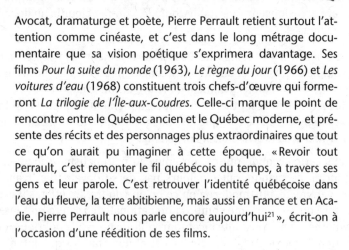

ESSAI

PIERRE PERRAULT (1927-1999)

Avocat, dramaturge et poète, Pierre Perrault retient surtout l'attention comme cinéaste, et c'est dans le long métrage docu-
mentaire que sa vision poétique s'exprimera davantage. Ses
films *Pour la suite du monde* (1963), *Le règne du jour* (1966) et *Les
voitures d'eau* (1968) constituent trois chefs-d'œuvre qui forme-
ront *La trilogie de l'Île-aux-Coudres*. Celle-ci marque le point de
rencontre entre le Québec ancien et le Québec moderne, et présente des récits et des personnages plus extraordinaires que tout
ce qu'on aurait pu imaginer à cette époque. «Revoir tout
Perrault, c'est remonter le fil québécois du temps, à travers ses
gens et leur parole. C'est retrouver l'identité québécoise dans
l'eau du fleuve, la terre abitibienne, mais aussi en France et en Acadie. Pierre Perrault nous parle encore aujourd'hui[21]», écrit-on à
l'occasion d'une réédition de ses films.

20. Laurent-Michel VACHER, *Un Canabec libre. L'illusion souverainiste*, Montréal, Liber,
     1991, p. 25-27.
21. Mario CLOUTIER, «L'identité retrouvée», *La Presse*, 125ᵉ année, n° 320, samedi
     26 septembre et dimanche 27 septembre 2009, cahier Cinéma p. 12.

LE SILENCE DE L'AFFICHEUR (1992)

Je l'avoue, je n'ai plus aucune envie de hurler! Je l'admets, la poésie n'existe plus! J'en conviens, les mots n'ont plus ni griffes ni dents! Ils sont ébréchés comme une vieille lame qu'on n'ose plus sortir du fourreau. Humiliés comme les pères de nos vies. Expro-
5 priés par la superbe ignorance qui forge le langage et déserte les rivages, et les mots nous désavouent... se dissimulent... se camouflent... honteusement. Ils n'osent plus se prendre en main, ils n'ont plus d'objet à convoiter. Comme s'ils avaient perdu la partie.

Et les voilà au fond de l'arrière-cuisine. Bredouillants! Bedon-
10 nants! Fumant une dernière pipe les pieds sur la bavette du poêle. Repoussés par d'autres mots qui tombent du ciel désastreux. Du ciel du spectacle. Comme une pluie, une pluie de bombes. Des mots qui montent à l'assaut des âmes. Qui trompettent. Qui tambourinent. Stroboscopiques. Arrogants. Clinquants. Brandissant
15 les pancartes. Manifestant. Euphéminisant. Les mots ne s'imposent que tambour battant. Ils occupent le territoire de l'âme. Et nous n'avons plus d'âme à disposer pour nous-même. Notre âme est revendiquée, conscrite, enrôlée. En un mot dépaysée! Je veux bien que le courant alternatif prenne la place de l'hydro-électricité. Je
20 veux bien que le mot *Premières Nations* désigne désormais toutes les rues Christophe-Colomb de l'Amérique, je veux même que la France se prenne pour un saladier d'argent et le Québec pour une coupe Stanley. Je veux bien que le Nouvel Âge succède à ce qui nous est pas arrivé. Je veux bien que nous soyons tantôt hippies,
25 parfois granolas, à l'occasion écolos, temporairement ados, autrefois camarades, désormais féministes, vaguement yuppies, possiblement bioniques, fanatiquement bédéistes, amplement cosmiques, pieusement cinéphilitiques, agressivement formalistes, carrément portmodernistes, curieusement alternatifs ou même
30 séminaristes. Tous les chemins mènent à Rome à ce qu'on dit. Il reste qu'il y a des détours qui ressemblent à des culs-de-sacs. Je veux bien que tous ces mots prennent de la place au soleil, mais peut-être pas toute la place. Au point de nous mettre en suspens. De nous repousser dans l'ombre. De nous dissuader.

35 Les mots nous trahissent dans la mesure où on les emprunte. Les mots nous font défaut quand le langage est occupé. Quel est ce silence forcé des mots les plus précieux, les plus respectables, qui

me dépoétise ? Nous avons mal à l'univers. Nous avons mal à la
mer. À l'Amazonie. À la Californie qui invente chaque jour de nou-
40 velles morts à la recherche d'un paradis. Simulacre ! Nous avons
mal à toutes les causes. Mais nous n'osons pas nous nommer.
Nous redoutons les mots qui ne tombent pas du ciel de la mode.
Nous sommes toujours en retard d'une mode. À la remorque des
modes qui naissent ailleurs.

45   Et nous discutons constitution avec des mots délavés. Avec le
mot *société distincte.* Pour rendre acceptable notre désir secret de
pays. Autrement dit, on s'acharne à repeindre les boiseries mais il
n'y a pas de maisons. Nous vivons dans le carton-pâte des
chimères des autres. Dans le cinéma. Dans le trompe-l'œil. Dans
50 l'attrape-nigaud. Pour ne pas faire peur au monde.

J'en ai mon ultime convoi de ces discussions d'épiciers qui cherchent des accommodements pour ne pas froisser le Yukon. De
tous ces gens qui tournent autour du pot... qui parlent au nom de
l'économie comme si on pouvait nous réduire au bas de laine...
55 qui invoquent les jupes de la reine mère pour nous amadouer...
qui se laissent dénigrer par les gazettes sans jamais oser nommer,
devant ces messieurs de Sault-Sainte-Marie qui nous foulent aux
pieds sans un seul instant douter de leur bon droit, ni 1760, ni la
déportation des Acadiens, ni l'extermination des Beotuks, ni le
60 vieux Brûlot, ni les écoles françaises de l'Ouest, ni Louis Riel, ni
Chénier, ni la Loi sur les mesures de guerre, ni la nuit des longs
couteaux... sans parler de partout ailleurs où la même puissance
a utilisé les mêmes armes dans le même but de s'accaparer la
moitié de l'univers.

65   Je n'ai plus aucune envie ni d'écrire ni de parler de ce qui se dis-
simule mal derrière toutes ces discussions où la mesquinerie che-
vauche l'hypocrisie. Le temps des mots est révolu. Je n'ai plus rien
à dire. Je ne sais plus écrire. J'ai la gorge serrée. Je suis sans voix.
Je réfute les commissions qui démissionnent. Qui parlementent.
70 Qui concèdent des lambeaux d'identité. Je n'attends plus rien de
personne. De toutes ces tribunes où l'on tergiverse. Comme si on
pouvait négocier son âme. Je ne demande plus qu'une seule chose,
qu'on me donne l'occasion d'inscrire ma croix sur un bulletin de
vote qui me pose la vraie question. Pas même celle de la souverai-
75 neté. Ni celle de l'association. Ni celle de l'indépendance. Mais

celle du pays, le mot qu'on n'ose plus prononcer. Je veux dire oui
à un pays qui serait mon pays. Je veux avoir le droit de ne vouloir
un pays. Mettre ma croix. Une croix semblable à celle que Pierre
Tremblay, en 1647, a apposée au bas de son contrat d'engagement,

80   *ayant déclaré ne savoir signer*
                                 de ce interpelé

Je plaide coupable de n'attendre que ce moment-là, coupable
d'en rêver. De rêver d'un pays. D'un tout petit pays. Je ne réclame
pas un empire. Je ne demande qu'une parcelle de l'empire. Je
85 réclame à l'anglophonie triomphante qui possède l'Angleterre,
l'Écosse et l'Irlande, qui occupe l'Australie, la Nouvelle-Zélande,
l'Afrique du Sud et le sud de l'Afrique, rien de moins que les minus-
cules États-Unis, les territoires du Nord-Ouest et les îles de l'Arc-
tique, j'ose réclamer une toute petite province que j'ai défrichée
90 de père en fils durant quatre siècles. Et mon nationalisme leur
paraîtrait mesquin. Il l'est en effet : je suis sans ambition. Je me
contenterais de ce qui m'appartient. Je n'ai aucune envie de conquérir. Ni la terre des autres. Ni l'âme de tout le monde. Mon désir
serait égoïste d'avoir même songé à prendre place au soleil des
95 nations. Le soleil leur appartient. Et ils pensent peut-être que le
soleil ne doit pas se coucher sur leur empire. Ils pensent que ma
présence jetterait une ombre sur leur puissance. Ils occupent déjà
la moitié de la planète. Ils sont en train de coloniser l'autre. Et ils
pensent qu'ils n'ont rien à partager. Ils veulent bien négocier. Mais
100 ils préfèrent gagner. Et ils nous préviennent qu'ils pratiquent le
fair-play britannique... quand ils gagnent. Qu'ils sont prêts à nous
aimer si nous acceptons de céder. Si nous ne sommes pas assez
mesquins pour vouloir prendre notre part du royaume de la nationalité. Et je sais qu'ils n'hésiteront pas. Qu'ils sont courageux...
105 quand ils sont les plus forts. Qu'ils sont prêts à tout pour gagner,
jusqu'aux menaces. Des menaces aux mesures de guerre. Ils n'hésiteront pas à nous faire le coup des camions de la Brinks. On croirait
entendre déjà les blindés qui ont écrasé la Hongrie, la Tchécoslo-
vaquie, qui ont menacé la Lituanie. Des blindés humanitaires. Qui
110 enseignent aux hommes la grandeur d'âme. Et la soumission.

Je ne veux plus en parler !

Je ne veux plus en entendre parler !

Car le moment est venu de passer de la parole aux actes.

Je réclame l'occasion de signer d'une croix mon contrat d'engage-
115 ment. Et je m'engage à recommencer au premier arbre ce pays
qu'on menace des pires calamités. Je m'engage à ne pas traiter les
premières nations comme on m'a traité depuis 1760. Car je préfère un petit pays qui a du cœur à un grand pays qui me parle
d'économie. Car j'en ai assez de vivre dans ce pays des uns à la
120 sueur des autres. Pour enfin restaurer les mots qui me tiennent à
cœur. Et instaurer un pays à aimer plutôt qu'à exploiter[22].

---

22. Pierre PERRAULT, « Le silence de l'afficheur », *Québec français*, n° 85, Printemps 1992,
     p. 10-11.

QUATRIÈME PARTIE

LE QUÉBÉCOIS CONTEMPORAIN
(2000-2010)

CHRONOLOGIE DE LA PÉRIODE 2000-2010

1994	*1996*	*1998*	*2000*	*2002*

(1993-2003) – Jean Chrétien et les libéraux au pouvoir à Ottawa

(1996-2001) – Lucien Bouchard et le PQ au pouvoir à Québec

Attaque contre le Pentagone à Washington
et du World Trade Center à New York (11 septembre) – **2001**

Bernard Landry et le PQ au pouvoir à Québec – **2001-2003**

La Cour supérieure autorise le port du kirpan à l'école – **2002**

Paul Martin et les libéraux au pouvoir à Ottawa – **2003-2006**

Jean Charest et les libéraux au pouvoir à Québec – **2003**

2004   2006   2008   2010

2006 – Stephen Harper et les conservateurs
au pouvoir à Ottawa

2006 – La Cour suprême confirme le droit de porter
le kirpan à l'école

2007 – Hérouxville adopte un code
de conduite pour les immigrants

2007 – Réélection de Jean Charest
et des libéraux à Québec

2007 – Création de la Commission
Bouchard-Taylor

2007 – Consultation publique de la
Commission Bouchard-Taylor

Dépôt du rapport de la Commission Bouchard-Taylor – **2008**

Crise économique mondiale – **2008-2009**

Entrée en fonction de Barack Obama à la présidence américaine – **2009**

Nicolas Sarkozy associe indépendance du Québec et « sectarisme » – **2009**

Réplique des leaders indépendantistes au président français – **2009**

Le nombre des personnes âgées dépasse celui des enfants au Québec – **2010**

LE CONTEXTE SOCIOHISTORIQUE

Le passage informatique à l'an 2000 – couramment appelé bogue de l'an 2000 – était un ensemble de problèmes de programmation des ordinateurs lié au changement de date. De méga-dysfonctionnements se produiraient-ils à l'échelle planétaire, vu que le passage au 00 aurait pu correspondre à l'année 1900 au lieu de 2000 ? Rien n'arriva. Mais la question réveilla quelques peurs dans l'inconscient collectif et ajouta à l'angoisse déjà présente liée au changement de millénaire. Elle nous montra également que le Québec était en pleine mondialisation.

EN PLEINE MONDIALISATION

Les quelques mois d'optimisme et d'euphorie marquant l'entrée dans le XXIe siècle ne signifient en rien que les problèmes relatifs à notre identité et à notre survie sont réglés. Entre 1996 et 2000, d'après le Commissariat aux langues officielles, les personnes pour qui l'anglais est la seule langue officielle parlée constituent environ 20 % de l'immigration totale au Québec. Cette proportion dépasse le pourcentage de la population de langue maternelle anglaise du Québec – laquelle représente moins de 10 % de l'ensemble des anglophones –, et la très grande majorité des immigrants s'installent dans la région de Montréal.

Par ailleurs, en ce tout début de siècle, «les principaux partis politiques du Québec semblent souffrir d'une sorte de sclérose programmatique. Leur constante préoccupation de la question nationale non résolue, combinée à leur incapacité à articuler des solutions nouvelles et imaginatives à ce problème, se bute clairement (et est sans aucun doute une des raisons contribuant) à la fatigue constitutionnelle qui afflige les électeurs de la province, au moins autant que leurs concitoyens du reste du Canada[1]».

Bref, au moment où l'électorat préfère reporter indéfiniment tout référendum et tandis que règne un certain optimisme relatif aux changements possibles découlant du nouveau millénaire, c'est le choc, un choc brutal, un choc sans précédent : le 11 septembre 2001 survient. Ses conséquences seront incalculables.

---

1. A. Brian TANGUAY dans Alain-G. GAGNON, *Québec : État et société*, Montréal, Québec Amérique, 2003, tome II, p. 269.

Comme partout ailleurs dans le monde, c'est la commotion au Québec. On sent aussi naître une brèche. Dans notre société multiethnique tournant rondement, dans notre Québec capable de s'affirmer et d'intégrer l'autre, dans notre coin de terre où « il faut souligner l'aptitude de l'identité québécoise à évoluer tout en restant elle-même, à se transformer en s'enrichissant d'apports étrangers, sans se diluer dans un cosmopolitisme superficiel, à se bigarrer tout en s'affirmant[2] », comme le dit un immigrant, on entend parler de tensions. Œuvre d'islamistes extrémistes, les attentats de 2001 modifient peut-être à l'époque notre regard sur les immigrants d'origine arabe. Dix ans après, en France, le plus grand spécialiste de l'islam reconnaît[3] que sa religion fait encore peur.

Autorisation du port du kirpan à l'école, aires de prière à l'université, fenêtres opaques pour plaire à la communauté hassidique, permission aux femmes de voter le visage couvert, retrait de symboles catholiques dans les lieux publics, etc., l'apparition d'accommodements raisonnables soulève questionnements et tensions. Un politicien affirme que « les accommodements déraisonnables ne font que créer des problèmes de société, et que l'absence de principes directeurs ne peut que mener à l'anarchie » (Mario Dumont).

Quand la petite municipalité de Hérouxville vote un code de vie pour les Néo-Québécois qui viendraient s'y installer, par exemple le fait qu'il soit interdit de lapider une femme ou de la brûler vive sur son territoire, l'affaire prend une ampleur nationale et internationale. Il y a confusion et brouillage identitaire, si bien que le gouvernement décide de lancer, en 2007, une Commission de consultation sur les pratiques d'accommodement reliées aux différences culturelles, dite Commission Bouchard-Taylor, après des textes tels ceux de Sylvie Bergeron, Loco Locass ou Jacques Godbout, que nous retrouverons plus loin.

LA COMMISSION BOUCHARD-TAYLOR ET APRÈS

Indirectement, c'est à notre avis notre collègue et amie Nathalie Prud'Homme qui résume le mieux à quel point est problématique et en même temps importante la redéfinition du

2. Hervé FISHER, *op. cit.,* p. 113.
3. Malek CHEBEL, « Chebel : casser le monopole sur le Coran », *Le Point,* n° 1917, 11 juin 2009, p. 71.

Québécois ou la définition du Québécois contemporain qui se présente à nous. Comme épigraphe de son livre sur trois écrivains migrants – Mona Latif Ghattas, Antonio D'Alfonso et Marco Micone –, Prud'Homme cite Wittgenstein: «L'identité est le diable en personne, et d'une incroyable importance[4].»

Tout est dit. «Le diable»? La recherche de l'identité est dangereuse. Elle débouche sur des divergences de vues et, bien sûr, des désaccords et des conflits. «Incroyable importance»? La recherche de l'identité est indispensable. Elle permet de recentrer le Québécois nouveau sur un contrat moral susceptible de lui donner accès à une culture publique commune et à une certaine harmonie sociale.

Dans une société plurielle comme la nôtre, un minimum de fusion des horizons et de culture commune est en effet nécessaire si le Québec espère compter parmi les fabricants d'avenir. Français langue première de la vie publique, respect de la démocratie, État séculier, accès égal et universel des citoyens aux services sociaux, respect des droits et libertés prévus dans les chartes en vigueur – notamment l'égalité hommes-femmes –, et reconnaissance des cultures minoritaires, voilà un certain nombre des principes s'inscrivant dans un très large consensus social.

Bien sûr, lors des audiences publiques organisées dans toutes les régions du Québec de septembre à novembre 2007, la Commission Bouchard-Taylor entend toutes sortes de témoignages, chaque citoyen pouvant y présenter un mémoire. Mais, dans l'ensemble, les interventions y sont de bonne tenue, sensées et éloquentes. Elles reflètent un multiculturalisme où les cultures sont relativement perméables les unes par rapport aux autres.

Le constat fait quelques années plus tôt par un professeur de l'Université Queen's, de Kingston, en Ontario, se confirme peut-être aussi: «Loin de tenter de préserver quelque forme de pureté raciale, les nationalistes québécois cherchent activement à convaincre des personnes d'autres races, cultures et croyances de se joindre à eux, de s'intégrer, de se marier avec eux et de les aider à construire une société moderne, pluraliste, distincte (francophone) au Québec[5].»

---

4. Nathalie PRUD'HOMME, *La problématique identité collective et les littératures (im) migrantes au Québec (Mona Latif Ghattas, Antonio D'Alfonso et Marco Micone)*, Québec, Éditions Nota bene, «Études», 2002, p. 7.

5. Will KYMLICKA, «De Porto Rico au Kosovo en passant par le Québec: les multiculturalistes américains devant le nationalisme de minorité», *Argument*, vol. 3, n° 2, printemps-été 2001, p. 111.

Le Québécois contemporain est néanmoins bien davantage. Les valeurs de la Révolution tranquille ont souvent fait place à d'autres chez lui, comme l'illustre bien l'anecdote suivante. Lors d'un grand sondage effectué par Marie-France Bazzo à l'émission *Indicatif présent*, de Radio-Canada, le public était convié à participer à un concours intitulé «Nommer l'époque». La réponse gagnante: ego.com. Ce seul exemple témoigne à quel point l'individualisme a sans doute pris le dessus sur la conscience sociale et nationale.

Clichés, idées reçues et préjugés abondent enfin sur ce Québécois nouveau. Affirmer entre autres «que la référence au passé est centrale dans l'identité collective des Québécois et que c'est justement leur rapport privilégié à l'histoire qui contribue à les différencier des autres Canadiens[6]» est complètement faux, affirment des historiens, étude à l'appui, puisque les Québécois seraient moins amateurs d'histoire. Mais qui s'étonnera de ces visions erronées, dans le cadre d'un sujet aussi complexe et infini?

L'IDENTITÉ : UN BILAN

Dans l'excellent film *La mémoire des anges*, monté à partir d'œuvres anciennes de l'Office national du film, Luc Bourdon nous fait assister à une scène où, durant les années 1960, Paul Tex Lecor entonne dans une salle bondée et enthousiaste sa chanson *Le Patriote*. «Mesdames et Messieurs, voici une chanson que je dédie à tous nos copains qui sont derrière les barreaux en ce moment pour la même raison, qui est aussi la nôtre», annonce-t-il. Suivent les premiers vers:

Patriote du sol québécois,
Le temps est maintenant venu,
Relève enfin ta tête fière,
Bientôt c'est nous qui ferons la loi.
Nos pères avant nous ont crevé,
Pour défendre ta race et tes droits,
Tant pis si l'on doit y rester,
Aux armes Québécois![7]

---

6. Violaine BALLIVY, « Les Québécois moins friands d'histoire que les autres Canadiens », *La Presse,* n° 150, dimanche 22 mars 2009, p. A8.
7. Paul Tex LECOR, *Le patriote*, Éditions gamma Ltée/SODRAC.

Avec le temps, cela dit, le dernier vers deviendra: «Le Québec aux Québécois.» Mais loin de nous l'idée de nous moquer du contexte ou des paroles. Loin de nous l'idée de rire de ce chansonnier devenu artiste-peintre. Loin de nous l'idée de dénigrer quoi que ce soit. Au contraire. Voilà une chanson courageuse, bien qu'un peu naïve. Elle reflète le Québec des années 1960 ainsi que l'intense désir de pays chez les gens de cette époque, ces gens qui se font traiter de *pea soups*, comme le relève même Jehane Benoît dans son *Encyclopédie canadienne de la cuisine*. Et voilà, surtout, surtout, surtout, une chanson montrant tout le chemin parcouru dans les cinquante dernières années en matière de recherche identitaire.

Si l'écart paraît si grand entre les Québécois de 1960 et ceux de 2010, c'est que les premiers viennent de lire, entre autres, *Portrait du colonisé*, d'Albert Memmi, qui rencontrera ici Hubert Aquin et André D'Allemagne; ces derniers font partie du RIN et de groupes comme Parti pris ou Jeunes Gens en Colère de Montréal.

Memmi écrira plus tard: «Il est hors de tout doute que l'on trouve chez les Québécois des traits économiques, politiques et culturels de gens dominés. Nul doute aussi que des différences considérables se trouvent entre le Québec et la colonie classique, ne serait-ce que pour le niveau de vie. Mais, je l'ai noté ailleurs, l'oppression est relative; et l'extrême gravité d'une domination ne légitime pas de plus légères, ou plus exactement, celles d'une autre nature[8].»

La fondation du Parti québécois par René Lévesque, en 1968, ramène toutefois le débat sur des bases plus modernes. Démocrate dans l'âme, Lévesque considère certaines des idées de Memmi – tel le bilinguisme colonial – comme des sujets à propos desquels il faut convaincre: «Que les gens parlent deux langues ne serait pas grave, si la langue la plus importante pour eux n'était pas ainsi écrasée ou infériorisée[9].» Finie, au surplus, la vision manichéenne, avec les mauvais anglophones d'un côté et les bons francophones de l'autre. Des ministres comme Gérald Godin rapprocheront majorité et minorités culturelles à un niveau qu'on ne pouvait imaginer. Nous, les Québécois, n'avons pas que le français comme langue identitaire, finira par expliquer Marco Micone: une identité, plusieurs langues.

---

8. Albert MEMMI, *Portrait du colonisé*, Montréal, L'étincelle, 1972, p. 7-8.
9. *Idem*, p. 140.

Mais on peut s'interroger. À force de faiblesse sur le plan de l'identité, n'avons-nous pas exagéré parfois ? Tous ces palabres, toutes ces discussions, tous ces accommodements, tous ces écrits sur le sujet, toutes ces commissions Bouchard-Taylor n'auront-ils pas été un peu beaucoup ? Ne constituent-ils pas le revers de la médaille, à savoir que les Québécois ne veulent pas se montrer racistes ? Ne sont-ils pas le prix que nous payons pour respecter le « politiquement correct » ? Cette peur de nous affirmer ne nous a-t-elle pas déjà fait perdre beaucoup de temps, au détriment de ce qui aurait pu être fait autrement et mieux dans d'autres domaines ?

À chacun de répondre. Les avis sont partagés. Des propos comme ceux de René-Daniel Dubois confirment que beaucoup ne supportent plus ces débats sur la langue ou l'identité ; ceux d'André Brochu rappellent que la question de l'assimilation du Québec est toujours pertinente. Mais il reste que le Québec ne paraît pas plus attirant ou organisé après la Commission Bouchard-Taylor.

En attendant, premiers Canadiens, les Québécois continuent d'être une composante de l'identité canadienne, pour laquelle « l'identité québécoise n'est pas quelque chose de postérieur ou de périphérique, comme dans le cas de l'Écosse par rapport à la Grande-Bretagne[10] ». En même temps, explique Guy Laforest, nous sommes bien loin de l'idée des deux peuples fondateurs, le rapatriement de la Constitution de 1982 ayant perpétué certains traits colonialistes. N'est-ce pas d'ailleurs ce que l'on constate en voyant quel visage figure sur nos pièces de monnaie ou sur les billets de banque de 20 dollars ?

---

10. Christian DUFOUR dans Janet AJZENSTAT, Paul ROMNEY, Ian GENTLES et William D. GAIRDNER (dir.), *Débats sur la fondation du Canada* [éditions française préparée par Stépane Kelly et Guy Laforest], Sainte-Foy, Presses de l'Université Laval, 2004, p. 543.

ROMAN

DANY LAFERRIÈRE (1953-)

Originaire d'Haïti, Dany Laferrière arrive à Montréal en 1976. Il réside rue Saint-Denis et travaille à gauche et à droite jusqu'en novembre 1985, date à laquelle est publié son premier roman : *Comment faire l'amour avec un Nègre sans se fatiguer*. Le livre obtient un succès immédiat et permet à son auteur de se faire connaître dans les médias, pour lesquels il finit par travailler tout en construisant une œuvre largement autobiographique. Des romans comme *Éroshima*, *L'odeur du café* et *Le goût des jeunes filles* retiennent l'attention, ce qui n'empêche pas Laferrière de publier des essais également percutants.

L'AMÉRIQUE (2000)

Le problème de l'identité se pose à chaque être humain. Pour celui qui voyage, il peut devenir dramatique. À la question : « Qui suis-je ? » je réponds par cette autre question : « Où suis-je ? » Et la réponse tombe avec une netteté éblouissante : « Je suis en Amé-
5 rique. » J'étais plongé jusqu'au cou dans cette réflexion quand j'ai senti une ombre près de moi. Un tout jeune rasta (dread locks, colliers, sandales, un portrait de Bob Marley sur son t-shirt) me regarde étrangement.

— Excuse-moi, man, je ne voudrais pas te déranger dans ta
10 méditation...

— Non, ça va.

— Je travaille pour un magazine. C'est pas un grand truc, man. J'aimerais te poser quelques questions, si ça ne te dérange pas trop. Je t'ai déjà entendu à la télé...

15 Il s'arrête de parler pour me regarder un long moment en souriant.

— Tu vois, man, j'ai rêvé de toi, hier soir. J'arrive ici et je te trouve. Je crois dans ce genre de trucs... Tu me comprends, man ?

Il sort son calepin.

20   — J'aime pas les appareils qui enregistrent, man. On ne doit pas
mettre en cage la voix humaine. C'est le souffle de l'esprit. Je vais
utiliser mon crayon, si tu permets.

Il prend le temps d'aiguiser calmement son crayon. Il ne semble
jamais pressé. Et quand il a fini de faire tout ce qu'il avait à faire,
25 bien calmement, il me regarde longuement, sans sourire cette
fois.

— Bon, on va y aller, man... Je vais te laisser parler, car je veux
apprendre quelque chose de toi. C'est ça le but de ma journée
aujourd'hui. Les gens ne veulent plus apprendre. Ils ne laissent
30 plus parler les autres. Je t'ai vu à la télé, mais ça va toujours trop
vite pour moi, ce machin-là, on n'a pas le temps de bien expliquer
ce qu'on veut dire. Alors, on commence?

— Je suis prêt.

Il sourit. Je n'ai pas l'impression qu'il travaille pour un maga-
35 zine quelconque, mais je suis disposé à répondre à ses questions.
C'est cela le drame : pour me parler, ce type se croit obligé de me
raconter une salade. Pour lui, je ne suis pas du genre à perdre
mon temps. Parce que, d'après lui, ce temps ne m'appartient plus.
Il a été investi dans cette sacrée course vers le succès.

40   — Te considères-tu comme un écrivain antillais?

— Écoute, je suis vraiment fatigué de tous ces concepts (métis-
sage, antillanité, créolité, francophonie) qui ne font qu'éloigner
l'écrivain de sa fonction première : faire surgir au bout de ses
doigts, par la magie de l'écriture, la fleur de l'émotion. Naturelle-
45 ment, je suis contre tout ce qui s'écrit à propos des Antilles. Je suis
contre le terme Antilles pour définir cet ensemble d'îles qui se
trouvent en face du golfe du Mexique. La référence à la colonisation, dans ce cas, me semble trop pesante. J'ai, depuis quelques
années, pris l'habitude de croire que nous sommes en Amérique,
50 je veux dire que nous faisons partie du continent américain. Ce
qui me permet de résoudre quelques petits problèmes techniques
d'identité. Car, en acceptant d'être du continent américain, je me
sens partout chez moi dans cette partie du monde. Ce qui fait que,
vivant en Amérique, mais hors d'Haïti, je ne me considère plus
55 comme un immigré ni un exilé. Je suis devenu tout simplement un

homme du Nouveau Monde. Ce terme traîne dans son sillage un tel vent de fraîcheur qu'il faudra bien penser à le réactiver. Le Nouveau Monde. Le matin du monde. Les États-Unis, faut-il le rappeler, n'ont pas le monopole du vocable Amérique. De plus, je
60 remarque qu'il m'est aussi possible, quand je discute avec les Européens de mon américanité (ce sentiment fiévreux d'appartenance à cet immense continent où je suis tout de même né), d'éviter l'ennuyeux débat sur la colonisation[1].

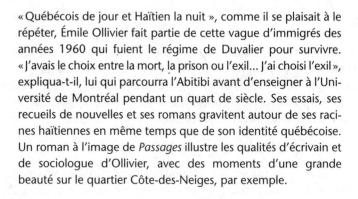

ESSAI

ÉMILE OLLIVIER (1940-2002)

« Québécois de jour et Haïtien la nuit », comme il se plaisait à le répéter, Émile Ollivier fait partie de cette vague d'immigrés des années 1960 qui fuient le régime de Duvalier pour survivre. « J'avais le choix entre la mort, la prison ou l'exil… J'ai choisi l'exil », expliqua-t-il, lui qui parcourra l'Abitibi avant d'enseigner à l'Université de Montréal pendant un quart de siècle. Ses essais, ses recueils de nouvelles et ses romans gravitent autour de ses racines haïtiennes en même temps que de son identité québécoise. Un roman à l'image de *Passages* illustre les qualités d'écrivain et de sociologue d'Ollivier, avec des moments d'une grande beauté sur le quartier Côte-des-Neiges, par exemple.

REPÉRAGES (2001)

Il faut également beaucoup de courage pour assumer sa condition d'homme appartenant à un double horizon, pour assumer la coexistence de plusieurs cultures, de plusieurs langues et d'une multiplicité de valeurs. Mais n'est-ce pas le lot d'une part crois-
5 sante de l'humanité ? Je l'ai déjà souligné, migrer à n'en pas douter est une tragédie, mais c'est aussi un salut. Et l'on se trompe soi-

---

1. Dany LAFERRIÈRE, *Je suis fatigué*, Montréal, Éditions Typo, 2005.

même si on en oublie un de ces deux versants. J'ai forgé le mot migrance pour indiquer que la migration est à la fois une douleur, une souffrance (la perte des racines, d'une certaine «naturalité»)
10 et un positionnement à distance, un lieu de vigilance. Si je vois très bien les pertes que cette situation inflige : perte du bain uté-rin, de la langue maternelle, du sol, tout cela conduisant sinon à un éclatement, du moins à la fragilisation de l'identité, dans le même temps, je considère la contrepartie : une individualité poly-
15 phonique, un univers décloisonné qui est foisonnement, bourgeon-nement de vie et liberté.

L'identité, aujourd'hui, subit une opération à cœur ouvert. L'irrup-tion de l'hétérogène est à la fois un miroir et un stimulant. En plus clair, j'oserais avancer que le migrant est la chance des sociétés
20 d'accueil, du fait qu'il est à la fois protagoniste et otage. Il est un otage en ce sens qu'il a perdu sa terre d'origine et est en urgence de terre d'accueil, et dans la majorité des cas, il n'a pas d'autres terres d'accueil en vue, même si les flux migratoires ont tendance à suivre les marchés dont on sait aujourd'hui qu'ils se déplacent
25 en fonction de la relocalisation de la richesse, des événements politiques, des législations et des réglementations courantes. En se déplaçant, le migrant nourrit l'espoir que la terre d'accueil lui offre un certain nombre de valeurs sûres : la valeur d'existence, la valeur de non-violence, la valeur éducative, la valeur de dignité, la
30 valeur positive d'héritage pour ses descendants.

En ce sens, il se retrouve sur sa trajectoire de migrant l'otage de la terre qui lui fournit potentiellement ce socle de valeurs. Il est également un protagoniste, car, qu'il le veuille ou non, il est obligé de s'ouvrir sur la communauté d'accueil, ne serait-ce qu'en récla-
35 mant un statut de vraie citoyenneté. Dans ces conditions, il y a de fortes chances qu'il participe à ce combat toujours recommencé, le combat pour l'autonomie et la perfection de l'Individu et de la Société.

Cette chance est maximale dans le cas d'un écrivain-migrant au
40 Québec, même s'il doit démêler l'écheveau des langues en frayage, même si une autre langue maternelle, utérine habite sous les lan-gues d'usage public. L'écrivain est un passeur, un ouvreur de mots. On le sait, sans étrangers, sans immigrés, sans traductions, toute langue nationale se fige, se nombrilise et entre en léthargie.

45   Aussi, au risque de paraître prétentieux, je crois que l'écrivain-migrant représente une chance pour les écrivains québécois qui vivent objectivement dans une société en crise et qui sont subjectivement des gens en crise. Objectivement, puisqu'ils vivent, dans un système de relations tendues, une histoire traumatique qui
50   revêt le masque de tant d'inhibitions, tant d'angoisses, tous symptômes qui ne peuvent pas être soulagés par le repli sur soi. Subjectivement, ils vivent cette crise dans leur chair, avec toute la passion et l'implacabilité du destin au sens hégélien et profane du terme[2]. Ils portent dans leurs œuvres le poids tragique de leur
55   sort ; le tragique ici réside dans le fait de ne pouvoir devenir autre que soi-même.

Qui mieux qu'un migrant, cet être dont le ressort premier est de chercher le mouvement de la vie, peut comprendre les processus de scission, de conflit, de déchirement, de séparation, d'aliéna-
60   tion, mais aussi de distorsions de la communication, de non-dits, de malentendus, d'oublis, de refoulements, bref tout ce qui fait le tragique de l'histoire québécoise ? Écrivains québécois de toutes origines, ensemble nous sommes les promoteurs possibles de l'avenir en ce sens que nous pouvons nous entraider et repenser
65   ensemble la demeure de l'être et refonder la communauté. Levons-nous de bonne heure, car la tâche est immense et nous ne disposons pas de beaucoup de temps[3].

ESSAI

MAXIME-OLIVIER MOUTIER (1971-)

Après avoir étudié la psychologie, la littérature et la théologie pastorale à l'Université de Montréal et à l'Université de Sherbrooke, Maxime-Olivier Moutier devient animateur pour la télévision de Radio-Canada et anime un séminaire de psychanalyse dans un centre de crise de Montréal. Ses romans *Risible et noir, Marie-Hélène au mois de mars, Lettres à mademoiselle Brochu* et *Les trois modes de conservation des viandes* sont salués par la critique et le

2. Friedrich HEGEL, *L'esprit du christianisme* et son destin, Paris, Vrin, 1988, p. 53-54.
3. Émile OLLIVIER, *Repérages,* Montréal, Leméac, « L'écritoire », 2001, p. 119-121.

public. Entre-temps, il fait régulièrement paraître dans les journaux des textes dans lesquels il n'hésite pas à exprimer son opinion et même à provoquer, à la manière de ceux qu'on retrouve
dans son recueil *Pour une éthique urbaine.*

GÉRALD GODIN ET PAULINE JULIEN (2002)

Pourquoi personne ne m'a jamais parlé de Pauline Julien ? J'aimerais savoir comment il se fait, moi qui suis pourtant né ici, au Québec, que les paroles que chante cette femme aient existé, dans mon
pays, et que personne n'ait jamais ressenti la nécessité de m'en
5 parler. Que s'est-il donc passé pour que jamais un adulte autour
de moi n'ait su faire ce travail ? Pourquoi ne m'est-il resté que le
ski alpin dans les Laurentides, l'Atari 500, les toasts pas de croûte
et les épisodes de *Passe-Partout,* mais rien autour de l'idée qu'un
jour, tout près de chez moi, dans le cœur des gens d'ici, se trouvait
10 le sentiment d'une « politique québécoise » ? Avec un Gérald Godin
faisant du porte-à-porte de logement en logement. Bien au bras
de sa bombe de femme, Pauline Julien. On me dit que c'était peut-
être à moi de faire le pas nécessaire pour m'intéresser à l'histoire
de mon peuple. Les plus vieux étant tous beaucoup trop occupés
15 à brailler sur le système de santé. Mais je n'en suis pas sûr. Parce
qu'il n'y a jamais eu personne, personne qui puisse seulement venir
me dire qu'il existait des gens, autrefois, il n'y a pas si longtemps,
mais quand même autrefois. Des gens qui portaient un désir, le
désir d'être québécois. Des hurluberlus, sans doute, des fanfa-
20 rons. Mais pourquoi n'y a-t-il plus un adulte pour nous parler de
cela ? Pour nous transmettre le fait qu'il y a déjà eu de la poésie,
ici, chez moi, tout près de ma rue ? Y a-t-il une honte que je suis le
seul à ne pas connaître, entourant ce qui touche cette époque ?

Mais non. Comme tous les jeunes de mon espèce, je suis seul. Et
25 je ne pense naturellement jamais à me débattre pour faire valoir
mon identité. Je n'y pense pas parce que cela n'existe pas dans
mon pays. Tellement pas que jamais je n'avais pu imaginer qu'une
revendication fût à l'honneur, il y a cent mille ans de cela. Tout
près d'ici. De l'autre côté de la rue.

30 Comment se fait-il que, néanmoins, j'ai l'intime conviction que
si j'avais été là, avec eux, j'aurais moi aussi été de ceux qui vont
casser des biens publics et des lampadaires, moi aussi de ceux qui
manigancent pour kidnapper des sous-ministres. Et s'il avait fallu

tuer, je l'aurais sans doute fait. Comme tous les peuples l'ont tou-
35 jours fait, partout dans le monde, encore aujourd'hui, dans tous
les coins du monde entier. Transportés par un désir encore bien
allumé. Un désir que nous n'avons pas, nous. Que nous observons
de haut, avec la prétention de trouver tout cela dépassé. Sauf
qu'au moment de la décennie de cette crise d'Octobre, pour le
40 projet du Québec, je sais que j'aurais été de ceux qui posent des
actes, même si cela requiert de tuer quelques Anglais. Parce que
quand même, j'ai l'impression que cela est bon pour la santé, d'aller
lancer des pierres avec les copains, ou de poignarder un militaire,
à la sortie d'un virage. Intime et profond, comme chez les humains
45 des autres peuples, qui ne sont pas plus cons que vous et moi, si
l'on observe le tout avec un peu d'humilité. Comment se fait-il que
je pense de cette manière, moi qui étais encore bien petit, au jour
du référendum de 80 ? Suis-je seul ou si c'est pareil pour tout le
monde et que personne ne le dit ?

50   Toute une génération était là réunie. Ils étaient des milliers.
Mais personne n'est resté. Personne n'a survécu. Julien, Lévesque,
Godin, Vallières, tous sont morts assez jeunes. Après s'être tus.
Après avoir remisé tout ce qui les animait. Avec une truelle et du
plâtre au crépi. Comme tous les gens de cette époque : Charlebois,
55 Bourgault, Michel Rivard et les autres, enfermés dans un silence
amer. Sans plus personne pour nous rappeler, au début de nos
adolescences, qu'il y a eu un poète, un Québécois en plus, qui a
déjà dit de nous, avec une compréhension d'une lucidité tout à fait
intense du phénomène québécois : « ils n'ont pas de couteau entre
60 les dents, mais un billet d'autobus mes frères, mes frères. »

    Tabarnak ! Où sont-ils tous passés, ces trous de cul qui se bat-
taient autrefois ? Tabarnak, pourquoi n'ont-ils jamais été là quand
il le fallait, pour me dire qu'on avait écrit de pareilles choses au
Québec ? Avant le début de la médiocrité. Qu'on avait fait sauter la
65 statue de Nelson. Oui, franchement, j'aimerais que quelqu'un
m'explique pourquoi. Richard Martineau, Pierre Foglia, n'importe
qui, que quelqu'un m'explique pourquoi j'ai des larmes qui me
viennent aux yeux quand je revois des images de cette époque.
Même si personne ne m'a jamais parlé de ce que fut cet échec, j'ai
70 des larmes qui me viennent. Avec, en plus, le sentiment que c'est
là que tout a basculé, le jour où seulement quatre Québécois sur
dix ont voté « oui », ce qui s'est avéré insuffisant, le soir où tout le

monde s'est regardé, sans trop se parler, avant de repartir chez eux, le cœur gros, le plus grand échec de leur vie au fond des tripes, celui de leur désir, à jamais rayé. L'échec et le silence en conclusion. Le silence ensuite à la maison. Encore maintenant, dès l'instant de notre naissance en territoire non québécois. Un mal politique qui transforme la volonté du monde. Aussi pertinent que la honte de l'Holocauste pour les Allemands. Nous avons voté « non ». Cela personne dans le reste du monde ne le comprend vraiment. Même les Anglais, entre eux, ne comprennent pas pourquoi nous avons voté « non ». Et c'est peut-être un peu pour cela que, parfois, le reste du monde nous traite avec mépris. En vérité ou en sensation. Peut-être un peu pour cela que les Français ne pourront jamais complètement nous respecter. Parce que nous sommes un peuple raté. Et que cela se voit sur notre front. Une fausse nation, qui n'a jamais pu ratifier, ensemble, d'un commun accord, ce désir d'être quelque chose d'autre. Différent, unique et nouveau.

C'est à ce moment-là que nous sommes devenus les cons que nous sommes aujourd'hui. Les « gentils » Québécois. Les imbéciles, les morts-vivants, les calmes et les doux, qui braillent à la moindre bousculade, sans la plus petite trace d'orgueil dans les poings. Ces Québécois dans leur société stable, qui ont peur de l'intelligence, qui ne veulent rien entendre quand vient le temps de peser le pour et le contre des choses, parce que cela leur prendrait trop de temps, parce que cela demanderait à chacun d'y mettre un peu du sien, et qu'il ne faut surtout pas se disputer. Et que c'est très fatigant, d'y mettre du sien, quand on est québécois. Et qu'il est inutile de prendre les choses trop à cœur ou trop au sérieux. Tous ces idiots partis se réfugier dans l'humour, avec trois humoristes à chaque coin de rue. Plutôt que des héros tels que Godin et Pauline Julien. Qui avaient un discours, un projet, une idée de l'avenir. Julien qui a vraiment de plus en plus bien fait de se suicider. Quand on y pense sérieusement. Parce qu'elle aura fini par se suicider, Pauline Julien, après s'être fermé la trappe, tout juste au lendemain de ce référendum perdant, pour jusqu'à la fin des temps. Le destin du désir de cette femme s'est soldé par un suicide[4].

---

4. Maxime-Olivier MOUTIER, *Pour une éthique urbaine,* Montréal, L'effet pourpre, 2002, p. 113-116.

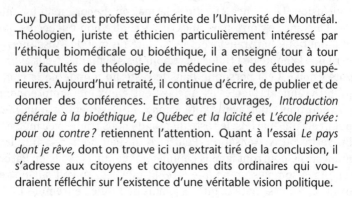

ESSAI

GUY DURAND (1923-)

Guy Durand est professeur émérite de l'Université de Montréal. Théologien, juriste et éthicien particulièrement intéressé par l'éthique biomédicale ou bioéthique, il a enseigné tour à tour aux facultés de théologie, de médecine et des études supérieures. Aujourd'hui retraité, il continue d'écrire, de publier et de donner des conférences. Entre autres ouvrages, *Introduction générale à la bioéthique*, *Le Québec et la laïcité* et *L'école privée : pour ou contre ?* retiennent l'attention. Quant à l'essai *Le pays dont je rêve*, dont on trouve ici un extrait tiré de la conclusion, il s'adresse aux citoyens et citoyennes dits ordinaires qui voudraient réfléchir sur l'existence d'une véritable vision politique.

LE PAYS DONT JE RÊVE (2003)

UN PAYS, UNE PATRIE, c'est comme l'extension de la personnalité, l'élargissement de l'identité. Ça fait corps avec la personne par la médiation de la culture, du tissu relationnel et de l'environnement. Ça permet d'avoir les pieds sur terre, pendant que la tête
5 explore l'espace et que le cœur embrasse le monde. En France, beaucoup de gens disent « mon pays » pour désigner leur région, la région qui fait corps avec eux. Au XXIe siècle, cette identité ne peut être que multiple, par exemple : Québécois, Canadien, Nord-Américain, Occidental, citoyen du monde, même si le point
10 d'ancrage symbolique, psychologique et politique est le Québec. De même, au XXIe siècle toujours, la souveraineté ne peut être que partagée, bien qu'il faille un état privilégié symboliquement, psychologiquement et politiquement, à savoir pour moi le Québec.

15   L'aménagement des institutions étatiques n'a pas à répondre aux seules règles des rapports interpersonnels, mais aux exigences des rapports de groupes, notamment des rapports de la majorité avec ses minorités. Il n'y a pas que des individus en présence les uns des autres, mais des collectivités, avec leur his-
20 toire, leurs projets, voire leurs préjugés et leur haines. Il y a des droits individuels et des droits collectifs, des responsabilités per-

sonnelles et d'autres sociales. L'idéal éthique n'est pas de faire
triompher à tout prix ses vues personnelles, mais de chercher à
obtenir les plus larges consensus, et donc les meilleurs compro-
25 mis. Elle reste pertinente, cette phrase célèbre de John F. Kennedy,
que je mets en parallèle avec la citation de René Lévesque rappor-
tée en exergue [« C'est parce qu'on a peur d'être grand qu'on reste
petit »] : « Demandons-nous, non pas ce que le pays peut faire
pour nous, mais ce que nous pouvons faire pour notre pays. »

30   Un pays se construit par la volonté et l'action de ses citoyens et
citoyennes. De chacun d'eux pris individuellement d'abord. Il y a
des responsabilités personnelles à assumer dans nos gestes
quotidiens comme dans nos votes lors d'élections, même s'il est
évident que tous les citoyens ne peuvent s'engager de manière
35 identique. À leur manière, nos rapports quotidiens aux institutions, nos rapports quotidiens aux services de santé, d'éducation,
de bien-être social et autres, contribuent à la construction du
pays ou à sa détérioration. Nos rapports interpersonnels avec nos
voisins, nos partenaires, nos concitoyens contribuent à l'harmo-
40 nie sociale ou la diminue.

    Au-delà des actions individuelles, un pays se construit davan-
tage encore par les regroupements de citoyens, les associations,
l'action sociale et communautaire. Devant les systèmes de toutes
natures, l'individu, à moins d'être très fort et d'avoir une énergie
45 et une information considérables, est démuni. L'action communautaire a déjà fait ses preuves. Les institutions sociales, comme
les Caisses populaires, le Fonds de solidarité, la Caisse de dépôt et
placement, pourraient servir de fer de lance, donner l'exemple,
sortir de l' « économiquement correct », développer des stratégies
50 innovatrices. Parmi les groupes influents figurent les syndicats :
au-delà de leurs intérêts partisans acceptables, ils pourraient
accentuer leur attitude altruiste et penser à l'ensemble de la
population. Les gens d'affaires sont considérablement interpellés
eux aussi. Dans la construction d'un pays, l'argent compte, c'est
55 l'évidence même : il permet de créer de l'emploi et de générer une
certaine prospérité. Mais il existe une telle chose que la *responsabilité sociale* des entreprises. Et pour leurs dirigeants, un tel
projet qu'une qualité de vie partagée avec tous. Les stratégies
innovatrices, les initiatives originales, faites dans une vision
60 d'harmonie, sociale et de respect des personnes, sont gagnantes à

long terme. L'amélioration des conditions sociales influe à la longue sur les conditions économiques[5].

STÉPHANE ARCHAMBAULT (1970-)

Stéphane Archambault est un acteur et chanteur québécois. En tant que comédien, il s'est fait connaître dans des téléromans tels que *Quatre et demi* et *Rumeurs,* en plus d'avoir été membre de l'équipe des Rouges à la Ligue nationale d'improvisation, avec laquelle il a remporté la Coupe Charade en 2004. Il a également fait sa marque avec le groupe Mes Aïeux, considéré comme le meneur du mouvement « néo-trad » (contraction de « nouvelle musique traditionnelle »). Celui-ci recourt au folklore québécois pour aborder des thèmes modernes tels que la mondialisation ou l'individualisme.

DÉGÉNÉRATIONS (2005)

Ton arrière-arrière-grand-père, il a défriché la terre
Ton arrière-grand-père, il a labouré la terre
Et pis ton grand-père a rentabilisé la terre
Pis ton père, il l'a vendue pour devenir fonctionnaire

5 Et pis toi, mon p'tit gars, tu l'sais pus c'que tu vas faire
Dans ton p'tit trois et demi bien trop cher, frette en hiver
Il te vient des envies de devenir propriétaire
Et tu rêves la nuit d'avoir ton petit lopin de terre

Ton arrière-arrière-grand-mère, elle a eu quatorze enfants
10 Ton arrière-grand-mère en a eu quasiment autant
Et pis ta grand-mère en a eu trois c'tait suffisant
Pis ta mère en voulait pas ; toi t'étais un accident

Et pis toi, ma p'tite fille, tu changes de partenaire tout l'temps
Quand tu fais des conneries, tu t'en sauves en avortant
15 Mais y'a des matins, tu te réveilles en pleurant
Quand tu rêves la nuit d'une grande table entourée d'enfants

---

5. Guy DURAND, *Le pays dont je rêve. Regard d'un éthicien sur la politique,* Montréal, Fides, 2003, p. 317-319.

Ton arrière-arrière-grand-père a vécu la grosse misère
Ton arrière-grand-père, il ramassait les cennes noires
Et pis ton grand-père – miracle ! – est devenu millionnaire
20 Ton père en a hérité, il l'a tout mis dans ses REERs

Et pis toi, p'tite jeunesse, tu dois ton cul au ministère
Pas moyen d'avoir un prêt dans une institution bancaire
Pour calmer tes envies de hold-uper la caissière
Tu lis des livres qui parlent de simplicité volontaire

25 Tes arrière-arrière-grands-parents, ils savaient comment fêter
Tes arrière-grands-parents, ça swignait fort dans les veillées
Pis tes grands-parents ont connu l'époque yé-yé
Tes parents, c'tait les discos ; c'est là qu'ils se sont rencontrés

Et pis toi, mon ami, qu'est-ce que tu fais de ta soirée ?
30 Éteins donc ta tivi ; faut pas rester encabané
Heureusement que dans' vie certaines choses refusent de changer
Enfile tes plus beaux habits car nous allons ce soir danser[6]...

MANIFESTE

SYLVIE BERGERON (1959-)

Après un baccalauréat en littérature ainsi que des études en psychologie et en danse, Sylvie Bergeron fonde une entreprise de
rédaction des affaires et évolue comme danseuse dans plusieurs
pays pendant de nombreuses années. Parallèlement, elle étudie les
mécanismes de l'esprit. Cela la conduit à agir comme accompa-
gnatrice auprès d'une population prête à la fois à comprendre
ses origines profondes et à en assumer la résonance dans le quotidien. En 1997, elle devient éditrice et, à titre d'auteure, publie
des livres sur les mécanismes de l'âme et de l'esprit qui en font
une spécialiste de l'identité. Son manifeste sur notre crainte de
l'assimilation, dont voici un extrait, se révèle une œuvre fort
intéressante.

---

6. Mes Aïeux. CD, *En famille*, 2004. Les éditions SB enr. Stéphane Archambault – Éric
   Desranleau – Marie-Hélène Fortin – Frédéric Giroux – Marc-André Paquet.

L'IMMIGRATION DANS UN QUÉBEC PURE LAINE (2005)

Pour tout vous dire, l'immigration ne fait pas partie de nous. Même que ce phénomène est très difficile à gérer pour le peuple québécois. Dans notre histoire, contrairement aux Anglais, jamais nous n'avons eu recours massivement ni à l'esclavage ni à l'immi-
5 gration, avant les années Trudeau. Ce Premier ministre a ouvert les portes du Canada et du Québec au monde entier. Ce fut à la fois bénéfique et saisissant pour les Québécois, dominés par l'élite anglophone, qui tâchaient déjà de s'acclimater à la venue des immigrants de l'après-guerre. Tandis que Trudeau mettait le Canada
10 sur la carte, René Lévesque francisait les dirigeants du Québec. C'est dans cette dualité politique que la plus grande vague d'immigrants s'est amorcée, de la fin des années 70 à aujourd'hui.

Comprenez bien, nous sommes un peuple qui n'a jamais demandé d'aide à personne pour bâtir notre coin de pays, nous avons tou-
15 jours compté sur la seule force de nos entrailles maternelles pour ne pas mourir. Chaque agriculteur, chaque soldat chaque fonctionnaire ou prêtre avait été produit par la chair de nos mères. La France ayant très tôt abandonné notre colonie, nous avons dû relever le défi de nous défendre par nous-mêmes en produisant
20 notre propre magma humain. Et quelle production massive ! Le fait de nous suffire à nous-même nous a aussi permis de développer beaucoup de robustesse et de débrouillardise, triplées d'une fierté légitime ; et c'est peut-être pour ça que nous résistons encore aujourd'hui à « tout ce qui n'est pas nous ». Ainsi, peut s'expliquer
25 une certaine lenteur à absorber la masse de nouveaux Québécois.

Les anglo-saxons ont donc toujours eu recours à l'esclavage et à l'immigration dans le but de s'enrichir. Pas nous (peut-être est-ce pour cela que nous sommes toujours derrière l'Ontario pour le PIB). Nous n'avons jamais développé le réflexe de demander à
30 d'autres de produire notre richesse à notre place, au contraire, nous avons tout fait par nous-mêmes et souvent au profit des compagnies anglaises (qui dirigeaient alors le Québec) ou de la France qui empochaient l'argent gagné par les colons, avant la cession de notre territoire à l'Angleterre.

35 Mais au-delà de la production de Québécois pure laine, la cause la plus profonde de notre lenteur à digérer la venue de « l'autre »

tient du fait que nous souhaitons une intégration du cœur par le biais de notre culture. Au contraire, les Anglais ont toujours mis l'accent sur l'intégration économique de ses immigrants, ce qui se
40 fait nécessairement plus rapidement puisque la profondeur des liens entre mentalités n'est pas requise. Voilà ce qui je crois, par-dessus tout, nous distingue de nos voisins *canadians* dans le domaine de l'immigration.

Ajoutez à cela que les dossiers d'immigration demeurent sous
45 financés, ce qui fait glisser bon nombre de néo-Québécois de plus en plus souvent vers les institutions anglo-saxonnes montréa-laises moins exigeantes. L'immigration tient alors plutôt d'une occasion réciproque que d'un coup de cœur. J'ai rencontré une femme de cœur d'une quarantaine d'années, roumaine d'origine.
50 La Roumanie a longtemps eu pour langue seconde le français. Or le fils de cette dame qui venait de débarquer chez nous possédait mieux l'anglais. Pour une raison que j'ignore, le système québé-cois lui a accordé la permission d'aller à l'école anglaise. Je me demande à quoi sert de faire toutes ces lois, si nous manquons
55 d'autorité pour les faire appliquer. Le manque de fonds et l'impa-tience d'accéder aux marchés tuent aussi nos belles initiatives d'intégration. Ce jeune homme grossira donc les rangs des citoyens anglophones, utilisant les institutions dont la mentalité n'est pas la nôtre. Il deviendra un autre étranger parmi nous... Non parce
60 qu'il est Roumain, mais parce qu'il fera désormais partie de « l'autre solitude ».

Ce sont nos politiciens et nos fonctionnaires qui sabotent eux-mêmes la capacité d'intégrer les immigrants à la culture québé-coise. Et ce manque d'intégration pousse les Québécois à prendre
65 leurs distances avec les nouveaux venus comme s'ils anticipaient que l'immigrant choisira la monoculture dominante de l'Amérique, comme si leur enseigner notre langue et notre culture était perdu d'avance. Comme toutes nos guerres...

[...]

70 Le temps. Alors que nous voulons prendre le temps de vous montrer qui nous sommes, vous êtes pressés par les occasions d'élever notre niveau de vie. C'est normal. Mais pendant que vous versez vers une conscience plus matérialiste, notre tissu social

s'amincit. Une société ne peut pas vivre que d'enrichissement
75 matériel, elle ne peut pas non plus avoir confiance en elle
lorsqu'elle se ghettoïse. Les Québécois, pour fermés qu'ils étaient
sur eux-mêmes, ont compris les pièges d'une telle résistance. En
l'espace de quarante ans, un homme, René Lévesque, nous a
appris à avoir confiance en nous, peuple conquis. Et nous nous
80 sommes levés sans même savoir qui nous étions, et nous avons
marché dans le vide et on nous a menacés de nous appauvrir et
nous avons persévéré, sans trop savoir pourquoi. Si nous sommes
aujourd'hui ouverts sur le monde, ce n'est pas seulement parce
que Trudeau a mis le Canada sur la carte et que vous nous avez
85 trouvé, c'est surtout parce qu'une bonne majorité de Québécois a
appris à marcher à partir du rayonnement de son propre esprit.

Je crois que nous sommes en droit de demander à nos concitoyens de ne pas se replier sur eux-mêmes, malgré notre maladresse à les inclure. Nous nous sommes libérés de notre passé et
90 j'imagine que vous êtes venus chercher la même chose ici : la
liberté est un état d'esprit jamais acquis. Nous pouvons apprendre
ensemble à perpétuer cet élan. Voilà un horizon commun[7].

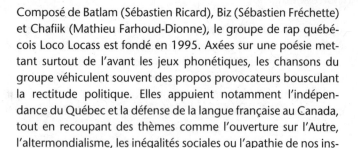

CHANSON

LOCO LOCASS (1995-)

Composé de Batlam (Sébastien Ricard), Biz (Sébastien Fréchette)
et Chafiik (Mathieu Farhoud-Dionne), le groupe de rap québécois Loco Locass est fondé en 1995. Axées sur une poésie mettant surtout de l'avant les jeux phonétiques, les chansons du
groupe véhiculent souvent des propos provocateurs bousculant
la rectitude politique. Elles appuient notamment l'indépendance du Québec et la défense de la langue française au Canada,
tout en recoupant des thèmes comme l'ouverture sur l'Autre,
l'altermondialisme, les inégalités sociales ou l'apathie de nos institutions et des individus en général.

7. Sylvie BERGERON, *Vue de l'intérieur. Manifeste sur la crainte de l'assimilation*, Montréal,
Éditions La Guaya, 2005, p. 65-68.

ART POLITIK (2005)

La vertu civique nique systématiquement les vices
Du système étatique, par en dedans, en l'aimant tellement
Qu'il s'émancipe quotidiennement
Ici j'insiste et je cite Ernest Renan :
5 « L'existence d'une nation est un plébiscite de tous les jours » Je
Me plais bien
À voir mon peuple de plébéiens
Geindre et se plaindre
Du peu de cas que l'État fait de son cas
10 Mais qua c'est qu'tu crois mon gars ?
L'état dans lequel est l'État
Est à la mesure de ta léthargie
Ici on vagit, n'agit plus
            de vigilance
15 Ci-gît l'idée d'État providence
Chacun pour soi, dans son coin, coi
Fier d'être Québéc... hein quoi ?
Ça c'est là où le cercle se visse
Évinçant l'art civique si vicieusement

20 La vertu du citoyen te parle d'espace mitoyen
Salut à toi l'Irakien, l'Iranien, l'Nord-Coréen
Ahlan wa sahlan[8]
Dans mon tam-tam jam ethnique contemporain
La vertu du citoyen te parle d'espace mitoyen
25 Salut à toi l'Ghanéen, l'Italien, l'Dolbéen
Tire-toi donc une bûche
Dans mon tam-tam jam ethnique contemporain
Pour avoir tenu tête aux tempêtes, à la conquête
Il faut que j'en convienne, les pure laine
30 On était maillés serré
Sauf qu'après avoir flushé la race et la religion
Comme bases de la demeure
La question de base demeure
Comment vivre ensemble ?

---

8. Bienvenue.

35 Il me semble que Fernand dans ses Raisons communes
    Avait raison : communauté politique vaut mieux
                qu'État nation
    N'en déplaise aux tenants du bon vieux gai temps
    Fini le temps sans bon sens du 100 % pur sang
40 Que tu sois Grec, Tchèque, Guatémaltèque ou métèque
    Le Québec t'accepte, te respecte
    Fuck ceux qui rouspètent !
    Tant que mon patois laisse pas tes enfants pantois
    Mon toit c't'à toi

45 ICITTE Y A D'LA PLACE EN MASSE
            POUR RASSEMBLER TOUTES LES RACES

    À tous ceux qui n'ont en bouche que
    « Pas touche à mon Québec de souche »
    J'les envoie sur la touche, aux douches !
50 En fait, je souhaite
    Que le moule des idées de la droite se gauchisse
    Au contact d'une planète qui RAPetisse et se métisse

    La vertu du citoyen te parle d'espace mitoyen
    Salut à toi l'Israélien, le Palestinien, le Syrien
55 Ahlan wa sahlan
    Dans mon tam-tam jam ethnique contemporain
    La vertu du citoyen te parle d'espace mitoyen
    Salut à toi l'Amérindien, le Canadien, l'Uruguayen
    Tire-toi donc une bûche
60 Dans mon tam-tam jam ethnique contemporain
    Au faîte du mont Fernand
    Je constate notre déraison comme une fosse commune
    Et titre à la une que les tunes acerbes
    Procèdent à un génocide de l'éthique
65 Et désherbent la liberté au nom d'la liberté d'commercer
    Tu fumes de l'herbe au label Hell's Angels pour t'émanciper
    « Besoin d'un quart pour mon corps mort affalé su'l'canapé
    Ben à mon poste devant mon poste de T.V.
    Mon C.V. ? J'vas trois fois par jour au W.C. »
70 Bro, c'est ton bro qui t'parle de Big Bro
    Pendant qu'tu joues à Mario Bro... au secours !

La vertu du citoyen te parle d'espace mitoyen
SALUT À TOI L'LYBIEN, L'VIETNAMIEN, L'ABITIBIEN
Ahlan wa sahlan
75 Dans mon tam-tam jam ethnique contemporain
La vertu du citoyen te parle d'espace mitoyen
Salut à toi l'Haïtien, l'Gaspésien, l'Caucasien
Tire-toi donc une bûche
Dans mon tam-tam jam ethnique contemporain
80 Hé toi fils de richard
Qui a l'choix entre ses six chars
Tu t'crois plein d'vertu parce que tu t'évertues
À sortir un castor de ton costard Lacoste tard le soir
Pour faire boire un ciboire de loubard, de quêteux ?
85 Mais pense à ta compagnie qui pourrit l'pays pis l'esprit
Depuis un esti de bout à coup d'campagnes dégueulasses
Dans les magazines de masse et pis tes usines
Qui chient leur chiasse dans la campagne dégueulassée
Par les cass' de ta race
90 Et pis en plus, minus, enfonce-toi dans la... tête
(en parlant d'égal à égal) que le sans-abri-fiscal
Qui s'cale le mescal dans l'escalier avec bonhomie
Fait mieux rouler l'économie de son pays en payant
Son alcool à friction qu'toi pis ton addiction
95 À faire croupir tes millions
Loin, ben loin du risque qu'le fisc confisque !

La vertu du citoyen te parle d'espace mitoyen
Salut à toi l'Séraphin, l'plein d'foin, toi qui as rien
Ahlan wa sahlan
100 Dans mon tam-tam jam ethnique contemporain
La vertu du citoyen te parle d'espace mitoyen
Salut à toi l'Africain, l'Européen, l'Américain
Tire-toi donc une bûche
Dans mon tam-tam jam ethnique contemporain[9]

---

9. LOCO LOCASS, *Poids plume*, Montréal, Fides, 2005, p. 99-103.

JACQUES GODBOUT (1933-)

Romancier et cinéaste ayant longtemps milité pour l'indépendance du Québec, Jacques Godbout a souvent tenu des propos qui ont engendré la polémique. L'entrevue qu'il accorde au journaliste Michel Vastel en 2006 ressort cependant entre toutes et retient l'attention. Godbout y évoque le fait que l'indépendance ne se fera jamais et qu'un numéro de *L'actualité* pourrait bien annoncer la disparition du Québec en 2076, c'est-à-dire cent ans après la prise du pouvoir par René Lévesque et le PQ. Les critiques fusent de partout : exagération, pessimisme, mépris, etc. « Jamais je n'ai lu, dans *L'actualité,* un article qui m'ait choqué à ce point », écrira un lecteur deux numéros plus tard.

2076 : LA FIN DU QUÉBEC ! (2006)

De quoi rêviez-vous, pour le Québec,
quand vous étiez jeune ?

— Je voulais un Québec laïque. J'en avais marre de penser que la seule façon d'exister dans cette société était de monter dans la
5 hiérarchie catholique et que, quand on était chanoine, on avait enfin une existence. Il nous fallait une société laïque où les gens seraient reconnus pour leur métier, leur travail, leur réussite. Alors, nous avons voulu créer une littérature nationale, parce qu'un pays qui n'en a pas est un pays qui n'a pas d'existence natio-
10 nale ni d'existence internationale. Il faut un drapeau et une littérature, le reste suit. Nous avons fait des colloques où Gilles Vigneault et [le poète] Gaston Miron d'un côté et des romanciers de l'autre se demandaient quand et comment créer une littérature nationale. À l'époque, cela s'appelait une « littérature cana-
15 dienne-française ». Notre première décision fut de changer l'étiquette : nous l'avons appelée « littérature québécoise ». Puis, nous avons convenu que si nous écrivions suffisamment de volumes, un jour il y aurait deux ou trois mètres de littérature sur les étagères et que ça y resterait. La cinématographie nationale, c'est
20 aussi une chose à laquelle nous travaillions beaucoup. On en discutait sans arrêt. C'était une volonté et ce fut une réussite.

N'étiez-vous pas aussi portés par la Révolution tranquille ?

— L'avantage que nous avions, c'est que la société était jeune.
Quand j'avais 20 ans, la majorité des Québécois n'avaient pas
20 ans. Nous pouvions dire : « Vous êtes une bande de vieux cons
et on va vous remplacer. » C'était un discours naturel. Les chefs
qui dirigeaient la société avaient tous l'Europe comme référence
et avaient fait leur cours classique. On les appelait d'ailleurs parfois des « retours d'Europe ». Ils avaient pris des idées là-bas et
revenaient les imposer ici. Que ce soit Daniel Johnson (père), Jean
Lesage, René Lévesque, Robert Bourassa [NDLR : de futurs premiers ministres du Québec], ils avaient tous le même parcours.
Aujourd'hui, vous avez trois chefs de partis qui sont de la génération des cégeps, des Nord-Américains d'abord et avant tout, qui
n'ont pas fait leurs humanités et manquent de perspective. Je ne
comprends pas tout à fait comment ils pensent et j'ai de la difficulté à savoir où ils vont.

Le Québec serait-il en déclin ?

— L'année 1976 fut l'étape ultime de la Révolution tranquille,
son apogée. On avait effectivement une littérature nationale, un
cinéma, la chanson. On a eu l'élection du PQ, qui était le produit de
tout un effort culturel des années 1960, la loi 101, la Loi sur la
protection du territoire et des activités agricoles. Ce fut le sommet de la courbe. Sans la chanson, sans la poésie, sans la littérature, sans discours chargé d'émotion, le PQ n'aurait pas été élu.
C'était une époque où il y avait une cohésion extraordinaire et un
rêve partagé dans la société. Trente ans plus tard, on peut dire
que la Révolution tranquille est épuisée, parce que la société
canadienne-française, qu'on appelle « québécoise de souche », est
elle aussi épuisée. Elle ne fait plus d'enfants. Elle a un problème
démographique énorme. Par conséquent, sa culture disparaît peu
à peu.

Voulez-vous dire que ce que vous avez bâti est menacé ?

On se retrouve avec une immigration de plus en plus importante, qui, curieusement, ramène le religieux dont on s'était
débarrassé. Le religieux revient avec le voile, le kirpan, les salles
réservées à la prière dans les collèges et les universités, l'érouv
qu'il faut tendre autour du quartier. Le religieux revient donc avec

l'immigré, qui, lui, n'a pas vécu notre laïcité. La langue française,
60 elle aussi, est menacée, parce que ce n'est plus une immigration
d'individus, comme dans les années 1970 : ce sont des tribus qui
immigrent, avec leurs costumes, leurs coutumes, leur religion et
leur télévision. On sous-estime le fait que la soucoupe branchée
sur Al-Jazira ou d'autres chaînes étrangères empêche ces gens de
65 regarder la télévision indigène, qui, elle, ne les intéresse absolument pas. Donc, ils ne s'intègrent même pas le soir en rentrant à
la maison. Ils sont entre eux. Sous prétexte de permettre aux individus plus de liberté, on se trouve à détruire une cohésion sociale.
La tribu canadienne-française est en mauvaise posture : elle n'a
70 plus d'enfants! Elle doit mettre fin au retour du religieux qui
s'opère par l'intermédiaire du militantisme immigré, musulman
entre autres, car il est très dangereux. Une façon d'y parvenir
serait de dire : « On vous offre nos églises, elles sont vides. Faites-
en des mosquées! » Le jour où on fera ça, le peuple va se rendre
75 compte que quelque chose ne marche pas.

Dans ces conditions, les jeunes peuvent-ils encore rêver ?

— Si j'avais 25 ans et que je regardais autour de moi, je me ren-
drais compte que je ne suis pas dans la majorité, au contraire ; que
ma société est en train de devenir clairsemée, dispersée et conser-
80 vatrice ; que les partis politiques sont conservateurs et que les
organisations syndicales, qui, à mon époque, étaient dynamiques,
sont devenues conservatrices. C'est très difficile d'avoir 25 ans
aujourd'hui et de rêver de transformer une société comme celle-là.

Vous allez décourager les jeunes !

85 — Je ne sais pas par quel moyen les jeunes vont pouvoir agir. Ils
sont dans un monde beaucoup plus éclaté et beaucoup moins
cohérent que celui que j'ai connu. Ils savent cependant se servir
d'un ordinateur mieux que moi et ont donc les moyens techniques
pour agir. Mais ils n'ont plus les références que nous avions. Nous
90 allions chercher nos références ailleurs que dans notre société.
Moi, par exemple, je n'allais pas croire un mot de ce que le clergé
m'affirmait. Il était au pouvoir et voulait que les choses restent
comme elles étaient. Aujourd'hui, les références des jeunes,
quelles sont-elles ? Ils ont des gourous dans le milieu de l'environ-
95 nement – Pierre Dansereau et Hubert Reeves –, mais cela me fait

penser au monde chrétien que j'ai connu. C'est tout juste s'ils ne font pas des prières, ils sont toujours pour la vertu.

Ils ont des gourous dans certains domaines, mais en sciences, où nous étions pourris et nuls, ils ont des experts très avancés, des garçons et des filles de 30 ans, qui travaillent comme des fous à des projets de société. C'est une nouvelle classe intellectuelle que nous n'avions pas.

Justement, ce thème de l'innovation revient souvent dans les propos des jeunes...

— Ce mot fait partie de l'air du temps. J'y pensais moi aussi. Quand j'ai commencé à écrire, je ne voulais pas écrire comme les écrivains qui m'avaient précédé. J'ai écrit à ma manière. Innover, cela fait partie de la vie. On innove tous les jours, chacun d'entre nous. Mais ce n'est pas suffisant de dire : « Je vais innover. » Ce qui est important, c'est qu'il y a des gens en mathématiques, en physique, en biologie, qui travaillent très fort dans les universités. Ces gens-là sont probablement les plus beaux produits de la Révolution tranquille, même si elle est essoufflée, même si elle est épuisée...

Alors, que voulez-vous que le Québec soit ?

— Ce que les gens qui y seront voudront qu'il soit.

Vous éludez la question !

– Ben oui, mais dans 30 ans vous viendrez visiter ma tombe. À moins que la vôtre ne soit à côté de la mienne ! J'aimerais bien que les jeunes soient sympathiques et qu'ils viennent porter des fleurs sur nos tombes...

Le Québec sera très complexe. On commence à peine à devoir faire face au terrorisme, qui est la guerre du 21ᵉ siècle. Les jeunes voyagent beaucoup. Si ma génération est allée surtout en Europe, la génération qui a suivi, celle des *baby-boomers,* est allée surtout en Californie. Celle qui a suivi celle-là, dans le tiers-monde. Sans savoir où ira cette génération des 20 ans, je sais qu'elle en reviendra avec des modèles. Et c'est cela qui aidera ces jeunes à transformer la société. L'avenir dépendra aussi des décisions qu'ils prendront maintenant. Qu'aurait été le Québec sans la nationalisation de l'électricité, par exemple ? Qu'aurait été le Québec sans la pilule anticonceptionnelle ? Voilà deux grands événements qui se sont passés il y a une quarantaine d'années et qui ont eu un effet économique et social.

135 *Avez-vous un conseil à donner aux jeunes ?*

– N'oubliez pas de discuter avec vos aînés pour aller au fond des choses. Il y a trop de clichés, pas assez d'Histoire avec un grand H dans ce pays. On a caché l'histoire depuis 20 ans, tous partis confondus. N'oubliez pas de discuter de cela avec vos aînés.

140 *Pour l'instant, l'aîné, c'est vous. Vous avez donc*
un rôle à jouer auprès d'eux…

– S'ils le veulent bien ! Je dirais quand même que je me sens dans une société mal informée et facile à manipuler. J'en suis un peu découragé… C'est la grande responsabilité des médias, qui
145 croient qu'il faut divertir plus qu'autre chose. L'un des moteurs les plus importants de cette société, c'est la télévision. À la Radio-Canada d'il y a 30 ans, j'aurais donné une note de 100 sur une échelle de qualité ; à celle d'aujourd'hui, 40. Elle est passée d'une télévision qui pouvait aider la société à évoluer à une télévision
150 qui ne fait plus, principalement, que l'amuser ou la divertir. Et dans les journaux, on retrouve aussi une génération de cégépiens, comme celle qui est au pouvoir. Alors, qu'est-ce que cette société va faire ?

Seriez-vous inquiet ?

155 – Nos jeunes ont un sentiment d'impuissance que nous n'avions pas. Probablement parce qu'ils ne sont pas majoritaires. Et parce qu'on consomme rapidement, on se débarrasse rapidement des problèmes. Cette impuissance, ils la ressentent de façon parfois vive. Oui, je suis inquiet[10]…

---

10.   Michel VASTEL, « 2076 : la fin du Québec ! », *L'actualité,* 1er septembre 2006, vol. 31, n° 13, p. 20-22.

ÉVELYNE DE LA CHENELIÈRE (1975-)

Comédienne de grand talent ayant étudié le théâtre à l'École Michel-Granvale, à Paris, Évelyne de la Chenelière s'impose de plus en plus comme dramaturge avec des pièces telles que *Des fraises en janvier, Nicht retour, mademoiselle* ou encore *L'héritage de Darwin*. *Désordre public* est une réécriture d'*Aphrodite en 04*, pièce conçue avec Jean-Pierre Ronfard. Présentée à l'Espace Libre, la pièce fera l'objet chaque semaine de changements dans le but de rester en création. L'histoire tourne autour de Max, acteur au chômage aussi arrogant que vaniteux, qui se transforme en personnage sensible et plein de compassion pour autrui le jour où il se met à entendre les pensées des autres.

DÉSORDRE PUBLIC (2006)

ANDRÉ

Max, il faut que je te dise...

MAX

Chhht, j'essaie d'écouter.

5   ANDRÉ

Quoi ?

MAX

Rien. Tout le monde.

ANDRÉ

10 T'entends toujours dans la tête des autres ?

MAX

Oui. De plus en plus. J'entends de plus en plus loin. Comme une gangrène qui grimpe sur moi. Je suis en train de disparaître.

ANDRÉ.

15 ...

MAX

J'entends si loin que je peux te dire ce qui se passe dans l'inconscient des gens. Mais c'est difficile à comprendre, c'est débridé
comme un rêve, c'est comme si la pensée n'était pas encore arti-
20 culée. C'est l'étape qui précède la pensée structurée, c'est un amas
de concepts qui parviendront seulement à la conscience de certains individus très attentifs, alors que la plupart n'y auront
jamais accès, et peut-être que je vais devenir fou comme ceux
qu'on empêche de dormir et donc de rêver et qui tombent dans
25 une dépression parce qu'ils ne peuvent plus évacuer. Je ne rêve
plus pour moi je ne pense plus pour moi je suis vidé de mon
essence pour mieux devenir les autres je suis les autres je suis
tous les autres je suis le réceptacle de leurs thèmes récurrents de
leurs obsessions j'ai toujours mal à la tête, au dos, au ventre, aux
30 pieds, je transpire, j'accouche je nais je jouis et j'agonise avec les
autres, dans les autres et dans la peau des autres, et je suis surtout
très fatigué. Parce que ce qu'on ne sait pas c'est qu'on traîne la
fatigue de chacune des générations qui nous a précédés. On est
fatigué de sa journée bien sûr, de sa semaine, de chacune des
35 secondes de sa vie, mais en fait on est fatigué dès sa naissance,
fatigué d'avoir défriché les forêts vierges, les jungles et le parc de
la Gaspésie, d'avoir mis au monde des milliers d'enfants, d'en
avoir tué des milliers d'autres, d'avoir rusé d'avoir cultivé d'avoir
ramé d'avoir construit d'avoir écrit d'avoir inventé, fatigués de la
40 vie des empereurs et des esclaves, des assassins, des mères et des
chasseurs, on porte la fatigue des Berbères, des Chinois, des Grecs
et des Amérindiens, on est fatigué des propos de chaque individu
qui est passé par là, lui-même encombré de l'écho, des échos
superposés de tout ce qui s'est dit depuis que l'Homme grogne et
45 parle, on est épuisé d'être conscient de sa propre mort, conscient
depuis des millénaires de marcher vers la mort, et pas seulement
vers la sienne, mais aussi vers celle de l'humanité, alors il ne faut
pas s'étonner d'être fatigué, et pourtant j'entends certains se dire
mais pourquoi est-ce que je suis fatigué ? Toi, André, est-ce que tu
50 te demandes parfois pourquoi t'es fatigué ? Je vais te dire : on est
fatigué d'avoir tant de mémoire. Ariane pense qu'il faut de l'imagination pour être une actrice. Peut-être qu'il faut seulement de la
mémoire. Je ne parle pas de la mémoire qui mémorise le texte,
mais de la mémoire qui fait qu'on est fatigué pour tous les êtres
55 humains, les morts et les vivants. Maintenant que je suis enfin

fatigué pour les autres, que je suis devenu les autres, est-ce que je
suis un acteur? Est-ce que je suis un grand acteur? Je pourrais
sûrement être un acteur formidable, grandiose, transcendant. Je
pourrais, si je voulais, être un vrai grand acteur, et porter la parole
60 de n'importe quel être humain comme jamais elle n'a été portée,
la rendre avec tous les échos qu'elle mérite, et on se demanderait,
mais qu'est-ce qu'il a qui nous touche à ce point et qui fait qu'on
aime à ce point être touché par lui? Mais je ne peux pas être un
acteur parce que je n'ai plus de vanité. Je m'en ennuie d'ailleurs. Je
65 tenais à ma vanité, à ma personnalité, à mon identité. J'aimais
exister pour moi-même et par moi-même. J'aimais avoir de l'importance à mes yeux. Mais je ne fais pas le poids. Personne, personne, ne fait le poids de milliers d'êtres humains. J'aimais aimer
Ariane, mais l'amour électif est devenu impossible depuis que le
70 monde a pris toute la place, sans gamme d'importance, sans ordre
d'affection, le monde que j'entends et dont chaque mot semble
s'adresser à moi. *Il regarde André.*

ANDRÉ

il pense.
75 Mon Dieu ça y est il se prend pour Jésus-Christ[11].

JEAN-FRANÇOIS LISÉE (1958-)

Diplômé en droit, en communication et en journalisme, Jean-
François Lisée devient correspondant à l'étranger pour *La Presse*
et Radio-Canada. Il collabore ensuite à plusieurs revues ou journaux prestigieux comme le *New York Times* ou *Le Monde,* avant
de devenir, pendant cinq ans, conseiller politique des premiers
ministres Jacques Parizeau et Lucien Bouchard. Auteur d'ouvrages comme *Le tricheur* et *Nous,* il est l'un des architectes de la
stratégie référendaire qui mena le Québec à quelques milliers de
votes de la souveraineté en octobre 1995. Depuis 2004, il est le
directeur exécutif du Centre d'études et de recherches internationales de l'Université de Montréal (CÉRIUM).

---

11. Évelyne de la CHENELIÈRE, *Désordre public,* Montréal, Fides, 2006, p. 76-78.

POUR UN NOUVEL ÉQUILIBRE ENTRE
TOUS LES « NOUS » QUÉBÉCOIS (2007)

Ce qui pose problème, dans toute cette question d'accommodements raisonnables qui tarabuste le Québec ces temps-ci, c'est la
réaction de la majorité. De ceux qui s'accommodent. Et qui se sentent incommodés.

5 Les sondages de l'hiver 2007 ont montré que 70 % des franco-
québécois estimaient incontrôlé le dérapage produit par la pro-
lifération d'accommodements. Comment expliquer cette poussée
d'urticaire ? Un sentiment anti-immigrant ? Bizarre, car par un
bel esprit de cohésion, la même proportion de néo-québécois
10 partageait cet avis. Serions-nous un cas à l'échelle planétaire ? Un
sondage international réalisé il y a deux ans indiquait qu'à la
question « l'immigration est une *mauvaise* chose », répondaient
Oui 62 % des Allemands, 50 % des Français, 44 % des Anglais et
des Américains, et... seulement 18 % des Québécois. Nous
15 sommes donc comparativement, des champions de l'ouverture.
Et, de la parole aux actes, parmi les 10 provinces et les 50 États,
les Québécois sont, *per capita*, les 7e à recevoir le plus d'immigrants internationaux par an, bien au-dessus des moyennes nord-
américaine et européenne. Et contrairement aux idées reçues,
20 plus de 80 % des nouveaux arrivants restent durablement au
Québec.

La cause du malaise est ailleurs. Dans la collision d'un réel problème avec une réelle problématique. La majorité franco-québé-
coise est minoritaire. Dans le pays. Sur le continent. Sa survie
25 même, à long terme, reste une question ouverte. Son identité n'a
pas la force de la vieille pierre française ou du béton armé américain. Ces derniers 20 ans, on a beaucoup chanté la tolérance, l'in-
terpénétration. On a épaulé, à coup de chartes et de programmes
d'accès à l'égalité, la montée des droits des minoritaires. C'est
30 indubitablement ce qu'il fallait faire. Redresser les torts. Faire
place aux autres. Imposer la reconnaissance. Que du bon pain.
Mais dans les neiges du dernier hiver, le Québécois moyen a perdu
pied. À force de bouger les frontières de l'identité, d'ouvrir des
brèches, on perd ses repères. D'autant que les franco-québécois
35 ne sommes pas eux-mêmes immobiles dans leur façon d'être,
dans leur rapport, par exemple, à la religion.

Mon diagnostic est le suivant. Le Québec a eu pendant deux décennies un flirt prononcé avec le post-modernisme, qui a culminé avec le choix d'André Boisclair comme chef du PQ. Mais le cumul des accommodements, d'une inquiétante réforme de l'éducation, et plus largement d'une perte de repères, provoque un retour aux valeurs sûres, un besoin de certitudes.

[...]

Inscrivons dans une constitution québécoise [...] ce principe de l'école laïque et ouverte aux religions, consacrons-y plus largement nos choix en termes de prédominance du français et du fait québécois sur ce coin d'Amérique, ainsi que notre attachement aux droits individuels. J'y introduirais également, pour la première fois, une hiérarchie. Le droit à l'égalité, notamment à l'égalité des sexes, doit prédominer dans la sphère publique et dans la sphère privée (c'est-à-dire hors de la pratique religieuse proprement dite) sur la liberté de religion, non l'inverse. En cas de conflit entre les deux, nos juges et administrateurs sauront désormais quoi privilégier.

De plus, grâce à cette constitution, on conférerait une citoyenneté québécoise, concomitante avec la canadienne, et qui attribuerait le droit de vote aux élections québécoises. Pour les nouveaux arrivants, cette citoyenneté, comme la canadienne, serait assortie de conditions : connaissance historique et culturelle du Québec, connaissance de la langue officielle. Vous trouvez cela trop sévère ? Étiez-vous sincère quand vous vouliez que le français soit langue officielle ? Langue commune ? Il y a un moment où il faut être sérieux, sous peine de ne pas être pris au sérieux.

Ainsi équipés, nos juges et nos administrateurs publics pourront voir venir de façon plus cohérente – et convergente avec les voeux de la majorité des Québécois – les demandes d'accommodements qui deviendront d'autant plus raisonnables que les demandeurs seront avertis du cadre qui leur est désormais bien légitimement indiqué.

Qu'auraient fait nos juges avec le Kirpan ? Je n'en suis pas certain. Mais la tentation de laisser passer ce jeune Sikh pour la seule raison de l'intégrer ne jouerait plus. Il n'aurait d'autre endroit où aller qu'à l'école laïque. Peut-être pourrait-il porter son Kirpan

pendant son heure d'enseignement religieux? Aller, va. Le voile?
75 Franchement je m'y suis habitué et ce qu'on met sur sa tête ne
devrait pas soulever l'ire nationale. On a plus urgent. Idem pour
l'Érouv, ce fil qui crée un périmètre dans un quartier, comme à
Outremont, pour permettre aux juifs pratiquants de se déplacer
pendant le Sabbat. Il ne dérange personne. Seuls ceux qui vou-
80 draient faire tomber la croix sur le Mont-Royal, donc laïciser
jusqu'à plus soif, peuvent s'offusquer d'un signe aussi invisible de
présence religieuse. Mais comme le gouvernement travailliste
britannique et comme le grand Mufti d'Égypte, je pense que la
Burka, le Nikab ou toute pratique couvrant le visage ne devrait
85 pas être tolérée dans les tractations avec les institutions publiques
(écoles, fonction publique, justice et, bien sûr, bureau de vote) et
que la loi devrait permettre aux institutions privées – commerces
et autres – d'en refuser le port. « C'est vraiment le simple gros bon
sens, disait Tony Blair, que lorsqu'une partie essentielle de son
90 emploi est de communiquer avec les gens, il est important de voir
le visage. »

J'appuie depuis 2001 l'idée d'une citoyenneté québécoise. J'ai
suivi les débats sur l'introduction d'une constitution interne québécoise jugeant qu'il s'agissait d'un projet, certes institutionnelle-
95 ment valable, mais déconnecté des préoccupations du citoyen. Il
s'agissait d'une coquille, d'autant plus difficile à construire qu'elle
susciterait plus de tracas que d'enthousiasme ou de retombées.

Le climat est cependant complètement nouveau à l'heure où
nous voulons affirmer ce que nous sommes et mieux définir les
100 aménagements avec ceux qui, venus depuis longtemps, restent à
la marge ou ceux qui, nouveaux arrivants, n'ont pas perçu de nous
de signaux assez clairs. Les accommodements raisonnables ont
conduit les Québécois à se pencher sur leur propre identité, leurs
propres valeurs. Inscrire les balises de cette identité, de ces
105 valeurs, introduire une citoyenneté, dans un texte constitutionnel
devient un projet concret, pertinent, pleinement en phase avec
les préoccupations citoyennes. Vous en doutez? Si même à
Hérouxville, on se penche sur les alinéas d'une déclaration bali-
sant ce qu'on peut ou ne peut pas faire en termes d'identité, c'est
110 qu'il y a dans le corps social une soif de balises rien de moins
qu'existentielles.

J'ai aussi longtemps pensé que les promoteurs d'un hymne national québécois faisaient preuve d'enthousiasme prématuré. Je croyais cette tâche plus utile pour les premiers mois d'un Qué-
115 bec devenu souverain. Je parie que la plupart des lecteurs tiquent à ce point de l'essai, car il y a une odeur de boules à mites autour du concept. Sauf lorsqu'on voit, dans nos rues, à chaque étape du *Mundial*, nos compatriotes encourager les équipes de leurs pays d'origine avec ces chants enracinés en eux. L'heure me semble
120 venue d'un grand concours débouchant, dans ce pays de chansons et de grandes et belles voix, en un hymne émouvant et rassembleur. (J'ai mon candidat : une version légèrement retouchée de « Le plus beau voyage » de Claude Gauthier.)

Tout se tient. Si les Québécois se musclent l'épine dorsale, affir-
125 ment sans inhibition leur présence et leur volonté d'être respectés, s'ils posent des règles nouvelles, claires et modernes, mais respectueuses de leur existence comme peuple singulier, avec ses traditions et ses repères, et ouvertes à tous ceux qui veulent se joindre à eux avec leurs apports originaux mais dans
130 le respect de ces règles, il se trouvera, demain, encore 1000 sujets à débats. Des décisions nous plairons, d'autres nous irriterons. Mais nous serons d'autant plus tolérants que nous nous saurons respectés, par nous-mêmes et les autres. Nos nouveaux citoyens se plieront d'autant plus aux décisions de nos élus et de
135 nos juges qu'ils auront été informés, avertis, accueillis par un peuple qui sait ce qu'il est et ce qu'il veut. Et qui peut, en plus, le chanter[12].

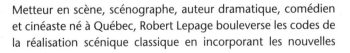

THÉÂTRE

ROBERT LEPAGE (1957-)

Metteur en scène, scénographe, auteur dramatique, comédien et cinéaste né à Québec, Robert Lepage bouleverse les codes de la réalisation scénique classique en incorporant les nouvelles

---

12. Jean-François LISÉE, « Pour un nouvel équilibre entre tous les "Nous" québécois », Montréal, Mémoire déposé aux audiences nationales de la Commission de consultation sur les pratiques d'accommodement reliées aux différences culturelles, 2007, p. 2-14.

technologies à ses productions. Sa pièce *La Trilogie des dragons* lui vaut un succès international, lequel se confirmera avec *Vinci, Le polygraphe, Les plaques tectoniques* ou *La face cachée de la lune*. Dans *Le projet Andersen,* comme toujours chez Lepage, on accompagne un Québécois qui essaie de découvrir qui il est et ce qui l'anime, mais en étant confronté à l'Autre, l'étranger, par le voyage et par le dépaysement.

LE PROJET ANDERSEN (2008)

CAFÉ DE LA PAIX (2)

Projection de l'image du Palais Garnier. Table et chaise de bistro sur laquelle est assis Frédéric. Fanny à ses côtés. Un grand panier est posé sur la table.

Je me demande bien ce que Didier va faire avec tous ces petits
5 chiens-là. Ils sont mignons comme tout.

Il jette un regard vers Fanny.

Mon Dieu, pauvre Fanny, t'es dans un état épouvantable ! Je pense que tu vas avoir besoin de passer un peu de temps chez le toilet-
10 teur. Mais avant, je vais l'emmener voir un vétérinaire pour m'as-surer que tout est sous contrôle. Vous savez, j'ai jamais eu de chien, moi. Je pensais pas qu'on pouvait s'attacher autant à un animal. Quand elle est partie, ça a créé un tel vide... Tiens, ma belle.

15 *Il dépose le panier de chiots à côté de la chienne.*

En tout cas, merci de me l'avoir ramenée. Attendez un petit peu. Moi aussi, j'ai quelque chose à vous remettre.

Il pose la mallette d'Arnaud sur la table.

C'est Rachid, le préposé à l'entretien du *peep-show,* qui a trouvé ça
20 dans une des cabines. Je me demande bien comment elle s'est retrouvée là ! Il savait qu'on se connaissait, alors il m'a demandé de vous la remettre. Si vous cherchiez votre portable, il est à l'inté-rieur. Je l'ai ouverte parce que je voulais vérifier si c'était bien votre valise. Et je suis assez content de l'avoir fait, parce que j'ai
25 trouvé ceci...

Il brandit une grande enveloppe cachetée.

C'est mon texte. De toute évidence, vous l'avez jamais lu parce que l'enveloppe a jamais été décachetée. Plutôt que de me raconter des sornettes, l'autre jour, au téléphone, vous auriez pu me le dire que vous aviez décidé de me remplacer par un auteur de Broadway. J'aurais pas perdu mon temps à attendre...

Non, ça va. Vous êtes pas obligé de faire semblant. On peut se dire les vraies choses, je sais tout.

Je sais tout parce que j'ai également mis la main sur votre correspondance avec le Metropolitan Opera, le English National Opera, les Danois... Pourquoi vous avez décidé de faire ça ? Parce qu'on vous oblige à travailler en anglais, ou tout simplement parce que vous avez jamais cru en moi ?

Non, parce que si c'est le cas, il faut me le dire. Je vous en voudrai pas. De toute façon, tout ça, c'est ma faute, parce que c'est moi qui suis venu à Paris pour les mauvaises raisons.

Je suis venu ici pour me faire valider... Parce que c'est ça qu'on fait, nous, les Québécois. Quand on veut être pris au sérieux, on vient se faire valider en France. Parce qu'on s'imagine que Paris est encore le centre du monde mais, de toute évidence, il l'est plus. Il faut juste se faire à l'idée.

J'ai pas honte de ça. C'est pour cette raison-là qu'Andersen venait à Paris, lui aussi. Chez lui, on l'adorait, on trouvait qu'il avait du talent, mais on le prenait pas au sérieux parce qu'il écrivait pour les enfants. Alors, il se sentait obligé de venir se faire approuver par les grands esprits de l'époque : Balzac, Victor Hugo, George Sand... De toute façon, j'ai pas de leçons à donner à personne.

Il lui tend l'enveloppe.

Ça vous appartient maintenant. Faites-en bon usage. Et cette fois-ci, oubliez pas votre valise, moi, il faut que j'aille faire les miennes...

Il se lève et attache la laisse au cou de Fanny.

Attends un peu, Fanny. Merci pour tout, sincèrement.

Il tend la main à Arnaud.

Qu'est-ce qu'il y a, vous avez peur d'attraper la varicelle ?

Il sort avec Fanny en emportant le panier[13].

---

13. Robert LEPAGE, *Le projet Andersen*, Québec, Éditions L'instant même, 2007, p. 86-88.

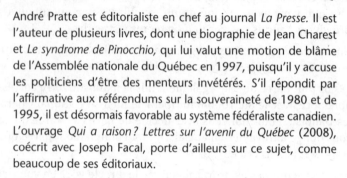

ANDRÉ PRATTE (1958-)

André Pratte est éditorialiste en chef au journal *La Presse*. Il est l'auteur de plusieurs livres, dont une biographie de Jean Charest et *Le syndrome de Pinocchio*, qui lui valut une motion de blâme de l'Assemblée nationale du Québec en 1997, puisqu'il y accuse les politiciens d'être des menteurs invétérés. S'il répondit par l'affirmative aux référendums sur la souveraineté de 1980 et de 1995, il est désormais favorable au système fédéraliste canadien. L'ouvrage *Qui a raison ? Lettres sur l'avenir du Québec* (2008), coécrit avec Joseph Facal, porte d'ailleurs sur ce sujet, comme beaucoup de ses éditoriaux.

LE RETOUR DES CANADIENS FRANÇAIS (2008)

Plusieurs aspects du Rapport Bouchard-Taylor déplaisent aux indépendantistes québécois. Mais rien ne les hérisse davantage que le choix de l'appellation « Québécois d'origine canadienne-française » en remplacement du plus commun « Québécois de
5 souche ». C'est cette expression qui a mené Pauline Marois à évoquer Elvis Gratton. Elle a aussi été dénoncée par le président de la Centrale des syndicats du Québec, Réjean Parent, qui a parlé de « révisionnisme linguistique ».

D'un point de vue sociologique, le choix des commissaires est
10 difficilement critiquable. Il leur fallait trouver une expression juste pour désigner ceux qui composent la majorité de la population du Québec. « Québécois de souche » est inexact : les Autochtones et les Québécois anglophones peuvent autant que les francophones prétendre être « de souche ». « Québécois francophones » est éga-
15 lement erroné : les immigrants maghrébins sont des Québécois francophones. « Québécois d'origine canadienne-française » est sans contredit le terme le plus précis ; tout le monde comprend de qui on parle.

Pourquoi l'appellation choque-t-elle les souverainistes ? Parce
20 qu'ils ont beaucoup travaillé, au cours des dernières décennies, à faire disparaître du langage québécois toute référence au Canada. Ainsi, la « province de Québec » est devenue « le Québec » et la

« nation québécoise », toutes nos institutions « provinciales » ont été rebaptisées « nationales », et les Canadiens français se sont
25 mutés en Québécois.

Rappeler aux Québécois francophones qu'ils sont aussi canadiens-français, c'est ramener à leur esprit l'existence, hors du Québec, de communautés francophones qui partagent la même origine. C'est leur faire se souvenir que l'avenir du français en
30 Amérique ne dépend pas seulement du Québec, que chaque francophone d'Ontario ou du Nouveau-Brunswick qui conserve sa langue fait autant pour le français qu'un Québécois. Que nous, Québécois de langue française, avons le devoir moral et culturel de tendre la main à ces frères et sœurs, héritiers eux aussi de
35 Samuel de Champlain. Le fait que leur taux d'assimilation soit élevé ne diminue pas cette obligation, au contraire.

À défaut de pouvoir séparer politiquement le Québec du reste du Canada, les souverainistes s'affairent à opérer une séparation intellectuelle et culturelle. Leurs efforts s'ajoutent à l'effet de
40 repoussoir provoqué par l'ignorance, l'indifférence et les préjugés de certains Canadiens anglais à l'égard du Québec. S'inscrit dans ce mouvement l'appropriation exclusive de la fondation de Québec il a 400 ans, de façon à effacer le Canada de ce pan de notre histoire collective. La rédaction d'une constitution québé-
45 coise et la mise en place d'une citoyenneté québécoise font partie du même plan. Plus les liens psychologiques entre le Québec et le reste du Canada seront étiolés, plus facile il sera de convaincre les Québécois de franchir l'ultime étape.

La réaction du camp indépendantiste est d'autant plus vive que
50 ce choix de vocabulaire a été cautionné par un de ses plus brillants intellectuels, Gérard Bouchard. Nous ne sommes peut-être pas loin du jour où on lui reprochera, comme à son frère, d'avoir trahi la cause[14].

---

14. André PRATTE, « Le retour des Canadiens français », *La Presse*, 124ᵉ année, nᵒ 215, mercredi 28 mai 2008, p. A26.

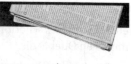

RENÉ-DANIEL DUBOIS (1955-)

René-Daniel Dubois est dramaturge, metteur en scène, comédien, traducteur, scénariste, professeur, poète et pamphlétaire.
Ses pièces *Panique à Longueuil, Ne blâmez jamais les bédouins* et
Being at home with Claude – cette dernière adaptée au cinéma
– connaissent un vif succès. Il est aussi célèbre pour ses déclara-
tions controversées allant à l'encontre du nationalisme québécois, à l'instar de ce qu'on trouve dans son essai *Post-scriptum*
(2007). Les lignes qui suivent constituent notre retranscription
d'une toute petite partie de l'entrevue qu'il accorde à Guy A.
Lepage dans le cadre de l'émission *Tout le monde en parle*, à
Radio-Canada, le dimanche 28 août 2008.

CE QU'IL NE FAUT PAS DIRE AU QUÉBEC : EXTRAIT (2008)

GUY A. LEPAGE – Qu'est-ce qu'il ne faut pas dire au Québec ?

RENÉ-DANIEL DUBOIS – Eh ! boy ! On est la société la plus *blood*
sur la planète. C'est pas des gens que je parle : j'ai des problèmes
avec la société, avec la culture. Et ça, c'est une construction. J'ai un
5 problème avec la représentation du monde qu'on a voulu me faire
avaler de force au primaire, au secondaire, au cégep, jusque dans
les années 80, où le petit piton a fait : tounx !

GUY A. LEPAGE – Et c'était quoi, ce monde-là ?

RENÉ-DANIEL DUBOIS – Ce monde-là fin, puis que c'est la langue
10 qui est importante : faux ! Ça fait 50 ans, la Révolution tranquille ?
Présentement, il y a la moitié des adultes au Québec qui savent
pas lire ou ont de la misère. Et je ne reproche pas aux gens qui ne
savent pas lire de ne pas savoir lire. Je suis enragé qu'on fasse
comme si de rien n'était. Les rapports sur la santé qu'on enterre
15 plus vite qu'on les photocopie, les rapports sur l'agriculture – on
est au bord de la catastrophe –, les ponts tombent, les rues défon-
cent à Montréal (au coin d'Amherst et Sherbrooke, la rue a
défoncé, câlice, et ça a pris des mois à la remplacer, personne ne
dit rien, on est les plus *blood*). Pendant ce temps-là, de quoi on
20 parle ? Bouchard-Taylor, sacrament. « Ah ! nos ancêtres, je ne sais

pas ce qu'ils en penseraient...» Laisse faire les ancêtres: les rues, l'éducation, le monde savent-ils lire? Non. Les hôpitaux, ça marche-tu? Hmmm. Il y a des problèmes. Il n'y a aucune politique culturelle dans cette société alors que c'était l'article un de la
25 Révolution tranquille en 1960, et ça a été *scrappé* immédiatement. Regarde. J'ai rencontré des gens, j'ai beaucoup fait de tournées dans les collèges, dans les écoles, il y a du monde fabuleux, mais la représentation du monde, le terrain sur lequel on se rencontre, ne tient pas debout. Alors, c'est comme essayer de pelleter
30 la mer dans un petit trou sur la plage. Ça fftt... Et ça s'effondre de plus en plus. On n'arrive même pas à formuler une réforme qui se pourrait: tout de suite, ça te pète dans les mains. Il n'y a rien qu'on arrive à attraper. Et pendant ce temps-là, on parle de notre identité. De quoi on parle?

35 GUY A. LEPAGE – Elle n'existe pas, notre identité?

RENÉ-DANIEL DUBOIS – Une identité, ce n'est pas quelque chose qu'on recherche et qu'on affirme. C'est ce qu'on fait dans la vie. L'identité, c'est en arrière de toi. Le bateau avance, tu te retournes, le sillage dans l'eau, c'est ton identité. Ce n'est pas ce que tu veux
40 être: c'est ce que tu fais. La différence entre ce que tu veux être puis ce que tu fais dans la vie, c'est deux, hein? Ici, on passe son temps à parler de ce dont on voudrait avoir l'air. C'est pas de ce qu'on veut faire dans la vie dont on parle: on parle de ce dont on voudrait avoir l'air. On voudrait avoir l'air tolérants. Le problème,
45 ce n'est pas de savoir si on est tolérants ou intolérants: on a surtout peur d'avoir l'air intolérants. Ce n'est pas la même chose qu'être tolérants. [...] Les intellectuels sont là pour répéter, pour articuler ce qu'on a déjà décidé qu'il fallait qu'il se dise parce qu'on est pris, puis c'est de même qu'on s'en va, parce que les
50 Anglais nous haïssent, puis les immigrants nous menacent: pas vrai! S'il n'y avait pas eu les immigrants depuis la fin de la Deuxième Guerre mondiale, je pense que le Québec serait au passé composé, mes amis. Kim Yaroshevskaya, à elle toute seule, avec Fanfreluche, a fait plus que tous les ministres de la culture
50 ensemble[15].

---

15. *Tout le monde en parle*, Radio-Canada, émission du dimanche 28 août 2008.

DANIEL AUDET (1961-)

Avocat et diplômé en philosophie, Daniel Audet est tour à tour haut fonctionnaire, vice-président de Vidéotron, délégué général du Québec à Londres, associé-directeur de National, directeur de son propre cabinet de relations publiques (Manœuvres) ainsi que conseiller spécial du chef de l'opposition officielle à l'Assemblée nationale. Depuis mai 2007, il est premier vice-président du Conseil du patronat du Québec, mais c'est à titre personnel qu'il publie l'opinion qui suit dans le quotidien *La Presse*.

VIVE LES FRANÇAIS ! (2008)

Depuis plus ou moins 400 ans que nous existons, nous Québécois, nous avons connu bien des revers. En prenant d'énormes raccourcis historiques, on pourrait dire qu'en général on reproche aux Français de nous avoir littéralement laissés tomber ; aux Bri-
5 tanniques de nous avoir brutalement conquis ; et aux Canadiens-Anglais de nous avoir exploités sans retenue. Certains allèguent que la Révolution tranquille a pulvérisé tous les vieux démons qui nous hantaient de même que la rancœur que nous gardions envers les uns et les autres. Or rien n'est moins sûr.

10 J'en veux pour preuve ce ressentiment larvé que plusieurs Québécois éprouvent envers les Français. Pourtant, ces Français, ce sont nos frères, pour reprendre la jolie formule du président Sarkozy. Une telle hostilité vient-elle d'un vieux sentiment d'infériorité ? Est-ce une question d'éducation, de maîtrise de la lan-
15 gue ? Quoi qu'il en soit, l'expression « maudits Français », dont abusent les Québécois, n'a plus rien de drôle, frôle la xénophobie et n'a pas sa place dans une société moderne et ouverte comme la nôtre. Il y a des Français arrogants comme il y a des Québécois baveux. Il y a des Français sympas et d'autres pas.

20 Après tous nos succès chez nous et sur la scène internationale dans tous les domaines possibles, je ne comprends pas que les Québécois aient encore un complexe d'infériorité par rapport aux Français. Nous sommes une petite et jeune nation, certes, mais une nation plutôt ingénieuse et qui réussit mieux dans le monde
25 développé.

Reste-t-il des choses à améliorer au pays du Québec? Bien sûr que oui. Je reviens à la piètre qualité de la langue française généralement parlée au Québec. Plutôt que de nous moquer de ceux qui maîtrisent notre langue nationale, nous devrions un jour nous
30 attaquer à cette tare qui provoque la moquerie des autres peuples : c'est-à-dire le charabia que l'on parle ici!

Reconnaître nos faiblesses

Mais tous les peuples ont leurs tares. Ce n'est pas une raison pour se diminuer soi-même. L'important est de reconnaître nos
35 faiblesses et de faire des efforts individuels et collectifs pour corriger ces défauts hérités de l'histoire. À quand un grand chantier sur la qualité de la langue parlée au Québec?

Justement! Nos frères et nos sœurs d'outre-Atlantique peuvent contribuer de façon concrète à l'amélioration de la langue québé-
40 coise par leur seule présence en sol québécois. Et ils sont nombreux à joindre nos rangs chaque année. De plus, ils sont éminemment intégrables à la société québécoise. D'ailleurs, bon an mal an, le nombre de nouveaux Québécois qui sont nés en France oscille entre 7 et 10 % de la totalité des immigrants reçus.

45 En fait, le contingent de Français qui immigrent au Québec est généralement premier ou deuxième en importance. Sans rien enlever aux autres immigrants qui sont tous bienvenus au Québec – d'autant qu'on les sélectionne à hauteur de 70 % – nous devrions tous applaudir à l'arrivée de renforts venus de l'Hexagone. Or on
50 fait exactement le contraire! On les traite de maudits Français à la première occasion. Et que dire de ces Wallons, Marocains ou Suisses qui, ahuris, se font insulter de la même façon?

Un ami français me racontait récemment comment une famille d'immigrants français avait fini par retourner en France pour
55 cause de racisme. Les enfants étaient sans cesse harcelés et intimidés à l'école en se faisant traiter de maudits français. Comment concilier cette attitude de bûcheron mal dégrossi avec ce désir partagé par la grande majorité de la population québécoise de pérenniser la présence française en Amérique?

60 Mais aujourd'hui, c'est jour de fête pour tous les Français du monde. Et puis, tous les francophones du monde sont un peu

Français le 14 juillet. Alors bonne fête nationale à tous les Français et sachez qu'une grande majorité de Québécois vous aime et vous considère comme des frères. Vive les Français[16] !

LETTRE DE LECTEUR

DANIEL LAPRÈS (1963-)

Daniel Laprès est rédacteur pigiste. Il se décrit comme un humaniste avant tout, libre-penseur, anticonformiste, parfois intempestif et volontiers persifleur. D'esprit libéral, il se dit également fidèle à ses idées et très loyal envers ses amis. Il croit profondément que si l'on a des convictions, on doit les traduire dans notre vie concrète et les assumer, envers et contre tous s'il le faut, particulièrement contre les conformismes de toutes sortes. Lui qui croit qu'on n'a qu'une vie à vivre suscite aussi parfois des controverses importantes, en particulier lorsqu'il s'en prend aux nationalistes ou aux indépendantistes.

UN TRISTE ÉPISODE (2008)

Ces derniers temps, les Québécois se seront fait marteler plus d'une fois la rhétorique nationaliste identitaire la plus bête. La récente dénonciation du spectacle de Paul McCartney, dans le cadre du 400e de Québec, ne représente qu'un nouvel et triste épi-
5 sode de la propension des adeptes de l'étroitesse d'esprit et d'une mentalité revancharde à occuper les devants de la scène.

Les Québécois devraient certes se sentir profondément insultés de se voir montrer pour des sectaires à cause des propagateurs de cette bêtise. Mais aussi, il est navrant, désolant, affligeant de
10 constater que des artistes s'en font souvent les porte-voix les plus zélés. Apôtres embrigadés de la conformité nationaliste, ces artistes-là ont perdu de vue l'idée même de culture, qu'ils atrophient, chosifient, stérilisent. Pour eux, les arts et la culture ne devraient servir qu'à flatter l'orgueil national, à mobiliser l'en-

---

16. Daniel AUDET, « Vive les Français ! Tous les Francophones du monde ne sont-ils pas un peu Français le 14 juillet ? », *La Presse*, 124e année, n° 260, lundi 14 juillet 2008, p. A15.

15 semble des énergies nationales sous le drapeau, à imposer le
culte de la tribu. Sauf que la culture, ce n'est pas ça du tout. C'est
même l'exact contraire.

Hier comme aujourd'hui, le Québec a pourtant constamment
produit des créateurs vraiment libres, qui se sont efforcés de
20 sculpter une culture digne de ce nom, donc étrangère à la sclérose
identitaire. Même si les voix de ces créateurs ont été étouffées par
les chœurs tonitruants de la pensée unique nationaliste, nous disposons bel et bien au Québec d'un riche héritage culturel qu'il
vaudrait la peine de nous approprier, ne serait-ce que pour nous
25 inciter à enfin faire naître autre chose que les glorifications de la
différence identitaire qui visent essentiellement à figer notre
société, et qui, en cela, sont anticulturelles.

On pourrait par exemple prêter l'oreille à l'un des piliers de la
littérature québécoise, le poète Hector de Saint-Denys Garneau
30 (1912-1943) qui, dans son journal personnel, avait notamment
écrit: «Est-ce que la culture peut être envisagée sous l'angle
nationaliste? Il me semble que non. La culture est chose essentiellement humaine dans son but, elle est essentiellement humaniste. Faire des Canadiens français (comme on appelait les Québé-
35 cois en 1938, année où le poète écrivait ces lignes) est une notion
qui a peut-être cours mais qui n'a aucun sens. Elle est même à
contresens et contre nature.»

Comme ceux qui cherchaient (et qui cherchent encore) à
réduire la création culturelle et l'exacerbation du nombrilisme
40 national, le poète opposait cette idée: «On devient soi non pas
tant en se cherchant qu'en agissant. Tout mouvement vers soi est
stérile. Et surtout, je crois, pour un peuple. Un peuple se fait en
agissant, en créant, c'est-à-dire en communiquant.» Puis, tandis
que l'abbé Lionel Groulx et les élites qui lui étaient inféodées s'ac-
45 tivaient à imposer le moule du nationalisme identitaire, Saint-
Denys Garneau couchait dans son journal des mots très peu admi-
ratifs pour cette idéologie réactionnaire, arriérée et revancharde:
«Toute cette mystique rétroactive, écrivait-il, me semble contre-
nature, stérile, stérilisante.»

50   Pour Saint-Denys Garneau, «la culture a un sens de perfection-
nement humain. Elle est essentiellement humaniste. Elle veut [...]

faire des hommes avec des Canadiens français et non pas des Canadiens français avec des hommes. [...] Toute méthode qui n'est pas proprement dirigée vers l'humain a peine à n'être pas
55 restrictive et de courte vue. Ainsi toute l'éducation historique et nationaliste.» En d'autres termes, le bourrage de crâne identitaire est nettement incompatible avec la culture.

Voilà 70 ans cette année que Saint-Denys Garneau écrivait de telles lignes qui offrent une conception de la culture qui se révèle
60 bien plus inspirante et pas mal plus apte à stimuler la création et à nourrir l'intelligence, que toutes les exhortations de ces artistes embrigadés qui voudraient réduire notre identité collective, et aussi nos identités individuelles à leur conformisme idéologique, voire à leur propre manque d'originalité et de créativité. Au lieu
65 de prôner la soumission au moule identitaire, Saint-Denys Garneau avait quant à lui une ambition tout autre pour la culture de chez nous, qui consistait à la faire participer au monde et, surtout, à rendre nos existences humainement plus riches et plus créatrices[17].

LETTRE DE LECTEUR

MICHEL PRUNEAU (1960-)

Michel Pruneau est conseiller pédagogique à la Formation continue du Cégep Marie-Victorin depuis plus de vingt ans et adepte de la massothérapie et de l'acupuncture. Il a publié six ouvrages : *La santé n'est pas l'absence de maladie* (1988), *Cœur de père* (1990), *Les marchands d'âmes* (1998), *Plaisirs et défis du lien amoureux* (2000), *Mémoire de guerrier* (2005) et *Les monologues du pénis* (2007). Le fil conducteur de ses ouvrages est la quête de liberté des individus face aux défis de l'expérience humaine.

---

17. Daniel LAPRÈS, « Un triste épisode. La dénonciation du spectacle de Paul McCartney montre que les adeptes du bourrage de crâne identitaire continuent d'occuper les devants de la scène », *La Presse*, 124ᵉ année, nº 268, mardi 22 juillet 2008, p. A15.

DE LA MUSIQUE SUR LES CHAMPS DE BATAILLE ET LE DEVOIR DE MÉMOIRE (2008)

À l'occasion du 400ᵉ anniversaire de la ville de Québec, les Québécois se sont payé un spectacle du très britannique Paul McCartney. Dans l'enthousiasme du moment nous semblons considérer cet événement, qui balaie du revers de la main une défaite mili-
5 taire aux mains de l'Angleterre, comme une preuve épatante de l'ouverture du Québec contemporain libéré de son passé. Une fois le spectacle terminé, est-il possible de réfléchir à la portée symbolique de cet événement?

Ce spectacle mémorable a eu lieu sur les plaines d'Abraham, qui
10 est le site même d'une défaite militaire de la France et de la milice canadienne-française contre les Britanniques, le 13 septembre 1759. Rappelons que cette bataille historique entraîna la capitulation de Québec et éventuellement la défaite de la France contre les Britanniques, qui sont devenus les maîtres de la Nouvelle-France.

15 Le soir du spectacle de l'ex-Beatle, un spectateur a eu l'audace d'agiter un drapeau de la Grande-Bretagne et il faut reconnaître qu'il n'y a qu'au Québec qu'un tel phénomène puisse être accepté pacifiquement par la collectivité. Il est tout de même permis de nous demander s'il n'y a pas une part de naïveté dans notre gran-
20 deur d'âme, même si en contrepartie nous avons savouré le plaisir de voir Sir Paul nous saluer avec un drapeau du Québec.

Au Québec, société distincte par excellence, en invitant un chanteur britannique pour fêter 400 ans de survivance française en Amérique, nous venons peut-être de créer un nouveau concept
25 festif qui favorise l'éclosion d'un esprit planétaire moderne et libre de contraintes historiques. Nous devrions peut-être penser à exporter ce concept partout à travers le monde. Voyons de quoi auraient l'air quelques fêtes commémoratives qui ne tiendraient plus compte des conflits du passé juste pour voir si le concept a de
30 l'avenir.

- En 2040, lors du centenaire commémorant l'occupation de Paris par les Allemands au début de la deuxième Guerre mondiale, les Français pourraient inviter le groupe rock allemand Rammstein. Les Français ne comprendront peut-être pas les
35 paroles, mais la puissance de la musique risque tout de même de leur rappeler les bombes du 3ᵉ Reich.

- Pour oublier les affres de la guerre d'Algérie, les Algériens pourraient bientôt inviter le bon vieux Johnny Halliday. Mais il est
  loin d'être certain que l'icône des Français accepterait de sortir
40 de sa retraite pour participer à une telle fête.

- Pour essayer d'oublier les multiples annexions sanglantes des
  pays Baltes par les troupes soviétiques, lors des deux Guerres
  mondiales, les citoyens de la Lettonie, de la Lituanie et de l'Es-
  tonie pourraient organiser un grand concert mettant en vedette
45 le chœur de l'Armée rouge.

- Lors des différentes fêtes d'indépendance, plusieurs pays afri-
  cains, anciennement des colonies britanniques, pourraient se
  cotiser pour se payer un concert des Rolling Stones.

- Pour oublier la bataille d'Hamburger Hill, le 10 mai 1969 où les
60 Américains ont versé 450 tonnes de bombes et 69 tonnes de
  napalm sur le Vietnam, les Vietnamiens modernes pourraient
  inviter la pulpeuse Mariah Carey à venir les bercer de sa voix
  sensuelle.

- La Chine, qui a maintes fois été envahie par le Japon pourrait
65 faire un petit effort d'oubli et inclure les percussionnistes Kodo
  lors de ses fêtes commémoratives.

- L'Amérique latine, où les troupes sanguinaires du conquis-
  tador espagnol Cortés ont fait des millions de morts chez les
  Aztèques, les Mayas et les Incas, pourrait mettre sur pied une
70 grande fête transnationale des autochtones. Julio Eglesias et
  son fils Enrique animeraient une grande danse lascive autour
  d'un feu de joie où des citoyens libérés pourraient brûler
  quelques livres d'Histoire.

Les événements historiques font habituellement l'objet d'une
75 disposition que l'on appelle le devoir de mémoire. Plusieurs Québécois semblent considérer que ce devoir intellectuel réédite une
forme de haine historique entre les peuples et qu'il serait finalement préférable d'oublier le passé. Mais dans une perspective
pacifique le devoir de mémoire n'a-t-il pas essentiellement pour
80 objectif d'inviter les citoyens à connaître leur propre histoire
pour ne pas répéter les erreurs de leurs ancêtres ?

Le Québec est bien la seule société au monde où un artiste
représentant de l'ennemi d'hier peut être invité lors d'un événement à caractère historique. Je pose la question autour de moi

85 depuis plusieurs jours et personne ne réussit à trouver un exemple équivalent.

Bien sûr, les quelques échanges culturels proposés plus haut n'auraient aucun caractère absurde si les artistes nommés étaient invités dans les différents pays à l'occasion d'une fête organisée
90 pour la valeur universelle de la musique elle-même. La question n'est pas là. On a le droit d'aimer la musique des Beatles et d'inviter un ex-membre de ce groupe partout dans le monde. Mais quand il s'agit d'un événement historique, il me semble que le devoir de mémoire devrait influencer nos choix artistiques.

95 D'ailleurs, puisque nous parlons de mémoire, ce Paul McCartney, invité chez-nous en grande pompe royale, est-il le même qui est venu aux Îles de la Madeleine à l'hiver 2006 pour participer à un spectacle médiatique grotesque mettant en scène son opposition à la chasse aux bébés phoques, alors que cette chasse aux blan-
100 chons est interdite par nos lois depuis 1987 ? Est-il le même homme qui, à l'échelle internationale, dénonce encore toute forme de chasse aux phoques au Canada, en rejetant simplement les données scientifiques qui confirment une importante surpopulation de ces animaux sur notre territoire ? Les Québécois ont-
105 ils aussi oublié que cette industrie est importante pour nos compatriotes madelinots ?

Plutôt que Je me souviens, la devise des Québécois devrait-elle devenir : On oublie ça[18] ?

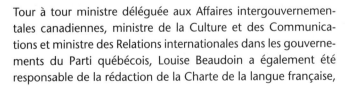

E S S A I

LOUISE BEAUDOIN (1945-)

Tour à tour ministre déléguée aux Affaires intergouvernementales canadiennes, ministre de la Culture et des Communications et ministre des Relations internationales dans les gouvernements du Parti québécois, Louise Beaudoin a également été responsable de la rédaction de la Charte de la langue française,

---

18. Michel PRUNEAU, « De la musique sur les champs de bataille et le devoir de mémoire », *La Presse*, 124ᵉ année, n° 270, jeudi 24 juillet 2008, p. A15.

membre associée du Centre d'études et de recherches internationales de l'Université de Montréal (CÉRIUM) et coordonnatrice
du Réseau francophonie du Centre. Élue députée de Rosemont
en 2008, auteure et coauteure de plusieurs ouvrages tels que
Amitié interdite et *Pourquoi la francophonie ?*, elle est aussi consi-
dérée comme une grande spécialiste de nos rapports avec la
France.

LA FIN DE L'HISTOIRE ? (2008)

Le président Sarkozy a dit, il y a dix jours, aimer d'un même
grand amour le Canada et le Québec, et surtout ne pas vouloir
choisir entre l'amitié de l'un et de l'autre. Or toute l'histoire des
40 dernières années démontre qu'il y a des moments où un choix
5 doit être fait, une préférence, exprimée.

Il en a été ainsi en 1970, au moment de la création de l'Agence
de coopération culturelle et technique, alors que Robert Bourassa
était premier ministre et Georges Pompidou président de la République ; en 1985, lors de la mise sur pied des Sommets de la Fran-
10 cophonie, sous René Lévesque et François Mitterrand ; en 1998,
dans le dossier de la diversité culturelle, sous Lucien Bouchard et
Jacques Chirac.

À chacune de ces occasions, comme dans beaucoup d'autres, la
France, en mettant son poids dans le même plateau de la balance
15 que celui du Québec, lui a permis de prendre sa place, de parler de
sa propre voix et de rayonner sur la scène internationale, ce que
lui refusait le gouvernement canadien. Ce faisant, la France a
accepté de froisser ponctuellement le gouvernement fédéral. Sans
cet appui indéfectible, le Québec ne posséderait pas la personna-
20 lité internationale qui est la sienne aujourd'hui et serait resté en
cette matière, au grand plaisir de plusieurs au Canada, une province comme les autres.

Nicolas Sarkozy souhaiterait, si on comprend bien le sens de sa
nouvelle doctrine de l'amour universel, que la France demeure
25 dorénavant neutre en toutes circonstances et n'appuie plus jamais
le Québec dès le moindre froncement de sourcils du côté d'Ottawa.

Le président français serait-il devenu un émule de Francis
Fukuyama, cet historien américain qui, après la chute du Mur de

Berlin, avait, se trompant royalement, prévu la fin de l'Histoire ?
30 Croit-il vraiment qu'il n'y aura plus jamais de litiges entre Québec
et Ottawa, que l'Histoire se figera et que la France n'aura plus à
choisir le Québec comme l'ont fait, lorsque c'était nécessaire, tous
ses prédécesseurs depuis Charles de Gaulle ?

Plusieurs de mes interlocuteurs ces jours-ci à Paris m'ont dit
35 s'être fait répéter sur tous les tons que, la « souveraineté étant
morte et enterrée » (air connu et usé, depuis le retentissant cri de
Pierre Trudeau en 1967 : « Le séparatisme est mort »), la France
se devait de tourner la page et de s'engager dans une nouvelle ère
de « realpolitik »...

40 Pourtant, le mouvement souverainiste est toujours vivant, et si
le PQ, son principal mais non seul vecteur, a été gravement affaibli
lors des élections de 2007, il retrouve aujourd'hui de la vigueur,
les élections partielles de lundi dernier en donnant la preuve.
Mais ce qui est en cause, au-delà de la reconnaissance éventuelle
45 d'un Québec souverain par la France, ce ne sont ni le nombre de
visites ministérielles françaises à Québec à l'occasion du 400e, ni
la coopération d'égal à égal que pratiquent la France et le Québec
depuis de nombreuses années ; non, c'est l'application concrète
de la doctrine Gérin-Lajoie sur laquelle repose notre existence
50 juridico-politique sur la scène internationale.

Les autonomistes de l'ADQ l'ont bien compris en affirmant
craindre une canadianisation des relations France-Québec, une
modification de l'équilibre atteint dans le triangle Paris-Ottawa-
Québec. Car cette revendication du Québec d'exister par lui-
55 même, grâce particulièrement à des actions concertées avec son
partenaire et allié français, n'est pas une exigence des seuls
« séparatistes » mais de tous les partis politiques québécois.

Nicolas Sarkozy prétendait vouloir rompre avec la politique
étrangère de la France parce qu'elle était trop soumise à des inté-
60 rêts mercantiles et pas assez sensible aux violations des droits de
la personne à travers le monde. Ce qui est sûrement vrai et ce qui
méritait, en effet, en Afrique et ailleurs, des changements réels.
Puis vinrent le colonel Kadhafi, de la Lybie, qui planta sa tente
pendant une semaine tout à côté des Champs-Élysées, et ensuite
65 le président Bongo, du Gabon, qui obtint la tête du secrétaire
d'État à la Coopération et à la Francophonie, J.-M. Bockel, celui-ci

ayant eu le malheur d'annoncer l'acte de décès de la Françafrique. Depuis, comme l'a écrit *Le Monde,* la diplomatie de la France est devenue littéralement schizophrène.

70   Si, pour de telles mauvaises causes, le président de la République change d'idée et recule, il n'y a pas de raison que, pour une bonne cause comme la nôtre, celle de la pérennité d'une nation majoritairement francophone en Amérique qui passe par son affirmation dans le monde, il ne fasse de même.

75   On a pu croire que la messe était dite. Or les choses bougent, et vite. Ce ne sont pas tous les Français et tous les dirigeants français qui pensent comme M. Sarkozy. Les amis du Québec se mobilisent. Même le sénateur Raffarin, qui a mis le feu aux poudres en annonçant le changement à venir, rectifie le tir ! Du côté du gouver-
80   nement du Québec, on assiste à un changement de discours par rapport à la semaine dernière, alors que le premier ministre tentait de justifier l'injustifiable, c'est-à-dire la présence, plutôt que la sienne, de la gouverneure générale du Canada au lancement des fêtes à La Rochelle et qu'il approuvait les contre-vérités historiques
85   assénées par Stephen Harper au sujet de la naissance du Canada.

Jean Charest est plus prudent, parce que les partis d'opposition et des représentants de la société civile l'ont rappelé à ses devoirs et à sa responsabilité : il doit défendre les intérêts du Québec, y compris une certaine idée des relations entre la France et le Qué-
90   bec. Mais il ne s'agit pas seulement de rencontrer le président Sarkozy, il faut le convaincre[19].

ESSAI

ANDRÉ BROCHU (1942-)

Longtemps professeur au Département d'études françaises de l'Université de Montréal, André Brochu est un membre fondateur de la revue *Parti pris.* Auteur de nombreux recueils de

---

19. Louise BEAUDOIN, « La fin de l'Histoire ? », Montréal, Centre d'études et de recherches internationales (CÉRIUM), Université de Montréal, 20 mai 2008, http://www.cerium. ca/La-fin-de-l-Histoire.

poèmes, romans, récits, nouvelles et ouvrages de critique littéraire, il a été lauréat de plusieurs prix littéraires. Membre de
l'Académie des lettres du Québec, il nous propose en novembre
2008, dans la revue *L'inconvénient,* un article intéressant sur une
possible assimilation des francophones du Québec. Il y explique
que ce processus d'assimilation est une maladie sournoise face à
laquelle il faut retrouver notre vocation de peuple et le goût du
combat, ajoutant, à la toute fin : « Vive le Québec libre ! »

L'ASSIMILATION SOFT : LIBRE RÉFLEXION
SUR UN SUJET TABOU (2008)

On peut librement aborder presque tous les sujets au Québec.
Cela s'appelle la liberté d'expression. Le risque que l'on court,
c'est d'être considéré à côté de la plaque, par exemple si l'on ne
tient pas le discours socialement rentable, loin des vérités déran-
5 geantes. En ce qui touche le Québec, la vérité la plus dérangeante
concerne évidemment la survie nationale comme l'a illustré,
naguère, une prophétie de Jacques Godbout qui fut fort mal reçue.
L'écrivain annonçait la fin du Québec pour l'année 2076 – amu-
sante façon de faire mourir un peuple à point nommé. Ce faisant,
10 il a eu le courage de poser une question que tout le monde cherche
à éviter, comme si elle heurtait profondément la bienséance.

Si, d'abord, la question de l'assimilation du Québec se pose,
c'est que de nombreux et pertinents exemples nous invitent à
l'envisager. Il y a en premier lieu la Louisiane. Elle fut une terre
15 française, de la fin du 17e jusqu'à sa cession à l'Espagne et à l'Angleterre en 1762-1763 ; puis elle fut rendue partiellement à la
France en 1800 et vendue par Bonaparte en 1803, après quoi elle
devint l'un des « états unis ». Elle n'a pu résister indéfiniment à la
pression exercée sur elle par le contexte politique et culturel et
20 s'anglicisa. Bien entendu, on dira que sa destinée, au sein d'une
république anglophone, était inévitable. Mais on pourrait le dire
tout autant du Québec, même si un pas politiquement mou comme
le Canada ne cherche pas à brusquer le cours des événements.

Mollesse pour mollesse, le Québec me le cède en rien à la fédé-
25 ration canadienne. Le Québec, démographiquement, perd chaque
année un peu de son poids au sein du pays. Cela se fait tout seul. Il

s'enfonce dans l'anorexie tandis que le Canada prospère. Au moment de la Conquête – je le rappelle avec le sourire approprié – le «Québec» (la Nouvelle-France) était *tout* le pays: 100%.
30 Aujourd'hui, il fait à peine plus de 20% du Canada, et chaque nouveau recensement apporte la preuve de son recul. Sur le plan constitutionnel, il était une seule juridiction et maintenant, il compte pour un gouvernement sur 13, les Territoires s'ajoutant depuis peu aux Provinces pour le caler davantage dans l'insigni-
35 fiance. Ces chiffres devraient faire crier les Québécois soucieux de survie. Ils font simplement hausser les épaules aux fédéralistes et inspirent aux autres, nationalistes et provinciaux fatigués, un petit exercice d'amnésie ou de dénégation: voyons, de nos jours, pas besoin du *nombre* pour exister, le facteur qualitatif suffit!
40 C'est ainsi que le Québec s'en va vers un bel avenir de peuple exemplaire, pacifiste, endurant, et complètement anglicisé.

J'ai mentionné l'exemple de la Louisiane, gobée par les U.S.A. Plus près de nous, il y a l'Acadie qui reste officiellement fidèle à son passé français, avec son tintamarre annuel, et qui s'anglicise
45 dans les faits, parmi les flonflons patriotiques. Dispersée sur plusieurs territoires, elle est regroupée surtout au Nouveau-Brunswick où la population francophone s'élève à 233 000 âmes, selon le recensement de 2006. Elle s'est donné une histoire, une littérature, des institutions culturelles et universitaires; la fierté
50 populaire s'est ravivée au cours des années 1960, 1970, et maintenant, que reste-t-il de ce beau sursaut? Une résolution tacite de réalisme – ce réalisme qui parle anglais. Entre le discours des élites, notamment littéraires, et l'orientation populaire, le hiatus ne cesse de s'accentuer et l'Acadie s'onirise, un pied sur terre et
55 un pied en l'air, fille de saint Michel et de Belzébuth comme le récent Pierre Bleu d'Antonine Maillet.

Même chose au Québec. L'assimilation, qui est un processus rien moins que ponctuel, donc difficile à cerner, est en marche et semble ne devoir jamais s'arrêter, sauf que son progrès est ralenti
60 par un nationalisme encore agissant (de moins en moins durant ces dernières années), effet de la concentration plus grande de l'élément francophone. Ici, même les fédéralistes font mine de tenir à la survie du français, tout en se réjouissant de l'intégration toujours plus grande à la fédération, qui est anglophone et qui va
65 nous sauver.

Enfin, les exemples les plus tragiques et, forcément, les plus clairs de l'assimilation sont offerts par les minorités françaises de l'Ouest, depuis le Manitoba jusqu'à la Colombie-britannique. Les Franco-ontariens sont eux aussi fort mal en point, mais encore 70 assez nombreux pour gagner quelques luttes. La défaite démographique est tout de même bien amorcée. Quant à l'ouest du Québec, qui commence à Montréal, il exige l'intégration au giron ontarien, en cas de séparation de la belle province[20].

CHRONIQUE

PIERRE FOGLIA (1940-)

À l'approche des célébrations de la Fête nationale de 2009, quelqu'un prend la décision d'annuler les prestations de deux groupes anglophones, les Bloodshot Bill et les Lake of Stew. Avant même que la discussion ne s'amorce encore une fois autour du concept d'inclusion dans le Québec moderne, la situation est corrigée et les artistes pourront se produire comme prévu. Mais les commentaires fusent quand même de partout, la question du *nous* ayant fait l'objet de nombreuses discussions depuis les consultations de la Commission Bouchard-Taylor. Le chroniqueur Pierre Foglia, de *La Presse,* y va de sa plume. Évoquant indirectement ses origines italiennes, il invite les Québécois à réfléchir et à ne plus se sentir coupables.

VOTRE MALADIE (2009)

Là, là, vous êtes contents ? Les anglos chanteront à la Saint-Jean. Moi aussi je suis content, pour toutes les bonnes raisons que vous avez dites. Exclure ces deux groupes d'anglos n'était vraiment pas une bonne idée de la part des organisateurs de l'événement – du 5 moins de l'un d'eux vite désavoué – ou sacrifié ? – par les autres.

---

20. André BROCHU, « L'assimilation soft. Libre réflexion sur un sujet tabou », L'inconvénient. *Revue littéraire d'essai et de création,* n° 35, 2008, p. 25-27.

Je suis content pour autre chose aussi. La vitesse à laquelle ça s'est réglé. Sans doute que cela a quelque chose à voir avec la vitesse et la vigueur avec lesquelles vous avez réagi. Mais en même temps, ce règlement ultrarapide en après-midi d'une situation encore très délicate le matin même, cet heureux règlement ne vous dit-il pas que, un: vous vous inquiétez peut-être pour rien, et deux: encore une fois vous y êtes peut-être allé un peu fort dans l'autoflagellation?

Vous, oui. Je ne vous ai jamais suivi dans cette cabale contre vous-même. Dans cette chasse aux morons nationaleux que vous semblez croire plus nombreux au Québec que partout ailleurs sur la planète. Dans cette honte que vous faites ponctuellement rejaillir sur vous avec une délectation suspecte et avec cette obstination des vieilles putes qui se couvrent de boue avec l'air de croire qu'elles seront plus belles après, quand les croûtes seront tombées. J'ai chaque fois envie de vous dire de laisser tomber, le B'nai Brith fait cette job-là mieux que vous ne la ferez jamais.

Ce que vous dites sur la nation, dans ces occasions-là, me désole chaque fois. Dans votre bouche, *nation* et plus encore *nationalisme,* sont devenus des mots détestables. Vous confondez tout, nation-nationalisme-nationaleux. Le nationalisme canadien, pourtant le plus bêtement cocardier de l'univers, vous sied. Alors que le nationalisme québécois, oh là là quelle horreur.

Un imbécile ou un petit groupe d'imbéciles exclut deux formations de la fête nationale du Québec parce qu'elles s'exécuteraient en anglais et dans l'instant vous protestez. Bravo. Parfait. Très sain. Mais dans le même instant vous vous grattez votre âme québécoise au sang, et ça, c'est malade. Ce mépris de vous-même, du moins envers une partie de vous-même, ce mépris est pervers, maso.

Je vous le dis en pleine face, vous êtes des fuckés de la nation. Même si vous ne les avez pas lus, vous êtes empoisonnés par ce que Trudeau, Mordecai Richler, Esther Déliste, Nadia Khouri ont dit du nationalisme québécois et du nationalisme en général. Allez relire plutôt ce qu'en disent Annah Arendt ou Fernand Dumont.

On est loin de l'incident de départ? Oui, mais on est tout près de cette honte qui remonte et vous étouffe au moindre incident.

Dans tout le Canada et à Montréal même, des militants anglophones – petits cousins des susnommés – confondent délibérément, scandaleusement, à longueur d'année, nationalisme québécois et national-socialisme et ça ne vous dérange pas trop.

Vous, oui. Pour moi, vous m'excuserez, mais j'aime mieux ne pas me gratter de cette maladie-là dont vous souffrez tous un peu. Immigrant mal intégré tant que vous voulez. Colonisé, ça me ferait chier.

Vous, oui.

Quand il m'arrive (souvent) de dire *nous*, c'est ailleurs que j'ai mal. Un exemple ? Je l'ai relevé dans ma chronique de samedi mais évidemment, sur ce genre de truc, vous n'allumez pas vite, disons moins vite que lorsqu'un moron nationaleux moronne. Bref, moi, c'est quand je lis dans mon journal la lettre d'un lecteur qui commence par : Au Québec, nous célébrons la créativité que j'ai mal. Et même un peu honte[21].

---

21. Pierre FOGLIA, « Votre maladie », *La Presse,* 125ᵉ année, n° 235, jeudi 18 juin 2009, p. A5.

Apprécier un texte littéraire, apprécier sa force d'évocation, sa capacité à toucher le lecteur, apprécier sa littérarité, c'est-à-dire ce qui en fait un texte littéraire, exige de s'attarder à son contenu autant qu'à sa forme.

L'analyse porte donc sur le propos du texte et sur les formes qu'emprunte ce propos.

LE PROPOS DU TEXTE

Les idées

Les idées sont souvent un principe général et discutable formulé sous forme de phrase complète en vue de jeter un éclairage sur l'une ou l'autre partie d'un texte donné. Ce principe s'appuie sur un certain nombre de preuves prenant concrètement la forme de thèmes et de faits, lesquels sont éventuellement étayés par ces citations ou des exemples.

> **Exemple**
>
> *Tu ne connais pas les Canadiens. Je te l'ai dit de tout temps et j'en suis de plus en plus convaincue : à mesure qu'ils sont mis à l'épreuve, ils sont légers et pas hommes d'affaires, égoïstes, et par conséquent jaloux du succès même de leurs concitoyens, point d'esprit public ; ils sont grands parleurs et grands braves quand ils n'ont rien à craindre. Si on leur montre les grosses dents, ils sont tout à coup sans courage* (Lettre à Louis-Joseph Papineau, *Julie Papineau*).
>
> **Idée :** Julie Papineau formule une critique dévastatrice de ses compatriotes dans sa lettre à Louis-Joseph Papineau du 23 février 1836.

Les thèmes

Les thèmes sont les sujets traités dans le texte. Ils se résument souvent en un seul mot. Le lecteur peut les reconnaître dans un texte littéraire parce que ce sont des sujets plus ou moins prédominants, auxquels sont associés des états psychologiques, affectifs, des émotions. Pour saisir l'un ou l'autre de ces éléments, il importe de faire ressortir un mot précis décrivant ce thème, dont découle normalement un champ lexical plus ou moins important.

Exemple

Il priait ainsi depuis une demi-heure, les yeux fixés sur la statue. Tout à coup, il s'estime en proie à une hallucination. La douleur, se dit-il, me trouble le cerveau. Car voilà que la statue s'anime. Ce n'est plus un marbre blanc et froid qui est là devant lui, c'est un homme bien vivant. Le lis qu'il tient à la main est une vraie fleur. Et saint Joseph parle :

— Joseph, si vous insistez sur la grâce temporelle que vous demandez, elle vous sera certainement accordée. Votre femme vivra. Si, au contraire, vous laissez tout à la volonté de Dieu, le sacrifice que vous ferez de votre bonheur domestique sera récompensé par le triomphe de votre patrie. Vous serez exaucé selon votre prière (Pour la patrie, *Jules-Paul Tardivel*).

Thème : La religion est l'un des principaux thèmes dans cet extrait du roman de Jules-Paul Tardivel intitulé *Pour la patrie*.

Les faits

Les faits sont des données objectivement présentes dans le texte et dont la présence est indiscutable. Ils ne peuvent être modifiés ou remis en question. Leur accumulation permet de formuler des idées par le travail de la pensée, étant entendu qu'ils peuvent avoir un rapport tant avec le propos qu'avec la forme.

Exemple

speak white
tell us again about Freedom and Democracy
nous savons que liberté est un mot noir
comme la misère est nègre (Speak white, *Michèle Lalonde*).

Fait : Le poème « Speak white », de Michèle Lalonde, renferme de nombreux mots ou expressions tirés de l'anglais.

Le champ lexical

Le champ lexical est l'ensemble des mots ou groupes de mots qui évoquent un même élément, cernent une même réalité (un être, un thème, etc.). Cet ensemble permet de déterminer l'impression générale qui émane de cet élément. Le champ lexical fait donc ressortir concrètement les traces d'une thématique dans un texte.

Exemple

Un petit peuple serré de près aux soutanes restées les seules dépositaires de la foi, du savoir, de la vérité et de la richesse nationale. [ ] Petit peuple issu d'une colonie janséniste, isolé, vaincu, sans défense contre l'invasion de toutes les congrégations de France et de Navarre, en mal de perpétuer en ces lieux bénis de la peur (c'est-le-commencement-de-la-sagesse!) le prestige et les bénéfices du catholicisme malmené en Europe. Héritières de lautorité papale, mécanique, sans réplique, grands maîtres des méthodes obscurantistes, nos maisons d'enseignement ont dès lors les moyens d'organiser en monopole le règne de la mémoire exploiteuse, de la raison immobile, de l'intention néfaste (Refus global, *Paul-Émile Borduas*).

Champ lexical : Dans *Refus global*, le thème de la religion s'appuie sur un champ lexical incluant des mots ou expressions comme «catholiques»», «soutanes», «janséniste», «bénis de la peur», «catholicisme», «autorité papale», «méthodes obscurantistes», etc.

La connotation

Outre son sens premier, un mot, ou un groupe de mots, peut prendre un sens second, évoquer une idée supplémentaire, qui donnera une couleur particulière au texte. La connotation permet donc de donner au mot un sens autre, différent, selon le contexte, multipliant ainsi les interprétations possibles d'un même mot ou d'une idée. C'est la charge émotive du mot.

Exemple

Être un nègre, ce n'est pas être un homme en Amérique, mais être l'esclave de quelqu'un. Pour le riche Blanc de l'Amérique yankee, le nègre est un sous-homme. Même les pauvres Blancs considèrent le nègre comme inférieur à eux. Ils disent : «travailler dur comme un nègre», «sentir mauvais comme un nègre», être dangereux comme un nègre», «être ignorant comme un nègre» Très souvent, ils ne se doutent même pas qu'ils sont, eux aussi, des nègres, des esclaves, des nègres blancs. (Nègres blancs d'Amérique, *Pierre Vallières*).

Connotation : *Nègres blancs d'Amérique*, de Pierre Vallières, met continuellement en relief le mot «nègre» pour sa connotation relative à l'esclavage, l'exploitation, l'infériorité, la misère et l'absence de liberté.

La tonalité

La tonalité, c'est-à-dire « l'impression générale, la " coloration " particulière qui distingue un état affectif »[1] est observable, grâce à la connotation des termes ou au choix même des termes présents, mélioratifs ou péjoratifs, dans un champ lexical. Elle se retrouve aussi dans la longueur des phrases, dans le rythme d'un texte, dans l'accumulation des images similaires ou encore dans la sonorité même des mots utilisés par un auteur. L'étude de la tonalité nous permet donc de saisir ce qui provoque chez le lecteur une émotion ou une perception particulière. La tonalité peut être réaliste, didactique, lyrique, épique, tragique, dramatique, comique, ironique ou satirique.

Exemple

Et je rêve d'aller comme allaient les ancêtres;
J'entends pleurer en moi les grands espaces blancs,
Qu'ils parcouraient, nimbés de souffles d'ouragans,
Et j'abhorre comme eux la contrainte des maîtres
(Liminaire, *Alfred DesRochers*).

Tonalité : « Liminaire », d'Alfred DesRochers, mise sur la tonalité lyrique en vue de toucher le lecteur et de l'émouvoir, notamment en présentant des sentiments intimes de l'auteur qui sont toutefois reliés à ceux d'autres être humains.

LA FORME DU TEXTE

La forme du texte joue un rôle de premier plan quand il s'agit de l'analyser. Cette forme peut être imposée par des règles ou des conventions. Cela a été le cas pendant longtemps des règles de versification en poésie et de celle des trois unités en théâtre. Aujourd'hui, on observe davantage la transgression, ou carrément la suppression de ces règles, que leur respect. Mais leur transgression même peut avoir un impact important. Un poème sans vers, sous forme de paragraphes, à l'inverse ; la présence de vers dans une œuvre théâtrale contemporaine, peut participer au propos de l'œuvre.

---

1. Le petit Robert 2009, Paris, Les Éditions Le Robert.

Par ailleurs, certains éléments formels ne relèvent d'aucune règle ni convention. Les procédés stylistiques ou littéraires, notamment, s'observent couramment dans les textes littéraires. Et ces procédés contribuent souvent à renforcer le propos du texte tout en lui conférant son caractère littéraire, sa littérarité. Leur fréquence dépend des genres littéraires, ainsi, on peut s'attendre à rencontrer plus régulièrement des assonances et des allitérations dans un poème; de longues descriptions dans un roman; un dialogue dans une pièce de théâtre ou un roman.

LES GENRES LITTÉRAIRES

La littérature est divisée en genres. Cette affirmation est toutefois généralisatrice et souvent contestable. Mais, s'il fut une époque où l'on tentait d'abolir les distinctions entre les genres littéraires pour en faire éclater les formes, on constate, depuis quelques années, que les spécificités des genres ont tendance à revenir dans les œuvres. Outre le conte, la nouvelle, la chanson et le récit, termes génériques servant à qualifier certaines œuvres, et quelques autres genres plus ou moins délaissés de nos jours (comme l'épopée, par exemple), on retrouve encore régulièrement les quatre principaux genres littéraires comme sujet d'analyse : le texte narratif, le théâtre, la poésie et l'essai.

GENRE NARRATIF

Le texte narratif

Le texte narratif est un genre littéraire présentant un récit souvent fictif, écrit en prose, de proportion variable. Il est polymorphe, c'est-à-dire qu'il peut prendre différentes formes (roman, roman épistolaire, nouvelle, conte, par exemple), sa structure formelle la plus fréquente étant celle de la narration ponctuée de dialogues. Il comporte alors un narrateur, présent ou non dans le récit, et d'autres personnages. Le récit peut être celui d'une ou de plusieurs actions.

La narration

La narration est un élément important du roman. Elle guide le lecteur à travers l'univers romanesque tout en faisant le lien entre les événements ou entre les personnages.

- **Le narrateur interne :** le narrateur interne au récit est personnage du récit. Il peut être au centre du récit et écrire à la première personne du singulier, ce qui en fait le protagoniste, ou demeurer à l'écart et rendre compte d'une histoire dont un autre personnage est le centre. Il s'agit alors d'une narration à la troisième personne. Dans les deux cas, en tant que personnage, le narrateur n'est témoin que de ce dont un personnage peut être témoin, et non de toute l'action. Cet état de fait limite donc son pouvoir.

> **Exemple**
>
> *Mais même sachant cela, je m'obstine pareil, j'en reste à Melville, je ne peux pas me sortir de lui comme si, dans ce qui reste encore à venir, je pouvais découvrir je ne sais quel secret qui ferait de moi un homme différent, citoyen de mon pays équivoque* (Monsieur Melville, *Victor-Lévy Beaulieu*).

- **Le narrateur omniscient :** le narrateur omniscient est extérieur au récit et la narration se fait à la troisième personne. Contrairement au narrateur témoin intérieur au récit, le narrateur omniscient est témoin de l'ensemble des événements, puisqu'il est en dehors du récit. Son seul rôle, en tant que personnage, est de rendre compte des événements. Il ne faut toutefois pas le confondre avec l'auteur, car il demeure malgré tout un être de fiction.

> **Exemple**
>
> *Jean songea non sans joie qu'il était lui-même comme le bateau, comme le train, comme tout ce qui ramasse de la vitesse en traversant le faubourg et va plus loin prendre son plein essor* (Bonheur d'occasion, *Gabrielle Roy*).

La description

L'action : selon les auteurs et les types de romans, l'action est plus ou moins présente, plus ou moins développée. Par exemple, l'action d'un roman de l'intériorité qui rend compte du discours intérieur d'un personnage sera probablement plus limitée que celle d'un roman policier.

Le théâtre

À l'époque classique, le théâtre devait respecter trois règles très précises : unité de temps (l'action devait se dérouler en 24 heures), unité de lieu (elle devait avoir lieu dans un même espace) et unité d'action (l'histoire devait reposer sur une seule action principale). Elle devait être en vers rimés (des alexandrins), ce qui créait une sonorité et un rythme réguliers.

Cette forme est aujourd'hui désuète, on ne la retrouve plus guère que lorsque l'on joue les œuvres classiques.

Il faut noter une caractéristique essentielle au genre théâtral : si l'on analyse l'œuvre à partir de sa version écrite, celui-ci est d'abord fait pour être joué. C'est la raison pour laquelle sa forme écrite recèle des éléments qui lui sont spécifiques : la didascalie.

La didascalie : indication scénique donnée par l'auteur pour orienter le jeu et la mise en scène d'une œuvre.

Exemple

LISETTE DE COURVAL
Gabrielle Jodoin !

Olivine Dubuc, qui joue depuis quelques instants avec un plat d'eau, l'échappe par terre (Les belles-sœurs, *Michel Tremblay*).

La réplique : outre la didascalie, la pièce de théâtre est essentiellement constituée de répliques.

Exemple

MAX
Chhht, j'essaie d'écouter.

ANDRÉ
Quoi ? (Désordre public, *Évelyne de la Chenelière*)

Le dialogue : série de répliques entre deux personnages.

> **Exemple**
>
> — *Oui, si le cheval ne vous envoie pas chanter une gamme dans l'autre monde avec son sabot.*
>
> — *Les femmes, c'est toujours comme ça, on n'arriverait jamais à rien si on les écoutait, ça peur de tout* (Les fiancés de Saint-Eustache, *Adèle Bibaud*).

Le soliloque : dialogue entre deux personnages qui ne s'écoutent coupent.

> **Exemple**
>
> LA DOUAIRIÈRE
> *Tout comme il vous plaira réglez votre festin;*
> *Pour moi, je n'en suis pas; adieu.*
>
> M. PRIMEMBOURG, la regarder aller.
> *Je désespère*
> *De jamais au bon ton accoutumer ma mère* (L'anglomanie ou le dîner à l'anglaise, *Joseph Quesnel*).

Le monologue : réplique d'un seul personnage s'adressant à lui-même, à d'autres personnages ou au public.

> **Exemple**
>
> *Un vrai Québécois ? [...] Hein? On naîtrait donc faux québécois comme on naît mongolien, avec un bec-de-lièvre ou un pied bot !* (Déjà l'agonie, *Marco Micone*)

La tirade : longue réplique d'un personnage. Dans sa forme, la tirade s'apparente au monologue, mais elle s'en différencie par le fait qu'il s'agit d'une réplique ne faisant pas nécessairement partie d'un dialogue, ou qui finit par se détacher du dialogue.

> **Exemple**
>
> *Je me demande bien ce que Didier va faire avec tous ces petits chiens-là. [...] Qu'est-ce qu'il y a, vous avez peur d'attraper la varicelle ?* (Le projet Andersen, *Robert Lepage*)

L'aparté : réplique prononcée par un personnage pour lui-même. Elle est, par conséquent, indirectement adressée au spectateur.

> **Exemple**
>
> *LISETTE DE COURVAL*
> *On se croirait dans une basse-cour ! Léopold m'avait dit de ne pas venir ici, aussi ! Ces gens-là sont pus de notre monde !* (Les belles-sœurs, *Michel Tremblay*)

Le drame : dans son acception stricte, il englobe l'ensemble des œuvres théâtrales. On parle alors indifféremment de genre dramatique ou de genre théâtral. Le sens de ce mot glisse peu à peu aux XXIe et XXe siècles pour ne plus désigner que les drames sérieux ou malheureux.

La tragédie : œuvre dramatique écrite en vers, mettant en scène des personnages historiques ou mythiques, héroïques, confrontés à destin qui provoquent en eux des conflits intérieurs souvent fatals, faisant naître chez le spectateur terreur et pitié. Ce type de drame est rare de nos jours et les œuvres présentant des situations conflictuelles sont souvent appelées « drames ».

La comédie : œuvre dramatique mettant en scène des personnages de la bourgeoisie ou du peuple, dans des situations souvent délicates quoique sans grand danger, et qui se résolvent la plupart du temps dans un dénouement heureux.

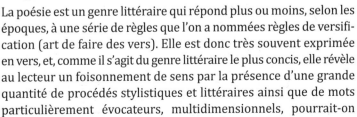

GENRE POÉTIQUE

La poésie

La poésie est un genre littéraire qui répond plus ou moins, selon les époques, à une série de règles que l'on a nommées règles de versification (art de faire des vers). Elle est donc très souvent exprimée en vers, et, comme il s'agit du genre littéraire le plus concis, elle révèle au lecteur un foisonnement de sens par la présence d'une grande quantité de procédés stylistiques et littéraires ainsi que de mots particulièrement évocateurs, multidimensionnels, pourrait-on dire. Tout concourt à donner aux textes de ce genre littéraire une musicalité et une densité incomparable.

La strophe : regroupement de vers séparé des autres par des espaces. Par sa position spatiale par rapport au reste du texte, la strophe pourrait être comparée à un paragraphe.

Exemple

Or je vois nos êtres en détresse dans le siècle

je vois notre infériorité et j'ai mal en chacun de nous (Recours didactique, *Gaston Miron*).

Le vers : ligne dans un poème. Il ne faut pas confondre le vers avec la phrase, qui peut s'étendre sur plusieurs vers ou se multiplier dans un seul d'entre eux.

Exemple

Qu'est-ce que le spasme de vivre (Soir d'hiver, *Émile Nelligan*).

Le pied : chaque syllabe prononcée d'un mot compte pour un pied. Le « e » final d'un mot formera un pied supplémentaire quand il est suivi d'une consonne ou d'un « h » aspiré. Un « e » final qui précède une voyelle ou un « h » muet ne doit pas être compté comme un pied.

Exemple

Voici un vers de huit pieds : Il faut le baiser à genoux (Le drapeau anglais, *Louis Fréchette*).

La rime : terminaison d'un vers rimant avec celle d'un autre vers. Bien que très peu de poèmes contemporains suivent cette règle, celle-ci a longtemps été fondamentale en poésie.

Exemple

Je crie avant que de me taire
À tous les hommes de la terre (Mon pays, *Gilles Vigneault*).

L'essai

L'essai est un genre littéraire sans récit, sans fiction. Il se caractéristique par la démarche discursive d'un auteur dont l'intention est de présenter un point de vue personnel sur un sujet en particulier. Il est le résultat d'une réflexion dont l'argumentation repose sur une démarche rigoureuse et originale, c'est-à-dire personnelle.

Le discours subjectif : parce qu'il s'agit d'un point de vue personnel, certains essais sont écrits à la première personne. L'auteur s'affirme donc comme responsable du propos du texte. Même quand il écrit à la troisième personne, sur le mode impersonnel, il n'hésite pas à prendre une position claire sur le sujet exposé. C'est là l'intention même du texte. Le discours est connoté, teinté d'émotions, en général contenues, cachées derrière un argumentaire solide, car il faut établir un rapport de confiance entre l'auteur et son lecteur, afin de rendre crédible le propos élaboré dans le texte.

La démarche argumentative : l'auteur doit construire une démarche argumentative qui sert à convaincre le lecteur. Le texte respecte un plan structuré, permettant au lecteur de saisir les observations, l'analyse, puis le jugement de l'auteur sur un sujet.

BIBLIOGRAPHIE

AJZENSTAT, Janet, Paul ROMNEY, Ian GENTLES et William D. GAIRDNER *Débats sur la fondation du Canada* [édition française préparée par Stéphane Kelly et Guy Laforest], Sainte-Foy, Presses de l'Université Laval, 2004.

AUBERT DE GASPÉ, Philippe (père). *Mémoires*, Montréal, Fides, « Bibliothèque canadienne-française », 1971.

BAILLARGEON, Samuel. *Littérature canadienne-française*, Ottawa, Fides, 1957.

BALLIVY, Violaine. « Les Québécois moins friands d'histoire que les autres Canadiens », *La Presse*, 125e année, n° 150, dimanche 22 mars 2009, p. A8.

BÉLISLE, Mathieu. « Une interrogation incessante », *L'inconvénient. Revue littéraire d'essai et de création*, n° 35, 2008, p. 61-72.

BESSETTE, Gérard, Lucien GESLIN et Charles PARENT. *Histoire de la littérature canadienne-française*, Montréal, CEC, 1968.

BOURQUE, Gilles et Anne LÉGARÉ. *Le Québec. La question nationale*, Paris, François Maspero, « Petite collection Maspero », 1979.

CHEBEL, Malek. « Chebel : casser le monopole sur le Coran », *Le Point*, n° 1917, 11 juin 2009, p. 70-71.

HALPERN, Catherine et Jean-Claude RUANO-BORBALAN (dir.) *Identité(s). L'individu, le groupe, la société*, Auxerre, Éditions Sciences Humaines, 2004.

DAVID, Laurent Olivier. *Les Patriotes*, Montréal, Eusèbe Sénécal et fils, 1884.

DESBIENS, Jean-Paul. *Les insolences du Frère Untel*, Montréal, Éditions de l'Homme, 1960.

DION, Léon. *À la recherche du Québec*, Sainte-Foy, Presses de l'Université Laval, 1987.

ERICKSON, Erik H. *Adolescence et crise. La quête de l'identité*, Paris, Flammarion, « Nouvelle bibliothèque scientifique », 1972.

FAUTEUX, Aegidius. *Patriotes de 1837-1838*, Montréal, Les Éditions des Dix, 1950.

FERRETTI, Andrée et Gaston MIRON. *Les grands textes indépendantistes. Écrits, discours et manifestes québécois. 1774-1992*, Montréal, L'Hexagone, 1992.

FILTEAU, Gérard. *Histoire des Patriotes*, Sillery, Septentrion, 2003.

FISHER, Hervé. *Québec imaginaire et Canada réel. L'avenir en suspens*, Montréal, VLB Éditeur, 2008.

FRENETTE, Yves. *Brève histoire des Canadiens français*, Montréal, Boréal, 1998.

GAGNON, Alain-G. *Québec : État et société*, Montréal, Québec Amérique, tome II, 2003.

GARANT, Patrice. « Une prétention sans fondement », *La Presse*, 124e année, n° 209, jeudi 22 mai 2008, p. A29.

GELLNER, Ernest. *Nations and Nationalism*, Ithaca, Cornell University Press, 1983.

GOUGEON, Gilles. *Histoire du nationalisme québécois. Entrevues avec sept spécialistes*, Montréal, VLB Éditeur/SRC, 1993.

HAMEL, Réginald, John HARE et Paul WYCZYNSKI. *Dictionnaire des auteurs de langue française en Amérique du Nord*, Montréal, Fides, 1989.

HAREL, Simon. *Braconnages identitaires. Un Québec palimpseste*, Montréal, VLB Éditeur, 2006.

HEGEL, Friedrich. *L'esprit du christianisme et son destin*, Paris, Vrin, 1988.

HELLY, Denise. *L'immigration pourquoi faire?*, Québec, Éditions de l'Institut québécois de recherche sur la culture, 1992.

KELLY, Stéphane. *Les idées mènent le Québec. Essais sur une sensibilité historique*, Sainte-Foy, Presses de l'Université Laval, 2003.

KOZAKAÏ, Toshiaki. *L'étranger, l'identité. Essai sur l'intégration culturelle*, Paris, Payot, «Petite bibliothèque Payot», 2000.

KYMLICKA, Will. «De Porto Rico au Kosovo en passant par le Québec : les multicultura-listes américains devant le nationalisme de minorité», *Argument*, vol. 3, n° 2, Prin-temps-Été 2001, p. 102-110.

LA HONTAN, Baron Louis-Armand de. *Mémoires de l'Amérique septentrionale*, Isaac Delorme, La Haye, 1708.

LEGENDRE, Renald. *Dictionnaire actuel de l'éducation*, Montréal/Paris, Guérin/Eska, 1993.

LEPAGE, Robert. *Le projet Andersen*, Québec, L'instant même, 2007.

LÉVY, Bernard-Henri. «Ce que nous devons à Claude Lévi-Strauss», *Le Point*, n° 1888, 20 novembre 2008, p. 98.

MATHIEU, Jacques et Jacques LACOURSIÈRE. *Les mémoires québécoises*, Sainte-Foy, Presses de l'Université Laval, 1991.

MEMMI, Albert. *Portrait du colonisé*, Montréal, L'étincelle, 1972.

MICHAUD, Yves. *Paroles d'un homme libre*, Montréal, VLB Éditeur, 2000.

NOËL, Jacques. «Un Québécois c'est quelqu'un qui vit au Québec. Oh yeah?», *Le Devoir. com*, samedi 10 novembre 2007, s.p.

PARENTEAU, François. *Délits d'opinion. Chroniques d'humeur... et rien d'autre*, Montréal, Lanctôt Éditeur, 2006.

PIOTTE, Jean-Marc. *Un parti pris politique*, Montréal, VLB Éditeur, 1979.

PRUD'HOMME, Nathalie. *La problématique identité collective et les littératures (im) migrantes au Québec (Mona Latif Ghattas, Antonio D'Alfonso et Marco Micone)*, Québec, Éditions Nota bene, «Études», 2002.

RICHARD, Louis-André. *La nation sans la religion? Le défi des ancrages au Québec*, Sainte-Foy, Presses de l'Université Laval, 2009.

RIOUX, Marcel. *Les Québécois*, Paris, Seuil, «Le temps qui court», 1974.

ROBERT, Jean-Claude. *Du Canada français au Québec libre. Histoire d'un mouvement indépendantiste*, Paris, Flammarion, «L'histoire vivante», 1975.

SAINT-JEAN, Idola. «Le rôle social du féminisme», émission *Fémina*, Radio-Canada, 1937 [texte aussi publié dans la revue *La Sphère féminine*] reproduit sur le site de Cybersolidaires.org, http://www.cybersolidaires.org/histoire/docs/1937.html, page mise à jour le 30 juin 2007.

SCHULL, Joseph. *Rébellion. Le soulèvement patriote de 1837 au Bas-Canada*, Montréal, Québec Amérique, 1997.

TARDIVEL, Jules-Paul. *Pour la patrie*, Montréal, Hurtubise HMH, «Cahiers du Québec», 1975.

TREMBLAY, Michel. *Un ange cornu avec des ailes de tôle*, Montréal, Leméac, 1994.

WEIDMANN KOOP, Marie-Christine. *Le Québec d'aujourd'hui. Identité, société et culture*, Sainte-Foy, Presses de l'Université Laval, 2003.

WEINMANN, Heinz. *Du Canada au Québec. Généalogie d'une histoire*, Montréal, L'Hexa-gone, «Essai», 1987.

SOURCES DES TEXTES

AUDET, Daniel: © Me Daniel Audet.

BEAUDOIN, Louise: © 2008. Reproduit avec l'autorisation de l'auteure.

BEAULIEU, Victor-Lévy: © 1978, Les Éditions Trois-Pistoles. Reproduit avec l'autorisation de l'éditeur.

BERGERON, Sylvie: © 2005, Éditions La Guaya. Reproduit avec l'autorisation de l'auteure.

BOUCHARD, Gérard et Charles TAYLOR: © 2008, Commission de consultation sur les pratiques d'accommodement reliées aux différences culturelles, Gouvernement du Québec. Reproduction autorisée par Les Publications du Québec.

BROCHU, André: © 2008, *L'inconvénient. Revue littéraire d'essai et de création*. Reproduit avec l'autorisation de l'auteur.

CHAMBERLAND, Paul: *L'afficheur hurle*: © 2003, Éditions Typo et Paul Chamberland. Reproduit avec l'autorisation de l'éditeur. – *Poème de l'antérévolution!*: © 2003, Éditions Typo et Paul Chamberland. Reproduit avec l'autorisation de l'éditeur.

CHENELIÈRE, Évelyne de la: © 2006, Éditions Fides. Cet extrait a été reproduit aux termes d'une licence accordée par Copibec.

DESROCHERS, Alfred: © 1977, Éditions Fides. Cet extrait a été reproduit aux termes d'une licence accordée par Copibec.

DURAND, Guy: © 2003, Éditions Fides. Cet extrait a été reproduit aux termes d'une licence accordée par Copibec.

FERRON, Jacques: © 1973, Éditions du Jour.

FOGLIA, Pierre: © 2009, *La Presse*. Reproduit avec l'autorisation de l'éditeur.

GAUTHIER, Claude: © 1975, Leméac. Reproduit avec l'autorisation de l'éditeur.

GIGUÈRE, Roland: © 1991, Éditions Typo et succession de Roland Giguère. Reproduit avec l'autorisation de l'éditeur.

GROULX, Lionel: © 1956, Éditions Fides. Cet extrait a été reproduit aux termes d'une licence accordée par Copibec.

JULIEN, Pauline: © Éditions Nicolas. Reproduit avec l'autorisation de l'éditeur.

LAFERRIÈRE, Dany: © 2005, Éditions Typo et Dany Laferrière. Reproduit avec l'autorisation de l'éditeur.

LALONDE, MICHÈLE: © Michèle Lalonde, 1968. Enregistrement 1026556. Reproduction strictement interdite et tous droits réservés.

LAPRÈS, Daniel: © 2008, Reproduit avec l'autorisation de l'auteur.

LÉVESQUE, Raymond: © 1989, Éditions Typo et Raymond Lévesque. Reproduit avec l'autorisation de l'éditeur.

LISÉE, Jean-François: © 2007, Mémoire déposé aux audiences nationales de la Commission de consultation sur les pratiques d'accommodement reliées aux différences culturelles. Reproduit avec l'autorisation de l'auteur.

LOCO LOCASS: © 2005, Éditions Fides. Cet extrait a été reproduit aux termes d'une licence accordée par Copibec.

MES AÏEUX: © S. Archambault/É. Desranleau/M.-H. Fortin/F. Giroux/M.-A. Paquet. Reproduit avec l'autorisation des Éditions S.B.

MICONE, Marco: © 1988, VLB Éditeur. Reproduit avec l'autorisation de l'auteur.

SOURCES DES PHOTOGRAPHIES